Pour Mark L…
ce démontage d'une figure
de l'illusion philosophique.
En bien amical hommage.

Alain Renaut

Alain Renaut
Sartre, le dernier philosophe

DU MÊME AUTEUR

LE SYSTÈME DU DROIT. Philosophie et droit dans la pensée de Fichte, *PUF, 1986.*

L'ÈRE DE L'INDIVIDU, *Gallimard, 1989.*

PHILOSOPHIE DU DROIT, *PUF, 1991* (en collab. avec Lukas Sasoé).

QU'EST-CE QUE LE DROIT ? *Vrin, 1992.*

En collaboration avec Luc Ferry :

PHILOSOPHIE POLITIQUE III : Des droits de l'homme à l'idée républicaine, *PUF, 1985.*

SYSTÈME ET CRITIQUE : Essai sur la critique de la raison dans la pensée contemporaine, *Ousia, 1985.*

LA PENSÉE 68. Essai sur l'antihumanisme contemporain, *Gallimard, 1985.*

68-86. Itinéraire de l'individu, *Gallimard, 1987.*

HEIDEGGER ET LES MODERNES, *Grasset, 1988.*

Alain Renaut

Sartre, le dernier philosophe

BERNARD GRASSET
PARIS

AVANT-PROPOS

Soit l'exclamation de Nietzsche, en sa géniale impatience : « Déjà bientôt deux millénaires, et pas un seul dieu nouveau ! » Vive tentation d'en parodier la frappe : déjà cinquante ans, et pas un seul philosophe nouveau !

1943 : l'année où paraît *L'Etre et le Néant.* Sans doute le livre ne saurait-il être mis au même rang, tant s'en faut, que la *Métaphysique* d'Aristote ou la *Critique de la raison pure,* et beaucoup se feraient un plaisir d'en stigmatiser aujourd'hui les insuffisances. Les uns sur le ton du « petit » professeur, soucieux de rectifier au plus vite telle ou telle bévue historique ; d'autres en prenant la pose du « grand » penseur, trop désireux de reconnaître bien là l'œuvre majeure d'un philosophe de second plan.

Ne me vouant ni à la carrière des correcteurs de copies, ni au destin des donneurs de leçons, j'ai d'abord été conduit à relire Sartre par une conviction de plus en plus insistante : l'impossibilité d'écrire un ouvrage du type représenté encore par *L'Etre et le Néant* (entendre, toute question de « niveau » mise à part : l'impossibilité d'en concevoir même simplement le projet) pourrait bien fournir la meilleure approche négative de ce qui fait la particularité de ma génération philosophique.

Sartre, le dernier philosophe d'un certain style : d'aucuns l'avaient assurément déjà suggéré, davantage pour s'en réjouir que pour en concevoir une véritable interrogation sur notre présente condition philosophique. Sartre, le dernier, se moquait ainsi Foucault dans un entretien

(*Magazine littéraire*, février 1968), à avoir cru que la philosophie devait « dire ce que c'était que la vie, la mort, la sexualité, si Dieu existait ou si Dieu n'existait pas, ce que c'était que la liberté ».

Fallait-il pourtant, faut-il vraiment ironiser ainsi sur ce qu'il pouvait y avoir de naïf, ou de mégalomaniaque, dans une telle illusion ? A beaucoup d'égards, j'ai le sentiment, depuis que je suis entré en philosophie, que la discipline tout entière vit — et plutôt mal que bien — le deuil de cette bienfaisante illusion.

En moins d'un siècle, les questions qui avaient animé tous les grands philosophes depuis les Grecs, sans entrer pour elles-mêmes en désuétude (qui, dans le silence de ses appartements, ne les formule encore par-devers soi ?), sont devenues objets de soupçon chez des philosophes désormais plus pressés de les « déconstruire » que de les prendre en charge.

Evénement d'une ampleur sans précédent dans l'histoire de la philosophie : nous philosophons après une crise engageant bien davantage que toutes celles qui furent des moments décisifs dans le devenir de ce qui apparut il y a environ vingt-trois siècles. Bien davantage que la crise induite par l'assaut des Sophistes contre le *logos* ; bien davantage même que cette fameuse « querelle du panthéisme » qui reste si méconnue et qui, durant les deux dernières décennies du XVIIIe siècle, secoua l'ensemble de la philosophie allemande en mettant en cause, pour la première fois si radicalement, la valorisation moderne de la raison : nous philosophons après la fin de ce que fut jusqu'à nous la philosophie quand elle assumait des questions (qu'on s'accorde aujourd'hui à dire « métaphysiques ») dont le plus balbutiant des élèves de terminale apprend maintenant, sans doute avec déception, que les philosophes ne sont pas là pour y apporter des réponses. A mesure que s'est creusée cette crise sans précédent, la philosophie a perdu beaucoup de son prestige auprès d'un public qui ne sait plus guère ce qu'il doit attendre des philosophes : il est vrai, le savons-nous encore nous-mêmes ?

Nous *philosophons* — mais qui sommes-nous donc, nous qui, héritiers de cette crise de la « métaphysique », philosophons encore ? A nouveau Nietzsche : ressemblons-nous à ces fidèles qu'il dépeint dans son *Gai Savoir* et qui, ignorant la mort de leur dieu, continuent de lui vouer un culte immuable ? Qu'il s'en trouve quelques-uns, parmi nous, pour correspondre à ce portrait-robot, ce n'est guère contestable, et je laisserai au lecteur le soin de les reconnaître. Difficile cependant d'imaginer qu'un tel manque de lucidité ait pu frapper toute la corporation : de fait, la proclamation de la « fin de la philosophie », nourrie par des convictions fort diverses, est devenue l'un des lieux communs les plus fréquentés par les philosophes contemporains. Ainsi se pourrait-il que nous appartenions à une singulière époque, au sein de l'histoire de ce qui s'est appelé philosophie : l'époque où, moins que jamais, ne saurait être éludée la question de savoir ce que font au juste les philosophes, mieux : la question de ce qu'ils font encore quand décidément, envers et contre tout, ils philosophent.

Singularité d'une situation que vient renforcer la disparition de l'édifice universitaire, du moins sous la forme dont l'existence même de la philosophie, dans les pays porteurs de son histoire, s'était trouvée solidaire depuis plus de deux siècles. Car peu importe à vrai dire que l'on interprète cette disparition comme un effondrement ruineux ou comme une mutation tant nécessaire que prometteuse : l'Université n'est plus — j'entends : cette Université dont le concept même, comme uni-versité, comme réunion de la multiplicité des disciplines en l'unité d'un espace homogène d'enseignement et de culture, avait appelé l'installation à son sommet d'une philosophie se voulant totalisation systématique du savoir humain.

On l'a souvent souligné : c'est à partir de l'école leibnizo-wolffienne — celle-là même qui fit entrer le projet du système, en gestation depuis l'émergence de la rationalité moderne, dans la phase décisive de son accomplissement — que la condition sociale du philosophe s'est identifiée à celle du professeur de philosophie, et qu'il est devenu difficile de concevoir le philosophe hors d'une relation de toute façon décisive à l'Université, soit qu'il y exerce ses fonctions, soit qu'il en tienne sa légitimité. Le Kant du *Conflit des facultés*, installant la faculté de philosophie au premier rang et en position d'arbitre suprême dans les débats susceptibles d'opposer ses rivales, témoignait déjà que le destin de la philosophie se trouvait ainsi lié à celui d'un certain dispositif proprement uni-versitaire. La passion avec laquelle, de 1807 à 1810, les plus grands philosophes allemands intervinrent dans le débat suscité par la fondation de l'Université de Berlin confirma cette imbrication dont je vois mal ce qui, pendant plus d'un siècle et demi, vint la démentir.

Que l'effondrement de ce dispositif rende d'autant plus problématique la condition contemporaine du philosophe, c'est là, désormais, un fait sur lequel je me réserve de revenir un jour. Reste que, si Sartre constitua le dernier philosophe d'un certain style, c'est sans doute aussi dans la mesure où son trajet coïncida avec la naissance de cette crise d'identité (sociale) du philosophe. Ce pur produit de l'Université, normalien, reçu premier à l'agrégation de philosophie, fut d'abord, au Havre, puis au lycée Pasteur de Neuilly, un professeur dont témoins et biographes n'ont pas manqué de saluer le talent pédagogique, fait d'originalité et de dévouement. Au demeurant, comme tout professeur de philosophie qui se respecte, il n'excluait nullement, durant ces années où il participa volontiers, avec des collègues havrais, à l'élaboration d'un projet de réforme universitaire, de faire carrière dans l'enseignement supérieur. Au point qu'en 1940 encore (il a tout de même trente-cinq ans et *La Nausée* est parue depuis deux ans !), *Les Carnets de la drôle de guerre* envisagent, à la suite d'une proposition de Jean Wahl, de retarder la publication de *L'Imaginaire* pour en faire une thèse. Bref, celui qui fut aussi professeur de khâgne au lycée Concorcet jusqu'en 1944, avant de se mettre en congé à près de quarante ans, puis de démissionner définitivement de l'enseignement dans les années 60, ne s'est détourné que peu à peu des ambitions universitaires, convaincu par le succès (essentiellement littéraire) que l'Université n'était pas pour lui le lieu suprême où devait s'accomplir sa vocation d'écrivain.

Eut-il raison ? Eut-il tort ? D'autres qui, à commencer par Merleau-Ponty, ne jouissaient pas de la liberté conférée par la réussite romanesque ne firent pas alors la même analyse : du moins peut-on considérer qu'avec la génération dominée par Sartre, un certain dispositif s'est brisé, en tout cas en France, où il allait de soi que le grand philosophe fût aussi un grand universitaire. Foucault, dans la génération suivante, réconcilia pour un temps les deux vocations : encore n'y parvint-il qu'en quittant très tôt l'Université proprement dite pour ce qui en constitue comme un appendice, certes prestigieux, mais « limitrophe », à savoir le Collège de France. Réconciliation qui, en ce sens, fut plus trompeuse que réelle : la dissociation qui était intervenue entre la légitimation universitaire du philosophe et sa reconnaissance publique continua de se creuser — et l'on me fera grâce d'entrer dans les trop évidentes et, à bien des égards, trop pénibles analyses de détail qui permettraient de faire apparaître combien la situation actuelle est l'héritière d'une telle dissociation.

Il faut ici être clair : ce processus me semble désastreux. L'absurde dédoublement de l'ancienne figure du philosophe en celles de l'intellectuel (forcément médiatique) et de l'universitaire (nécessairement en retrait de toute existence publique) n'en est que la conséquence la plus superficielle. Conséquence navrante, certes, tant sont ridicules la haine et le mépris réciproques que se vouent dorénavant deux personnages qui veulent oublier leur ascendance commune — mais aussi conséquence incomparablement moins grave que le divorce entre compétence et publicité (au sens de cette « publicité » de la pensée où Kant voyait l'une des conditions de sa richesse) que cette situation induit : le discours public y perd peu à peu toute relation authentique au savoir ; le discours savant y perd, tendanciellement, toute existence publique et toute ouverture aux exigences qu'une telle existence pourrait lui imposer (ne serait-ce que celle d'une prise en compte des demandes susceptibles de lui être adressées par l'esprit du temps).

Il n'entre pas dans mon projet, ici, d'analyser les raisons de cet éclatement du dispositif philosophico-universitaire. Au demeurant m'apparaissent-elles multiples. Certaines sont en grande partie contingentes, et de ce fait susceptibles de se voir appliquer quelque remède (fonctionnement tantôt médiocre, tantôt scandaleux des instances nationales de recrutement, dégradation progressive de la condition universitaire, crise des vocations, etc.). Toutefois, au-delà de ces raisons contingentes, la logique du processus est extrêmement profonde : si l'Université a disparu (comme uni-versité), et avec elle le lieu naturel (royal) qu'y trouvait, par définition, le philosophe fidèle à la spécificité de sa discipline, c'est avant tout dans l'exacte mesure où la philosophie ne peut plus elle-même se concevoir aujourd'hui comme totalisation systématique du savoir. Impossible de proclamer la fin d'une telle philosophie, d'en déconstruire les illusions, et de définir encore la place du philosophe dans l'Université (donc aussi son rôle social) en des termes qui présupposeraient la survie de ces illusions. Où, par conséquent, viennent se superposer les deux déterminations selon lesquelles se laisserait aujourd'hui le mieux dresser ce que pourrait être, pour la philosophie, une sorte d'état des lieux : fin de la philosophie, fin de l'Université.

Dernier philosophe d'un style aujourd'hui disparu, Sartre fut en tout cas aussi l'un des premiers philosophes de renom, le premier peut-être, dont le trajet consacra le divorce entre production philosophique et institution universitaire. Au sein de ce trajet, un tel divorce, transformant le régime, le mode de transmission et le contenu d'une parole philosophique contrainte de changer de destinataires, n'est bien sûr pas sans rapport avec la singulière mutation qui fit de Sartre, après 1945, le détenteur du plus absolu magistère intellectuel jamais connu jusqu'à ce jour : tout autant est-il vrai de souligner cependant que ces décennies de succès public (on ne disait pas encore : médiatique) furent aussi celles où la production proprement philosophique de Sartre, au sens où *L'Etre et le Néant* en avait été le premier (et plus certain) couronnement, ne devait plus connaître de développements véritablement achevés. La *Morale* resta un vaste chantier, le second tome de la *Critique de la raison dialectique* demeura inédit, et Sartre s'épuisa à rédiger les trois volumues de *L'Idiot de la famille* (1971-1972) qui, s'ils constituent certes une somme (au demeurant elle-même inachevée), n'ont plus rien de commun avec une entreprise philosophique d'une ambition comparable en radicalité à celle de *L'Etre et le Néant.* Bref, le dernier philosophe, évadé d'une Université qui, en d'autres temps, eût été son lieu naturel, n'est devenu l'intellectuel qu'il fut qu'en mourant lui-même à la philosophie, ou qu'en vivant la mort de la philosophie, du moins : de ce qu'avait été jusqu'à lui la philosophie des philosophes.

Je ne suis à vrai dire ni sartrien, ni sartrolâtre. Ce que fut l'intellectuel Sartre m'inspire le plus souvent des sentiments qui vont de l'indignation à la consternation. Il était stupide de déclarer en 1954, lors d'un entretien paru dans *Libération* : « La liberté de critique est totale en URSS » ; ou six ans plus tard, en guise d'ouverture de la *Critique de la raison dialectique*, que le marxisme est « l'horizon indépassable de notre temps » ; ou encore, la même année, que « le régime issu de la révolution cubaine est une démocratie directe[1] ». Il était indigne de devenir, en 1961, à travers la préface aux *Damnés de la terre* de Frantz Fanon, le seul intellectuel mondialement célèbre qui eût appelé ouvertement au meurtre, en des phrases dont Jean Daniel a justement souligné l'inexcusable irresponsabilité[2] : « En ce premier temps de révolte, il faut tuer.

1. Conférence de presse tenue à New York par Sartre et Simone de Beauvoir ; compte rendu dans *France-Observateur*, 24 mars 1960 (cité par M. Contat et M. Rybalka, *les Ecrits de Sartre*, Gallimard, 1970, p. 346).

2. J. Daniel, *la Blessure*, Grasset, 1992, p. 217 sq.

Abattre un Européen, c'est faire d'une pierre deux coups, supprimer en même temps un oppresseur et un opprimé. » Il était ridicule, en 1968, de faire de Raymond Aron le symbole du mandarinat universitaire, en lui imputant l'exercice solitaire d'un « pouvoir réel » (?) qui n'eût point été « fondé sur un savoir réel » (!). Dresser la liste de ce qu'il serait trop complaisant d'enregistrer comme de simples « erreurs » n'aurait plus grand sens aujourd'hui : nul ne niera que Sartre compagnon de route du communisme, Sartre tiers-mondiste, Sartre directeur de *la Cause du peuple*, soit celui qui ait le plus fait pour discréditer Sartre auteur de *L'Etre et le Néant.*

Que ce discrédit atteigne aujourd'hui des proportions allant parfois jusqu'à l'injustice, je n'en disconviendrai pas. Pour autant, mon intention n'est nullement de contribuer ici à une quelconque réhabilitation philosophique de Sartre : bien plutôt souhaiterais-je prendre véritablement au sérieux l'éventualité que ce qui aujourd'hui nous éloigne philosophiquement de Sartre tienne moins à tel ou tel contenu développé dans un ouvrage comme *L'Etre et le Néant* qu'à la conception même de l'entreprise philosophique. Relire Sartre, donc, pour, à partir de la clarification de cette distance, contribuer à ouvrir une interrogation plus vaste sur ce qu'il pourrait en être de la condition philosophique à la fin du XXe siècle.

Une deuxième raison m'invitait à ce retour sur Sartre : elle procède de cette nouvelle querelle de l'humanisme qui s'est ouverte en France depuis quelques années.

L'essai que nous avions consacré en 1985, Luc Ferry et moi, à quelques figures marquantes de la philosophie française des années 60 s'était inscrit dans la tentative plus vaste de faire appel des condamnations de l'humanisme et de la philosophie de la subjectivité que tant de pensées contemporaines avaient tenues pour acquises[3] : pour

3. L. Ferry et A. Renaut, *La Pensée 68. Essai sur l'antihumanisme contemporain*, Gallimard, 1985.

autant, il ne s'agissait nullement de songer à une forme quelconque de régression philosophique, de nier ce que les découvertes de la finitude, de l'inconscient et de l'histoire étaient venues bouleverser, depuis deux siècles, dans le dispositif traditionnel de l'humanisme, tel qu'il avait accompagné l'émergence de la thématique des droits de l'homme ; bien plutôt nous étions-nous convaincus qu'après les multiples déconstructions des valeurs de la modernité auxquelles s'était livrée la génération précédente, il allait incomber à notre génération intellectuelle de reprendre le problème sur de nouveaux frais et de se demander enfin si la découverte des inconscients retire effectivement tout sens aux valeurs de l'autonomie et de la responsabilité ; si la découverte de l'histoire (ou de l'hétérogénéité des cultures) interdit véritablement de concevoir, avec quelque statut que ce soit, un quelconque universel. Bref, il s'agissait de déterminer dans quelle mesure et sur la base de quels réaménagements le projet de l'humanisme moderne (savoir : désigner dans une certaine idée de l'homme et de sa dignité un terme de référence irréductible aux conditions historiques de son émergence et, comme tel, ouvrant une dimension d'universalité) pouvait encore constituer un programme philosophique susceptible de se laisser assumer.

Je ne dresserai pas ici la liste des travaux qui, depuis lors, se sont situés par rapport à de telles interrogations, soit pour prendre plus ou moins en marche le train d'un « humanisme non métaphysique », soit (en définitive, de plus en plus rarement) pour s'enfoncer plus avant sur la voie de l'antihumanisme. Du moins chacun peut-il le constater aujourd'hui : contrairement à la légende absurde, mais tenace, qui veut que, de nos jours, il n'y ait plus de grand débat philosophique en France, celui qu'ouvraient de telles interrogations était suffisamment vaste et riche pour imposer à chacun, comme l'on dit, de se « repositionner »[4].

4. Encore faut-il ajouter qu'il ne s'est point agi en la matière d'un débat franco-français : bien des aspects s'en trouvent converger avec

Or, dans le cadre de ce débat, force m'a été de constater peu à peu que, singulièrement, le programme d'un humanisme revisité et renouvelé nous rapprochait à certains égards de démarches entreprises à partir d'un tout autre horizon philosophique que celui où notre propre tentative nous était apparue devoir s'inscrire. Je l'avais déjà enregistré dans *L'Ere de l'individu* en éprouvant le besoin de me situer par rapport à cet « humanisme de l'autre homme » dont Lévinas, lui aussi à l'encontre de la croisade antihumaniste et des pensées de la « mort de l'homme », s'est essayé à dessiner les contours[5]. A sa manière, la consécration tardive, mais légitime, qu'a obtenue ces dernières années la pensée de Paul Ricœur invitait à des réflexions voisines : là aussi s'était développée, à contre-courant de la vague structuraliste, une tentative pour, intégrant à une anthropologie philosophique renouvelée les rectifications imposées par les découvertes de Marx, de Nietzsche ou de Freud, sauvegarder ce qu'il y avait d'irremplaçable dans la valorisation moderne de l'homme comme sujet[6].

---

les discussions suscitées en Allemagne et en Amérique du Nord par ces réévaluations du programme de la modernité que constituent aussi, à leurs manières, les œuvres de Habermas, Apel ou Rawls. Sur ces convergences et quelques-unes de leurs limites, je me permets de renvoyer à : A. Renaut et L. Sosoé, *Philosophie du droit*, P.U.F., 1991, troisième section ; on consultera aussi avec profit l'excellente mise au point (d'ailleurs critique) de J. Lenoble et A. Berten, *Dire la norme*, L.G.D.J., Bruxelles/Paris, 1990.

5. Voir *L'Ere de l'individu*, p. 227-257 : « Emmanuel Lévinas, la rupture de l'immanence ».

6. Dès 1969, *Le Conflit des interprétations* (Ed. du Seuil) soulignait qu'une fois dissipées « l'illusion et la prétention du *Cogito* idéaliste, subjectiviste, solipsiste » (p. 261), la « question du sujet » se devait non point abandonner, mais bien reposer : ainsi se trouvait formulé le programme d'« intégrer à une philosophie du sujet même l'antiphénoménologie du freudisme » (p. 239) ; ou encore, contre la représentation sémiologique du langage comme « système sans sujet » (p. 256), appel était fait à la « notion phénoménologique du sujet » (p. 252) pour montrer « comment le sujet parlant advient à son propre discours » (p. 250).

Assurément n'y avait-il rien d'embarrassant, bien au contraire, dans le fait de se découvrir ainsi, en quelque sorte, une « ascendance » et d'apercevoir qu'à l'époque même de l'antihumanisme le plus flamboyant s'était affirmée avec intelligence une tradition humaniste consciente à la fois de sa légitimité et des exigences de renouvellement auxquelles elle se trouvait soumise par les avancées de la pensée contemporaine. La possibilité de désigner de telles parentés avait bien plutôt quelque chose de réconfortant, tant le débat avec les figures de la pensée 68 a été rude et a laissé des traces durables. Se trouver des ancêtres ou des alliés putatifs : comme telle, l'éventualité ne pourrait que séduire, tant il est vrai que reconnaître des convergences après avoir vu se creuser les divergences offre au moins l'avantage de caresser l'illusion de ne plus se croire seul.

Pour autant, l'expérience a aussi une dimension déconcertante. Lévinas, Ricœur, chacun à sa façon, doivent une large part de leur inspiration à la tradition phénoménologique, et la référence husserlienne, même si elle n'est pas chez eux sans dimension critique, a joué dans leur parcours un rôle décisif. La même constatation, au demeurant, vaudrait pour une œuvre comme celle de Claude Lefort qui, dans le registre le plus proche du mien, celui de la philosophie politique, n'a cessé, de fait, d'accorder davantage d'importance à la thématique humaniste. Arrêtons-nous un instant sur cet exemple, tant il est significatif.

On sait en effet quel rôle a joué le travail de Lefort dans la légitimation du consensus qui, depuis une dizaine d'années, s'est recréé, à partir des premiers succès remportés en Pologne par « Solidarité », autour de la référence aux droits de l'homme comme composante indispensable des démarches émancipatrices. Nul n'a oublié à cet égard l'implacable démonstration menée contre la lecture que Marx avait faite des Déclarations pour établir que les droits de l'homme, irréductibles à l'esprit de la « société bourgeoise », sont « constitutifs de l'espace social démocratique »[7]. Retrouvant sa jeunesse, le texte des Déclarations était ainsi rendu à sa destination première : la défense de l'individu et de la société contre l'Etat. Plus précisément, ce qui se dégageait de cette lecture décapante, c'était qu'au fond la plupart des critiques adressées, depuis la Révolution, à l'esprit des droits de l'homme avaient méconnu la principale caractéristique des principes de 1789. Là où l'on avait si souvent mis en cause les droits de l'homme comme « droits abstraits » ou comme droits simplement « formels », Lefort était alors l'un des premiers à souligner qu'à dénoncer les droits de l'homme comme une pure abstraction inopérante, le risque était grand de se laisser emprisonner par la version idéologique des droits de l'homme sans examiner avec assez d'attention ce que l'humanisme abstrait, qui en est bien la vérité philosophique, signifie effectivement. Position courageuse, on en conviendra, à une époque où l'antihumanisme résolu avait encore pignon sur rue.

Ce que l'on redécouvrait ainsi, à rebours de la mise en cause de l'abstraction humaniste comme vouée à l'inefficacité, c'était en fait qu'un discours comme celui des droits de l'homme ne peut exercer sa fonction critique à l'égard des pouvoirs établis que dans la mesure même où ces droits se trouvent pensés en rapport à une notion abstraite de l'humain : seule une telle idée indéterminée de l'homme en tant qu'homme peut en effet constituer une valeur supérieure à toutes les déterminations imprimées en l'individu par l'époque, le statut social ou l'appartenance nationale. Valorisation « de l'homme sans détermination » qui définit proprement l'humanisme moderne, « idée apparemment dérisoire » sans laquelle pourtant « la démocratie disparaîtrait » et que toute la critique d'inspiration marxiste, mais aussi conservatrice, s'était empressée de caricaturer : avant Marx jugeant qu'il n'était d'hommes que concrets, histori-

---

7. Cl. Lefort, « Droits de l'homme et politique », *Libre*, n° 7, 1980, repris in *L'Invention démocratique*, Fayard, 1981.

quement et socialement déterminés, façonnés par leur condition de classe, Joseph de Maistre n'ironisait-il pas déjà sur le fait qu'il avait bien « rencontré des Italiens, des Russes, des Espagnols, des Anglais, des Français », mais non point d'« homme en général » ? « Avec moins de talent, concluait cet article de 1980, nombre de nos contemporains continuent de se gausser » d'un humanisme abstrait qui, pourtant, signifie simplement l'irréductibilité de l'homme à toute définition susceptible de le réifier.

Réhabilitation de l'humanisme abstrait que, depuis lors, Lefort a poursuivie en modes divers, par exemple en montrant comment, à l'encontre de cette idée de l'homme sans détermination, Khomeyni et ses successeurs ont tenté de donner à l'humanité une figure *déterminée*, en faisant du fidèle de l'Islam celui qui, par opposition aux autres hommes, se définit par l'obligation stricte de répondre aux exigences de cette tradition et à sa vocation de créature de Dieu : effacement redoutable de l'idée de l'humanité, telle que, pour englober tous les hommes, elle doit au contraire se dérober à toute définition ; effacement parallèle de l'idée de démocratie comme communauté qui, par principe, ne saurait se clore sur elle-même, mais ouvre sur l'horizon de l'universel[8]. Est-il besoin d'ajouter que c'est encore la même défense de l'homme comme tel, donc de « l'homme sans qualités », qui anime chez Lefort une interrogation insistante sur l'« éducation humaniste » ? Car si, depuis son avènement lors de la Renaissance, l'idée moderne d'humanité implique que l'homme n'est pas une donnée de fait (comme ce serait le cas s'il existait de l'humanité une définition, renvoyant à une « nature »), c'est à l'éducation qu'il revient de former l'homme et de le conduire à découvrir ce qui, en dépit de toutes les différences entre les individus, fait qu'ils sont des semblables, à savoir leur commune capacité à s'extraire de toutes les déterminations.

De tels développements ne sauraient, on s'en doute, que

8. Cl. Lefort, *Ecrire. A l'épreuve du politique*, Calmann-Lévy, 1991.

profondément me réjouir, et je serais tout prêt à en signer pour ainsi dire des deux mains chacun des moments. La satisfaction n'exclut pas, toutefois, un étonnement devant la manière dont la tradition de pensée où s'inscrit cette réflexion (là encore, ouvertement, celle de la phénoménologie[9]) trouve des accents si proches de ceux qui, dans une autre tradition (celle du criticisme), avaient déjà accompagné, chez Rousseau, Kant ou Fichte, l'épanouissement de la représentation moderne de l'humanité[10].

Puis-je ajouter que cet étonnement vient donner à l'amitié une part de sa complexité lorsque je vois Robert Legros défendre lui aussi à partir de la phénoménologie, celle de Husserl ou celle de H. Arendt, une même idée d'humanité (l'homme n'est rien) et par conséquent un même humanisme non naturaliste (débarrassé de ce fantasme de la « nature humaine » qui avait hanté la métaphysique humaniste) que celui dont certains ont pensé trouver la possible refondation dans un kantisme assoupli et revisité[11] ?

---

9. Lefort est aussi l'éditeur d'une partie de l'œuvre tardive de Merleau-Ponty. Pour cette relation à la phénoménologie, voir *Sur une colonne absente, écrits autour de Merleau-Ponty*, Gallimard, 1978.

10. Pour une analyse des grandes lignes de cette représentation chez Rousseau, Kant et Fichte, voir L. Ferry et A. Renaut, *Heidegger et les Modernes*, Grasset, p. 206 sq. Rappelons qu'explicitant la portée de la notion rousseauiste de perfectibilité, Kant et Fichte n'ont eu de cesse d'insister sur la façon dont, si l'animal est ce qui est, l'homme n'est rien — entendre que ce qui constitue l'humanité comme liberté, c'est la capacité de s'arracher à toute détermination. Ce pourquoi, là aussi, la thématique de l'éducation (ou de la culture comme arrachement à la nature) est centrale.

11. Voir R. Legros, *L'Idée d'humanité. Introduction à la phénoménologie*, Grasset, 1990. Sur la référence kantienne, voir J. Lenoble et A. Berten, *op. cit.*, p. 8 ; de même, J. Lenoble et A. Berten, « Jugement juridique et jugement pratique : de Kant à la philosophie du langage », *Revue de Métaphysique et de Morale*, n° 3, 1990, p. 342 : évoquant le « retour à Kant » perceptible aujourd'hui dans la philosophie contemporaine, tel qu'il « semble essentiellement

Que la référence retrouvée à l'idée d'humanité, s'affirmant aujourd'hui sur les ruines à peine encore déblayées de courants de pensée devenus archaïques, doive s'autoriser de la phénoménologie ou bien du criticisme, cela peut certes apparaître comme une question dérisoire vis-à-vis des enjeux pratiques (éthiques, juridiques, politiques) d'une relève globale de l'antihumanisme contemporain. Il serait pourtant erroné, à mon sens, de croire qu'il s'agit ici simplement, sinon d'une querelle (puisque ce n'en est précisément pas une), du moins d'une affaire d'« écoles ». Je crois en effet ce *nouveau* débat non négligeable, et deux raisons au moins m'incitent à penser qu'il mérite d'être pleinement ouvert.

Il y va tout d'abord ici d'une clarification des positions, tant l'idée d'une double fondation possible, pour l'humanisme non métaphysique, a quelque chose de troublant : certes sympathique par le pluralisme qu'elle suggère, cette éventuelle dualité d'inspirations risque en fait de dissimuler bien des équivoques et d'induire à terme, si l'on n'y prend garde, beaucoup de malentendus.

Ensuite et surtout, si cette convergence dans la distance m'apparaît troublante, c'est aussi parce que la tradition phénoménologique reste malgré tout celle qu'a dominée Heidegger, figure de proue de l'antihumanisme contemporain. Que Heidegger soit à la fois celui qui a donné à la philosophie la tâche de penser désormais « contre l'huma-

---

prendre la forme d'une réflexion sur la raison pratique, c'est-à-dire d'une philosophie morale, juridique et politique », les auteurs estiment qu'à ce « néo-rationalisme kantien » il faudrait rattacher « K. O. Apel, J. Habermas, L. Ferry et A. Renaut, entre autres », ainsi qu'« indirectement certains courants anglo-saxons et principalement J. Rawls ». Je n'ai évidemment pas à me prononcer ici sur cette présentation du paysage actuel de la philosophie politique mondiale, ni sur les rapprochements qu'elle suggère, ni sur les clivages qu'il lui faut pour cela estomper : simplement est-il clair que, parlant de la référence kantienne, ce n'est évidemment pas à ma seule pratique de la philosophie que je puis songer.

nisme[12] » et qui a défini son trajet comme un « chemin vers la phénoménologie[13] », c'est là un fait qui, à lui seul, invite déjà à interroger la détermination spécifique d'un éventuel « humanisme phénoménologique ». Cela soit dit, au demeurant, sans nulle intention polémique : simplement la question s'impose-t-elle ainsi de cerner comment la phénoménologie issue de Husserl a pu nourrir des options si contradictoires dans le débat philosophique contemporain. Et cela, *qui plus est*, durablement : car la phénoménologie a certes joué un rôle décisif dans le parcours de Ricœur, mais elle anime aussi la pensée d'un H. G. Gadamer, marquée davantage par une « réhabilitation de l'autorité et de la tradition » que par une défense des valeurs de l'humanisme moderne[14]. Est-il nécessaire d'ajouter que, si la postérité de la phénoménologie inclut l'œuvre de Lefort, elle ménage aussi une place à celle de Derrida — dont le moins que l'on puisse en dire est que la relation à l'humanisme apparaît autrement distante ? De là ce que peut avoir à mes yeux de capital, si l'on entend clarifier le champ des options philosophiques aujourd'hui possibles, la question, non seulement de savoir s'il y a bien deux fondations concevables et distinctes (l'une criticiste, l'autre phénoménologique) de l'humanisme post-métaphysique (ou, si l'on veut, post-moderne), mais aussi de cerner ce qu'il doit en être de la phénoménologie husserlienne

12. Heidegger, *Lettre sur l'humanisme*, trad. par R. Munier, Aubier, 1964, p. 75 : « La pensée qui s'exprime dans *Sein und Zeit* est contre l'humanisme. »

13. Heidegger, *Mein Weg in die Phänomenologie*, Niemeyer, 1969 ; trad. par J. Lauxerois et C. Roëls, in *Questions IV*, Gallimard, 1976, p. 161 sq., sous le titre (inutilement inexact) : « Mon chemin de pensée et la phénoménologie ».

14. H. G. Gadamer, *Vérité et Méthode*, Ed. du Seuil, 1976, p. 115. Sur la mise en question gadamérienne de la modernité (qui reprend pour l'essentiel les motifs heideggériens), voir l'excellente analyse de J.-M. Ferry, *Habermas. L'éthique de la communication*, P.U.F., 1987, p. 117 sq.

pour qu'elle ait nourri des postérités aussi divergentes.

Sans doute a-t-on d'ores et déjà perçu, à partir de la mise en place d'une telle question, ce que pourrait être l'intérêt d'une relecture du premier Sartre : dans un libre débat mené aussi bien avec Husserl qu'avec Heidegger, le Sartre des années 30 et 40 entend fonder l'existentialisme comme *humanisme*, dans le même temps où Heidegger se propose de prolonger Husserl dans la direction d'une déconstruction de l'humanisme et à travers la mise en place d'un *anti-humanisme* radical.

J'ai évoqué plus haut la querelle de l'humanisme qui est intervenue durant la dernière décennie. Dans son brillant essai sur « quarante-cinq ans de philosophie française (1933-1978) », Vincent Descombes avait, sous le même intitulé de « querelle de l'humanisme », rappelé quel débat fort intense s'était déjà ouvert sur ce thème dans les années 60 sous la pression de la vague structuraliste [15] : Sartre contre Lévi-Strauss [16], puis Foucault contre Sartre [17] —

15. V. Descombes, *Le Même et l'Autre. Quarante-cinq ans de philosophie française (1933-1978)*, Minuit, 1979, p. 124 sq.

16. L'affrontement est né des objections adressées en 1962 par Lévi-Strauss à la *Critique de la raison dialectique*, dans le dernier chapitre (« Histoire et dialectique ») de *la Pensée sauvage* (voir F. Dosse, *Histoire du structuralisme*, I, La Découverte, 1991, p. 290 sq.). Contre Sartre désignant comme « esthètes », dans la *Critique* (p. 185), ceux qui essayent d'« étudier l'homme comme si c'étaient des fourmis », Lévi-Strauss répond (*La Pensée sauvage*, p. 326) : « Nous acceptons donc ce qualificatif d'esthète, pour autant que nous croyons que le but dernier des sciences humaines n'est pas de constituer l'homme, mais de le dissoudre. » Contre Lévi-Strauss qui dénonçait la position centrale accordée à l'homme dans sa conception de l'histoire, Sartre réplique dans *Situations IX*, p. 83, que « le champ philosophique, c'est l'homme ».

17. A Foucault dénonçant l'humanisme de la *Critique de la raison dialectique* comme « le magnifique et pathétique effort d'un homme du XIXe siècle pour penser le XXe siècle » (« L'homme est-il mort ? », entretien paru dans *Arts*, 15 juin 1966), Sartre répond par un vaste entretien sur le structuralisme de la « jeune génération » (« Jean-Paul

autant d'épisodes de notre vie philosophique et intellectuelle au centre desquels s'était déjà trouvé l'attachement de Sartre à une option « humaniste ».

Mais on mésestimerait l'importance d'une telle querelle dans la pensée contemporaine si l'on omettait d'en considérer une version plus ancienne encore : celle qui opposa dans l'immédiat après-guerre, en 1946-1947, Sartre et Heidegger, avec pour principales manifestations, du côté de Sartre, la conférence *L'existentialisme est un humanisme* (1945) et, du côté de Heidegger, cette fin de non-recevoir opposée à Sartre que constitue, au moins pour une part, la *Lettre sur l'humanisme* (1946) [18]. Ainsi la première phase de ce débat entre humanisme et antihumanisme — qui, durant le dernier demi-siècle, n'aura au fond cessé d'animer les philosophes contemporains — a opposé deux héritiers critiques, mais néanmoins proclamés de Husserl : Sartre et Heidegger.

Phase d'ailleurs décisive, puisque, quand Foucault, une vingtaine d'années plus tard, renverra Sartre, au nom de la mort de l'homme, dans les lointains métaphysiques du XIXe siècle, il ne fera au fond, pour l'essentiel, que ratifier les critiques formulées par Heidegger dès la *Lettre sur l'humanisme.* Ce pourquoi il m'est apparu souhaitable de relire Sartre à partir de ce débat — je veux dire : en prenant pour fil conducteur les enjeux qui s'y dessinent et les lignes de force (ou de faiblesse) qui apparaissent dans les deux positions en présence, lesquelles pourraient bien en fait constituer les deux virtualités possibles (ce qui ne veut pas

Sartre répond », in *L'Arc,* 1966, n° 30, p. 87-96, entretien avec B. Pingaud). Il convient que la conception classique du sujet comme « je substantiel » est morte, mais souligne que reste centrale la question de savoir « comment le sujet ou la subjectivité se constitue » en tant qu'« effort pour dépasser en la conservant la situation donnée ».

18. Je reviendrai dans mon premier chapitre sur la chronologie des deux textes et sur ce qui fait du second un rejet du premier.

nécessairement dire : également exploitables) de l'option phénoménologique.

On le voit donc aisément : pas plus que je n'ai conçu ce livre comme une quelconque réhabilitation de la philosophie de Sartre, il ne s'est agi pour moi de retourner à Sartre comme à un secours ou comme à un recours ; bien davantage ai-je souhaité, en partant de ce premier débat sur l'humanisme, ancêtre de notre débat actuel, clarifier selon quelle appréhension de la phénoménologie Sartre avait cru pouvoir en faire la fondation philosophique d'un nouvel humanisme.

Que la réussite ou l'échec d'une refondation ainsi orientée puisse être de quelque enseignement sur ce que la référence phénoménologique est à même d'apporter aujourd'hui à l'option humaniste — tel a en fait été ici mon pari.

Jusqu'à quel point la phénoménologie pouvait et peut véritablement nourrir, comme l'a cru le premier Sartre, un humanisme nouveau (existentialiste), rompant avec l'humanisme traditionnel (essentialiste) sans basculer pour autant dans l'antihumanisme revendiqué par Heidegger — telle a au fond été mon interrogation.

Qu'elle me soit apparue se croiser avec la question de savoir ce qui a fait de Sartre le dernier philosophe d'un certain style suggère déjà qu'à mes yeux la tentative sartrienne s'est soldée par un échec susceptible d'engager non seulement son option philosophique propre, mais aussi la conception de la philosophie dont cette option phénoménologique témoigne encore.

J'ai voulu raconter l'histoire de cet échec.

PREMIÈRE PARTIE

Génération Heidegger

I

HEIDEGGER EN FRANCE

Une affaire de générations

Le 1er février 1940, dans un extraordinaire morceau de bravoure du onzième de ses *Carnets de la drôle de guerre*, Sartre entreprenait de cerner l'influence que Heidegger avait exercée sur lui[1]. Il me faudra revenir à plusieurs reprises sur ce document passionnant, en même temps qu'étonnant. J'en retiens simplement, pour l'instant, l'insistance de Sartre sur l'importance qu'a pu avoir, dans sa découverte de Heidegger, la traduction de la conférence *Was ist Metaphysik?* par Henry Corbin en 1938[2] : « Si Corbin n'avait pas publié sa traduction de *Was ist Meta-*

1. J.-P. Sartre, *Les Carnets de la drôle de guerre. Novembre 1939-mars 1940*, Gallimard, 1983, p. 224-230 (cité désormais : *Carnet XI*).

2. Sous le titre *Qu'est-ce que la métaphysique?*, Henry Corbin publie alors en fait, chez Gallimard, un recueil de traductions rassemblant la conférence prononcée par Heidegger en 1929, un autre texte de 1929 (*Vom Wesen des Grundes*, traduit : *Ce qui fait l'être essentiel d'un fondement ou raison*), environ 50 pages de la deuxième section de *Sein und Zeit* (1927), la conclusion de *Kant und das Problem der Metaphysik* (1929) et le texte de 1936 sur *Hölderlin et l'essence de la poésie (Hölderlin und das Wesen der Dichtung)*. Ce petit volume de 250 pages resta pour longtemps le seul accès quelque peu consistant, en France, à la pensée de Heidegger. Il faudra notamment près de cinquante ans pour que les paragraphes choisis par Corbin dans *Sein und Zeit* soient retraduits, avec l'ensemble de l'ouvrage de 1927.

physik ?, je ne l'aurais pas lue », et si, sans doute, le sort du monde n'en eût point été changé, du moins l'influence de Heidegger, que Sartre désigne alors comme « providentielle », ne se fût point exercée de la même manière sur la gestation de *L'Etre et le Néant*. Bref, serait-on tenté de dire : Sartre n'eût point été ce qu'il fut si Corbin n'avait pas décidé de ménager au public français cet accès à la pensée de Heidegger. Or, ce 1er février 1940, Sartre choisit d'inverser les facteurs et, assez en veine d'écriture, proclame :

> Si Corbin a traduit *Qu'est-ce que la métaphysique ?*, c'est parce que je me suis (au milieu d'autres) librement constitué comme *public* attendant cette traduction et, en cela, j'assumais ma situation, ma génération et mon époque.

Ainsi faudrait-il dire plutôt : Corbin n'eût pas été ce qu'il fut (en l'occurrence : premier maillon d'une chaîne qui contribua à faire de Heidegger un philosophe si important en France) si Sartre et une certaine « communauté de curieux et de chercheurs » n'avaient pas décidé de se concevoir comme la première génération philosophique pour laquelle une pensée du type de celle de Heidegger pouvait venir combler une attente. En ce sens, n'hésite pas à écrire Sartre : « C'est *pour nous* que Corbin a fait sa traduction », et il ne lui apparaît pas excessif de prétendre :

> La publication de *Qu'est-ce que la métaphysique ?* [il s'agit évidemment de sa traduction française, A. R.] est un événement *historique* que j'ai justement contribué pour ma part à produire.

Je laisserai ici de côté, pour l'instant, la manière dont le *Carnet XI* justifie ces formules provocantes : existence d'un horizon d'attente constitué par la lecture critique de Husserl, le maître de Heidegger ; présence de l'histoire, dont les menaces, en 1938, incitaient à rechercher, dit

Sartre, une philosophie « pathétique » ; présence de l'histoire encore, mais dans la réflexion, à la faveur de la lecture de l'*Introduction à la philosophie de l'histoire* publiée par Aron cette même année, et qui pouvait rendre réceptif à une pensée aussi attentive à la question de l'historicité que celle de Heidegger. Autant d'explications qu'il faudrait soupeser, mais qui, en tout cas, apparaissent suffisantes à Sartre pour désigner sa génération comme destinée à jouer, dans la réception de Heidegger en France, un rôle décisif — comprendre, tant sont ici déjà en place des thèmes exploités par la suite de l'œuvre : comme s'étant destinée à jouer ce rôle, comme l'ayant assumé parce qu'elle s'était choisie telle.

Quelle dimension de vérité, quelle dimension d'illusion entrent dans cette version fantasmatique de la rencontre avec Heidegger ? Sans doute l'essentiel n'est-il pas ici d'en faire le partage. Moins négligeable est que Sartre ait alors entrevu ce que cinquante années de notre devenir intellectuel n'ont fait que confirmer, savoir qu'entre Heidegger et la France s'amorçait ainsi l'histoire d'une influence à la fois scandée et modulée par la succession de générations qui n'allaient cesser de demander à l'apport heideggérien ce dont elles croyaient avoir philosophiquement besoin.

Il faudra qu'une plume de bonne volonté se décide à écrire un jour, non pas seulement une histoire de ce que fut la réception de la pensée de Heidegger en France, mais un récit de l'étonnant processus, s'étendant sur trois générations, au fil duquel s'est accomplie chez nous, dans le champ philosophique et aussi très largement au-delà, une heideggérianisation de la réflexion à laquelle on ne trouve rien de comparable dans aucun autre pays. Il n'entre pas ici dans mon propos d'entreprendre un tel récit, mais, pour situer dans cette histoire le moment sartrien, en cerner la spécificité et en faire ressortir l'intérêt tout particulier, je voudrais néanmoins évoquer brièvement ces trois phases à travers lesquelles l'intelligentsia française a construit progressivement, avec la philosophie de Heidegger, la relation la plus passionnée qui soit au monde[3].

La génération de 1940

Le processus, qu'il faudrait reconstruire dans toute sa complexité, commence avec la génération de 1940, celle des intellectuels nés vers 1905, et dont le protagoniste fut précisément Sartre. *L'Etre et le Néant*, en 1943, transpose, j'y reviendrai, certains thèmes heideggériens sous la forme d'une analyse de l'existence humaine, au point qu'après la guerre la vague « existentialiste » put apparaître brièvement comme une vulgarisation d'*Etre et Temps* (1927). Filiation sans doute superficielle, en tout cas vite démentie : alors que Sartre vient de prononcer la célèbre conférence *L'existentialisme est un humanisme* (1945), Heidegger souligne dans la *Lettre sur l'humanisme* (1946), en des termes qu'il faudra examiner, que son entreprise n'a rien à voir ni avec l'existentialisme, ni avec un quelconque humanisme; au contraire lui semble-t-il nécessaire, on le sait, d'ébranler cette valorisation de l'humain qui, de l'avènement cartésien de l'homme comme « maître et possesseur de la nature » au règne contemporain de la technique, avait défini, pour son malheur, la modernité. La rupture était ainsi consommée avec Sartre qui, au-delà, devait trouver plutôt chez Marx (on songe évidemment à la *Critique de la raison dialectique*) l'une des sources (malencontreuses) de son inspiration.

Quelque chose semblait donc ainsi s'être brisé entre Heidegger et (en la personne de Sartre) l'intelligentsia française, et je tenterai ci-dessous de cerner les modalités et l'enjeu (ou les enjeux) de cette brisure. On ne comprendrait

3. Ce dont a témoigné naguère l'extraordinaire effervescence suscitée par la publication du livre de V. Farias sur *Heidegger et le nazisme*.

pas toutefois comment, inaugurée par une telle brisure, l'histoire de l'heideggérianisation de la pensée française a pu se poursuivre si l'on ne signalait que c'est pourtant cette génération de 1940 qui a mis en place le dispositif de réhabilitation intellectuelle dont Heidegger a bénéficié de la part de la France. Il faut rappeler en effet comment, alors que Heidegger est suspendu d'enseignement par les autorités alliées d'occupation, il reçoit dès 1945 la visite d'intellectuels comme Fr. de Towarnicki, E. Morin, A. Resnais et surtout J. Beaufret, destinataire de la *Lettre sur l'humanisme.* Il faut rappeler aussi comment, en 1955, Heidegger prononce à Cerisy la conférence *Qu'est-ce que la philosophie ?*, laquelle eut en fait, sinon pour fonction, du moins pour effet d'assurer son retour sur la scène internationale. Néanmoins, dans cette première phase, l'heideggérianisation de la pensée française, une fois démentie la filiation Heidegger/Sartre, fut surtout souterraine et ne concerna guère qu'un cercle de disciples « orthodoxes ».

La génération de 1960

Il appartiendra à la génération des intellectuels qui, comme Foucault (né en 1927), ont quarante ans vers 1968 de transformer cette relation à Heidegger. Cette génération est celle qui a connu le rapport Khrouchtchev et a vécu Budapest ou Prague, et elle commence à problématiser un certain marxisme, celui des P.C., de manière assurément moins ambiguë que chez Sartre, si longtemps « compagnon de route » : la naissance du gauchisme fut, à sa manière, le signe de cette problématisation et marqua la recherche d'une critique plus radicale des sociétés démocratiques et des valeurs occidentales. Or, une telle critique, englobant une mise en cause de la société de consommation, va se faire valoir également au plan intellectuel : l'idée se fait jour que le marxisme est devenu un économisme, alors que les progrès de l'économie, à eux seuls, ne libèrent pas l'homme de l'aliénation par la consommation et par l'idéologie. C'est dans ce contexte qu'apparaissent des pensées surdéterminant leurs critiques de la modernité politique, en mêlant à la composante marxiste une analyse de la technicisation du monde empruntée à Heidegger. L'exemple avait été donné par Marcuse dans *L'Homme unidimensionnel* : en France, Foucault bâtira son immense succès sur cette double critique du monde moderne, permettant à l'*Histoire de la folie* d'imputer l'enfermement des fous, au XVIIe siècle, à la fois au « souci bourgeois de mettre en ordre le monde de la misère » et au « rationalisme » d'une « culture occidentale » axée depuis deux mille ans sur la définition de l'homme comme être raisonnable.

La génération de 1980

La génération des années 80, qui, je n'y peux rien, est la mienne, s'identifie comme celle dont la venue à maturité (intellectuelle) accompagna, à travers les événements de Pologne ou d'Afghanistan, l'effondrement définitif du marxisme, mais aussi la fin du gauchisme : la réhabilitation des valeurs démocratiques, notamment des droits de l'homme, fut le versant positif de ces mutations. Dans ce cadre à nouveau profondément (et fort heureusement) transformé, il est, d'une part, tout à fait compréhensible que l'intellectuel, persistant à jouer son rôle de conscience critique de la société, puisse volontiers continuer de faire sienne la mise en question heideggérienne de la technicisation du monde : comment en serait-il autrement en effet, alors que l'autre instrument de la critique, à savoir le marxisme, se trouve désormais inexploitable sous toutes ses formes [4] ? Mais, d'autre part, force est désormais, pour qui veut exploiter encore les ressources de l'antimodernisme

4. Pour une analyse plus développée de ce « recentrement » du discours critique sur l'apport heideggérien, voir L. Ferry et A. Renaut, *Heidegger et les Modernes*, Grasset, 1988.

heideggérien, d'affronter une exigence renouvelée, et particulièrement redoutable : celle de combiner cette critique de la modernité, non plus avec le marxisme défunt, mais avec les valeurs réhabilitées de la démocratie. Tâche qui, aujourd'hui, caractérise par exemple, sous la direction de A. Finkielkraut, une revue aussi heideggériennement militante que *Le Messager européen*, et qui paraît, je le répète, singulièrement ardue : car dorénavant, après l'« affaire » suscitée par le livre de Farias, après la mise au point de H. Ott, d'autant plus accablante que rigoureuse[5], comment oublier que, jusqu'à la fin de sa vie, Heidegger, à la recherche d'une réponse politiquement satisfaisante au déploiement de la technique, s'est déclaré peu convaincu « que ce soit la démocratie » qui fournisse une telle réponse et a estimé qu'en revanche « le national-socialisme est bien allé dans cette direction »[6] ? Je ne veux pas entrer ici dans la discussion de cette tentative : chacun, et surtout l'avenir, jugera si cet *heideggérianisme critique* des années 80, prenant le relai de l'*heideggériano-marxisme* des années 60, a plus de chance de trouver sa cohérence.

Tel n'est pas ici, en tout cas, mon objet, et si j'ai voulu poser ainsi quelques points de repère dans l'histoire déjà longue de l'influence exercée par la pensée de Heidegger en France, c'était avant tout pour suggérer une hypothèse que je vais entreprendre de tester en concentrant le regard sur la première phase, celle que domine la rupture entre Heidegger et Sartre. Ce que me semble en effet révéler, à la faveur de ses transformations, l'histoire de la relation à Heidegger en France, c'est assurément à quel point l'impulsion venue de Heidegger pouvait y donner lieu à une vaste postérité (notamment en raison des ressources que la dénonciation heideggérienne du monde moderne offre à un

5. H. Ott, *Martin Heidegger. Eléments pour une biographie*, trad. par J. M. Beloeil, postface de J.-M. Palmier, Payot, 1990.

6. Entretien de 1966 avec le *Spiegel*, trad. par J. Launay, Mercure de France, 1979, sous le titre : « Réponses et questions sur l'histoire et la politique », p. 61.

pays dont la tradition culturelle contient en elle la figure de l'*intellectuel critique*) : — mais c'est aussi qu'une dimension de l'héritage était particulièrement difficile à gérer et devait finir par créer une sorte de legs embarrassant : je songe, cela va de soi, à tout ce qui, dans cet héritage, implique une mise en question de l'idée démocratique et des valeurs dont elle est solidaire, à savoir celles de l'humanisme moderne.

Je n'ai pas à réexpliquer ici où s'enracine, chez Heidegger, cette défiance à l'égard de l'idée démocratique au sens moderne du terme[7] : le lien entre cette version juridico-politique de la valorisation de l'autonomie qu'est l'exigence démocratique et l'affirmation de l'homme moderne comme *sujet*, se pensant lui-même comme la source de ses représentations, de ses actes et de ses normes, est suffisamment transparent pour que, du moins dans son principe, la défiance heideggérienne à l'égard de l'idée démocratique le soit aussi. Ce qui en revanche me semble mériter d'être analysé, c'est la manière dont les questions soulevées par cette articulation, centrale chez Heidegger, entre déconstruction/dépassement de la métaphysique de la subjectivité et mise en question de l'affirmation humaniste (moderne) de l'homme comme instance auto-nome — articulation qui embarrasse tout particulièrement, j'ai dit pourquoi, la troisième génération des « heideggériens français » — s'étaient déjà trouvées au centre de la rupture entre Heidegger et Sartre. Telle est l'hypothèse que je souhaiterais en fait tester, en montrant qu'à sa manière Sartre a eu clairement conscience de ce qui, plus de quarante après, nous apparaît désormais, pour peu que nous soyons de bonne foi, comme une des plus incontestables difficultés *internes* du dispositif heideggérien. J'ajoute que, si cette vision sartrienne de la difficulté me semble particulièrement intéressante, c'est dans la mesure où elle

7. Voir par exemple A. Renaut et L. Sosoé, *Philosophie du droit*, P.U.F., 1991, p. 155-185.

surgit au sein d'une pensée qui, à divers égards non négligeables, partageait avec Heidegger une certaine mise en cause des formes les plus traditionnelles de la philosophie du sujet ou de la conscience : je veux dire qu'il y avait là, entre Sartre et Heidegger, ce minimum d'empathie, dû pour l'essentiel à une relation commune (je ne veux pas dire : identique) à Husserl et à la phénoménologie, sans lequel le surgissement de la distance serait plus faiblement significatif et mériterait moins, aujourd'hui, notre attention. Je précise que cet « aujourd'hui » signifie, dans mon esprit, un moment *post-heideggérien* de la réflexion, aux deux sens possibles de ce « *post* » : à la fois au sens où nous ne pouvons plus, et cela pour des raisons graves, jouer philosophiquement et intellectuellement, comme si de rien n'avait été, la carte heideggérienne, mais aussi au sens où penser contre Heidegger ne peut signifier simplement revenir en amont de la manière dont Heidegger avait donné l'une de ses expressions les plus frappantes et les plus complètes à une entreprise inaugurée par Kant et Fichte, à savoir : celle de la critique de la métaphysique.

II

SARTRE, LECTEUR DE HEIDEGGER

Historicité et authenticité

La question qui m'intéresse, dans les relations entre Heidegger et Sartre, n'est pas véritablement, on l'aura compris, celle de savoir si, de l'un à l'autre, il y a eu ou non filiation, et jusqu'à quel point. Dans la *Lettre sur l'humanisme*, Heidegger, à l'aide de quelques phrases catégoriques, récuse toute paternité vis-à-vis de la tentative sartrienne, en affirmant qu'il n'y a pas « le moindre point commun » entre « le principe premier de Sartre » (« l'existence précède l'essence ») et ce que lui-même avait écrit sur la « réalité humaine » dans *Etre et Temps*[1] : protestation qui, par ce qu'elle a d'agacé, témoigne qu'en fait, s'il fallait développer pleinement cette question, surtout historicisante, de la filiation, les choses se révéleraient sans doute plus complexes qu'il n'y paraît.

Un témoin : Jean Beaufret, entre Sartre et Heidegger

A preuve le fait que Jean Beaufret, qui devait être le premier destinataire, à l'automne 1946, de la *Lettre sur l'humanisme* avant de devenir pour trois décennies le principal « chargé d'affaires » de Heidegger en France, s'y

1. Heidegger, *Lettre sur l'humanisme*, trad. par R. Munier, Aubier, 1964, p. 71.

était lui-même d'abord trompé. Personnage peu banal, au demeurant, que celui de Beaufret, dont le nom, avant comme après sa mort (1986), resta, au-delà d'un cercle restreint de disciples ou de spécialistes, somme toute peu connu, mais dont le rôle presque occulte qu'il joua dans l'histoire de la philosophie française peut difficilement être mesuré. De mars à septembre 1945, alors professeur de lycée à Lyon, il publie dans la revue *Confluences* une série d'articles intitulés *A propos de l'existentialisme*[2], où il présente ce courant de pensée comme ayant été préfiguré par Kierkegaard, tout en expliquant que ce dernier a lui-même profondément influencé Heidegger, notamment dans sa méditation sur l'angoisse. La « saga » heideggérienne, qui correspond sans doute, en l'occurrence, à la vérité, veut que certains de ces articles eussent été transmis à Heidegger par un jeune germaniste du nom de Palmer, pour lui signaler que du moins il venait de trouver en France un lecteur particulièrement attentif : information réconfortante, de fait, à une époque où, en Allemagne, Heidegger payait d'un discrédit universitaire et public son engagement de 1933. Inauguré par Heidegger en novembre 1945, un premier échange de lettres s'ensuivit, précédant le « document » de décembre 1946[3] : ainsi naissait, entre le philosophe et son plus fidèle interprète, une singulière relation de proximité, voire de complicité intellectuelle, qui explique la place centrale, véritablement incomparable, occupée par Beaufret et son enseignement dans la réception française de l'œuvre heideggérienne[4].

---

2. Voir aujourd'hui J. Beaufret, *De l'existentialisme à Heidegger. Introduction aux philosophies de l'existence et autres textes*, Vrin, 1986, p. 11-54.

3. Comme il se doit, la « lettre sur l'humanisme » fut réécrite ensuite par Heidegger, qui la publia en 1947 avec son écrit sur *La Doctrine platonicienne de la vérité.*

4. De ce rôle, dont le support « institutionnel » fut surtout constitué par le réseau des classes de khâgne, les quatre tomes du *Dialogue avec Heidegger* (Minuit, 1973-1985) ne donnent aujourd'hui qu'une faible idée.

Or, en 1945, Beaufret, je l'ai dit, commence par commettre ce qui, rétrospectivement, ne put que lui apparaître comme une erreur. Ses papiers de *Confluences* évoquent en effet, sans hésitation notable, l'« existentialisme heideggérien », avant d'en venir à l'« existentialisme de Jean-Paul Sartre », où est signalée avec insistance « la présence d'une méditation de Heidegger » : ainsi, dans sa description de la condition humaine comme être-au-monde, Sartre, précise Beaufret, « se laisse guider par Heidegger », plus exactement : par la manière dont la pensée de Heidegger est venue se greffer sur celle de Husserl. Bref, Sartre serait essentiellement un husserlien qui aurait découvert Heidegger à partir de Husserl — ce qui, on le verra, est vrai — et qui ensuite aurait fait sienne la manière dont Heidegger avait transposé les principales thèses de Husserl (notamment la théorie de l'intentionnalité) sous la forme d'une analytique de la condition humaine : appréciation, cette fois, plus audacieuse, que Heidegger allait justement démentir dans la *Lettre sur l'humanisme.*

Beaufret devait bien sûr enregistrer ce démenti et même, désormais, le faire sien, comme en témoigne son article de 1963 sur « La philosophie existentialiste[5] » : c'est alors avec mordant qu'il ironise sur le fait que Heidegger est « couramment classé comme existentialiste », même si, en réalité, « la pensée de Heidegger n'est pas plus existentialiste qu'elle ne prétend à l'humanisme ».

Force est donc d'en convenir : Beaufret, qui sera ultérieurement si sévère pour les erreurs commises par Sartre sur *Etre et Temps,* s'est lui-même, dans un premier moment, largement abusé — ce retournement en convient implicitement — sur la possibilité de chercher chez Heidegger une réponse aux mêmes interrogations que venait de

5. *De l'existentialisme à Heidegger. Introduction aux philosophies de l'existence et autres textes, op. cit.,* p. 55-76.

développer Sartre[6]. Signe non négligeable de ce qu'il pouvait sans doute y avoir de complexe à situer, dans ces années, ce qu'avait tenté Heidegger dans *Etre et Temps*, et du même coup à cerner la teneur d'une éventuelle relation de filiation entre cet ouvrage et celui de Sartre.

La découverte de Heidegger par Sartre : points de repère

Sans, je le répète, vouloir examiner pour elle-même cette question de la filiation (réelle ou supposée, légitime ou fictive), du moins peut-on mieux en circonscrire aujourd'hui les données en prenant en compte un certain nombre de faits.

---

6. C'est clairement en « sartrien » que Beaufret s'est d'abord tourné vers Heidegger pour lui adresser, dans une lettre du 10 novembre 1946, les questions auxquelles répondit la *Lettre sur l'humanisme* : lorsque Beaufret indique chercher pour sa part « depuis longtemps déjà » à « préciser le rapport d'une ontologie avec une éthique possible » (cité par Heidegger, *Lettre sur l'humanisme*, p. 139), il est difficile en effet de ne pas percevoir comme un écho des dernières pages de *L'Etre et le Néant* où, trois ans plus tôt, Sartre convenait que, si « l'ontologie ne saurait formuler elle-même des prescriptions morales », « elle laisse entrevoir cependant ce que sera une éthique qui prendra ses responsabilités en face d'une *réalité humaine en situation* » (rééd. Gallimard, « Tel », 1979, p. 690). Sartre, j'y reviendrai, annonçait même, dans la dernière phrase de son ouvrage, qu'après l'« essai d'ontologie phénoménologique » qu'avait été *L'Etre et le Néant* il consacrerait un « prochain ouvrage » à ce passage sur « le terrain moral » : le Beaufret de 1945-1946 a manifestement fait sien ce programme, et c'est en vue de son remplissement qu'il consulte Heidegger. De même, quand son prestigieux interlocuteur fait état de la question de Beaufret : « Comment redonner un sens au mot " Humanisme " ? », on ne peut guère oublier que Sartre vient de prononcer (28 octobre 1945), puis de publier (mars 1946) sa retentissante conférence *L'existentialisme est un humanisme*.

1. En gestation depuis plusieurs années, *La Nausée*, où, spontanément, le lecteur non prévenu peut croire trouver plus d'un écho donné à des thèmes heideggériens, était parue, en 1938, alors même que Sartre, qui (on y reviendra) avait d'ores et déjà lu Husserl, commençait à peine à découvrir Heidegger. Les témoignages de ses élèves du lycée du Havre, puis, à partir de 1937, du lycée Pasteur de Neuilly, mentionnent certes quelques évocations pédagogiques de Heidegger, mais elles devaient être bien lointaines et fragmentaires : le fameux *Carnet XI* avoue en effet que, si *Etre et Temps* a bien été acheté dès décembre 1933, lors du séjour berlinois, la lecture n'a pas dépassé alors la cinquantième page. Rencontre manquée, donc, succédant à une autre rencontre manquée, plus ancienne et plus étonnante encore : en 1931, Sartre, grâce à Nizan, avait publié dans la revue *Bifur* un extrait d'un ouvrage écrit en 1929, intitulé *La Légende de la vérité*, et qui ne devait pas trouver d'éditeur[7] ; or, qui se reporte aujourd'hui à ce même et dernier numéro de *Bifur* découvre avec stupéfaction qu'y figurait aussi la toute première traduction, avant même celle de Corbin, d'un fragment de *Qu'est-ce que la métaphysique?* : lorsque, dans le *Carnet XI*, Sartre estime donc, en 1940, que si Corbin n'avait publié en 1938 sa traduction de la même conférence de Heidegger il ne l'aurait pas lue, la formule vaut litote — car elle revient à avouer qu'en 1931, de fait, il n'a pas lu une première version de la conférence[8] ! Effarante ironie de l'histoire de la philosophie — celui-là même qui, en 1940, considère que lui et sa génération philosophique « attendaient » Heidegger a publié l'un de ses tout premiers textes dans la même revue où est paru le premier embryon d'une

7. Ce fragment de *La Légende de la vérité* est repris par M. Contat et M. Rybalka, *Les Ecrits de Sartre*, p. 531-545.

8. Dans *La Force des choses*, I, rééd. « Folio », Gallimard, 1963, p. 93, S. de Beauvoir indique pour sa part : « Nous n'en vîmes pas l'intérêt, car nous n'y comprîmes rien. »

traduction française de Heidegger, sans se douter un instant qu'il aurait pu trouver dans ce singulier voisinage quelque inspiration déterminante pour sa propre réflexion. Médiatisée par la découverte de Husserl, puis, nous le savons, par les traductions de Corbin, la vraie rencontre approfondie date en fait de Pâques 1939, où Sartre, si l'on suit les indications du *Carnet XI*, aurait lu « sans peine et sans avoir progressé entre-temps dans [la] connaissance de l'allemand » l'ouvrage majeur de Heidegger. 1939 (lecture de *Sein und Zeit* en allemand) ou 1938 (lecture des traductions de Corbin) ? Trancher importe peu, même si la vraisemblance et ce que l'on sait des méthodes de lecture de Sartre laissent penser que c'est surtout du *digest* de Corbin qu'il se servit durablement, comme en témoigne encore l'adoption par *L'Etre et le Néant* des principales solutions lexicales retenues par le traducteur pour transcrire la grille conceptuelle de Heidegger, notamment l'utilisation de « réalité-humaine » pour rendre le *Dasein.*

2. Malgré la version légendaire du *Carnet*, ce n'est donc en fait pas avant les années de captivité (1940-1941) que Sartre a vraiment travaillé sur *Sein und Zeit*, dont nous savons aujourd'hui qu'il possédait un exemplaire dans son *Stalag* et qu'il en présentait le contenu sous forme de cours à ses compagnons de captivité — cela alors même que s'élaborait *L'Etre et le Néant*[9].

---

9. A. Cohen-Solal, *Sartre*, 1985, rééd. « Folio-essais », Gallimard, 1989, p. 281. L'exemplaire de *Sein und Zeit* aurait été donné à Sartre par un officier allemand. Voir S. de Beauvoir, « Entretiens avec Jean-Paul Sartre (août-septembre 1974) », in *La Cérémonie des adieux*, « Folio », Gallimard, 1981, p. 247 : « J'ai lu Heidegger pendant que j'étais au camp de prisonniers. Je l'ai d'ailleurs compris à travers Husserl beaucoup plus qu'en lui-même. » Sartre ajoute toutefois : « Je l'avais d'ailleurs déjà un peu lu en 36. » S. de Beauvoir précisant : « Ah oui, je me rappelle que vous m'en faisiez traduire des gros morceaux. On en a discuté quand j'étais encore, je crois, à Rouen. »

3. Si *L'Etre et le Néant* est ainsi écrit parallèlement à une lecture de *Sein und Zeit*, reste qu'il est difficile d'apprécier et même de reconstituer ce qu'a pu être la lecture sartrienne. Dans un article récent [10], Jean Launay a beau jeu, en se plaçant du point de vue de Heidegger, d'ironiser sur ce que cette lecture, à en juger par les malentendus, les déplacements, les incompréhensions dont elle témoigne, a dû avoir à la fois de pénible et d'insuffisant : j'observerai simplement que, pour qui découvrait Heidegger dans ces années-là, sans nul point de repère dans une œuvre aussi déconcertante, la lecture de *Sein und Zeit* (Beaufret en témoignait d'ailleurs souvent, et ses propres erreurs d'appréciation, en 1945, le prouvent) ne pouvait, de fait, que prendre l'allure d'un calvaire — et Sartre n'a pas, lui non plus, échappé à cette expérience. En ce sens, il me semble futile, pour cerner ce qu'il a dû en être de cette relation à *Sein und Zeit*, de vouloir recenser les contresens ou les mécompréhensions : plus intéressant me paraît être de chercher à savoir comment Sartre lui-même, lisant Heidegger, se représentait l'incidence de ce qu'il lisait (bien ou mal : c'est, en l'occurrence, secondaire) sur sa propre pensée. Or, nous disposons ici d'une indication importante, là encore dans le *Carnet XI* : à en juger d'après ce qu'y consigne Sartre, l'influence exercée sur lui par Heidegger aurait été « providentielle », en ceci qu'elle lui aurait fait découvrir « l'authenticité et l'historicité », deux notions sans lesquelles, dit-il, il ne peut même pas « imaginer ce qu'il eût fait de sa pensée ». Si l'on voulait donc construire la représentation (fantasmatique ou non) de ce qu'a dû être *Sein und Zeit* pour Sartre, il pourrait être de bonne méthode de suivre cette indication et de se demander en quoi ces thématiques de l'historicité et de l'authenticité ont pu être au centre de sa réflexion quand il s'interrogeait sur l'usage qu'il pouvait faire de l'apport heideggérien.

---

10. « Sartre lecteur de Heidegger, ou l'Etre et le Non », *Les Temps modernes*, oct.-déc. 1990, I, p. 412-435.

Heidegger : historicité et temporalité

Concernant ces notions dont le traitement par Heidegger est apparu si décisif aux yeux de Sartre, j'assume volontiers le risque d'être ici fort schématique, tant il est vrai que, pour espérer ne pas l'être (ou l'être moins), il faudrait à la fois reconstruire avec rigueur ce que mettait en place Heidegger dans les paragraphes de *Sein und Zeit* consacrés à l'historicité (§ 72-77) et à l'authenticité, donc aussi à la déchéance dans l'inauthenticité (§ 35-38), puis dégager ce que *L'Etre et le Néant* a fait de ces réflexions. Démarche longue et inutilement pesante, tant il s'agissait surtout, en l'occurrence, de faire ressortir, fût-ce au prix de raccourcis simplificateurs, ce qui avait rendu possible la lecture sartrienne — elle-même, dans la naïveté d'un premier et rapide défrichage, fortement simplificatrice : mimer, donc, ce qu'avait pu être cette découverte du texte par Sartre, avec en particulier le souci de dégager les raisons pour lesquelles il avait non seulement *retenu*, mais *relié étroitement* l'une à l'autre les deux thématiques.

Partons, pour ce faire, des développements sur l'historicité, dont le recueil de Corbin présentait justement l'avantage d'offrir une traduction complète [11]. Développements

---

11. Corbin, *op. cit.*, p. 168-208, traduisait l'ensemble du chapitre V de la deuxième section de *Sein und Zeit*, à l'exception de la sorte d'*ex-cursus* constitué par le § 77, où Heidegger, une fois achevée son « exposition du problème de l'historicité *(Geschichtlichkeit)* », en suggérait la convergence avec les recherches de Dilthey. Ce chapitre, comme l'ensemble de la deuxième section, n'a pas été retraduit avant la parution de la version française complète de l'ouvrage, en 1985 (trad. par E. Martineau, hors commerce, Ed. La Différence) et 1986 (trad. par F. Vezin, Gallimard). Dans toute cette analyse, je suis la traduction de Corbin, puisque aussi bien c'est à travers elle que Sartre avait découvert Heidegger et que c'est cette découverte, plus que la lettre du texte heideggérien, qui ici m'intéresse.

tardifs dans l'économie générale de *Sein und Zeit* (il s'agit de l'avant-dernier chapitre), mais où l'affirmation de l'historicité essentielle de l'existence humaine rassemble au fond et, pour ainsi dire, concentre tout ce qui avait été précédemment conquis quant à l'essence de ce que l'ouvrage nomme *Dasein* et que Corbin traduit par « réalité-humaine » : au terme d'une analyse méticuleuse dont le fil conducteur est la question de savoir ce qui, proprement, est *historique* (par conséquent, ce dont la réalité est *historicité*), Heidegger établissait que c'est par la « réalité-humaine » (*Dasein*) qu'il y a de l'historique, car c'est au premier chef cette réalité qui existe historiquement, cela en tant qu'elle est « temporelle » et que son être est le « souci ». *En clair* — et je sais que, disant cela, je commets, aux yeux de plus d'un heideggérien zélé, un irréparable sacrilège —, en clair donc, et en réarticulant quelques moments de *Sein und Zeit* :

— § 41 : « La réalité-humaine est toujours-déjà dans son être en avance d'elle-même », cet être-en-avant-de-soi-même caractérisant l'être humain en tant qu'il a pour propriété de se projeter toujours vers un avenir.

— Mais le § 38 a montré que le propre de la « réalité-humaine » est aussi la *Geworfenheit*, le fait d'être toujours-déjà jeté dans un monde déjà là (si l'on veut : la « déréliction »), limitant le champ des possibles qui lui sont offerts — ce que reprend le § 41 sur le « souci » : c'est en effet très précisément cet « être-en-avant-de-soi-même » dans l' « être-déjà-au-monde », impliquant que tout le projet de soi vers un avenir vienne, pour se déployer en un présent, s'inscrire dans les possibilités délivrées par le passé, qui définit le « souci », c'est-à-dire le mode de temporalité propre à la « réalité-humaine » (entendre : sa relation spécifique au temps).

— Or, cette temporalité sur le mode du souci, le § 74 tente de l'approfondir pour penser l'historicité de l'homme, tel qu'il lui appartient de s'étendre, comme une unité, de sa naissance à sa mort : qu'est-ce en effet que le souci, si ce n'est une telle extension, puisque le propre de la « réalité-humaine », en tant que souci, est justement, en se projetant vers un avenir, de venir se heurter en quelque sorte à la nécessité de la mort, pour, de là, revenir vers les possibilités léguées par le passé (possibilités toujours déjà délimitées par le conditionnement social, les habitudes, les traditions, l'hérédité, etc.), et ainsi, entre la limitation de l'avenir (la mort) et celles du passé (la déréliction), se décider résolument pour un présent ? Ce qu'explicite justement le § 74, où l'on peut lire que « seul l'élan (anticipateur) qui va au-devant de la mort bannit toutes les possibilités fortuites et provisoires » — autrement dit : c'est l'élan vers l'avenir qui, nous rejetant vers le passé, libère la possibilité d'un présent. Ou encore : se décider ainsi, à partir de la finitude radicale éprouvée dans l'être-face-à-la-mort, en optant pour un présent parmi les possibilités héritées d'un passé sur lequel nul ne peut rien, c'est choisir son *destin*. « Libre pour la mort », « la réalité-humaine se décide pour une possibilité dont elle hérite, mais que pourtant elle choisit » : ce que nous appelons le « destin » est ainsi la « décision-résolue » (*Entschlossenheit*) de la « réalité-humaine » qui « sait se présenter à la face de la mort pour assumer totalement, dans sa déréliction, l'existant qu'elle est elle-même ». En ce sens, seul l'homme est historique, puisque lui seul a pour propriété essentielle, en tant que souci, de relier entre elles les trois dimensions du temps : l'animal, Nietzsche le notait déjà, n'existe que dans le présent, et les choses ne sont historiques qu'« à titre secondaire », puisqu'en elles-mêmes elles ne sont que ce qu'elles sont *(hic et nunc)* et n'acquièrent une dimension historique (celle, par exemple, d'un monument) que dans la mesure où elles ont appartenu à un monde *humain* qui n'est plus.

Cette présentation, effectuée dans la langue de Corbin (qui va aussi, on entrevoit déjà à quel point, être celle de *L'Etre et le Néant*), pourra certes être jugée caricaturale par les familiers de *Sein und Zeit*, mais elle a, après tout, l'avantage d'être compréhensible et surtout de suggérer en quoi la thématique de l'historicité a pu être appréhendée par Sartre comme l'ayant à ce point influencé : en ce sens, l'essentiel était de faire réapparaître que, si la « réalité-humaine », pour Heidegger, est « historique à titre primaire » (comprendre : « au premier chef »), si « l'être de cet existant (qu'est l'homme) est constitué par l'historicité » (§ 73), c'est dans la mesure où son être même, en tant que souci, engage une liaison essentielle des trois dimensions du temps — ce pourquoi « l'interprétation de l'historicité de la réalité-humaine se révèle comme étant simplement, au fond, une élaboration plus complète de la temporalité », le « complément » ainsi apporté s'exprimant notamment à travers l'introduction de la notion de « destin » : « historique au premier chef » est la « réalité-humaine » en tant qu'elle a pour propriété essentielle de *choisir* ce qui lui apparaît par ailleurs comme *destin.*

Où l'on aperçoit que cette interrogation sur l'historicité du *Dasein* avait en fait, pour Heidegger, un enjeu (compléter en l'approfondissant l'appréhension de la notion de temporalité) excédant de loin les limites d'une interrogation sur l'existence humaine : enjeu qui mérite d'être précisé, tant il est vrai que là sans doute commence le premier malentendu entre Heidegger et Sartre.

Dans la logique interne de *Sein und Zeit*, l'enquête sur l'historicité n'est en effet qu'un moment d'un programme philosophique défini par la destruction de l'ontologie traditionnelle et par la réouverture de ce que Heidegger appelle la « question de l'être ». Sans qu'il puisse être ici question de reconstituer pour elle-même la logique d'une telle opération, du moins peut-on en effet apercevoir que l'interprétation de l'historicité venait s'y inscrire de deux manières.

D'une part, l'analyse de l'historicité propre à la « réalité-humaine » contribuait directement à briser ce que Heidegger désignait comme la « représentation vulgaire du temps », telle que, depuis Aristote et saint Augustin, elle se caractérisait à ses yeux par un privilège accordé au présent : contre un tel privilège, qui participerait de l'impensé de l'histoire de l'ontologie (à savoir l'interprétation de l'« être de l'étant », ou, si l'on préfère, de la réalité du réel, en termes de présence), l'historicité de la « réalité-humaine » manifeste qu'il est au moins une réalité, celle de l'« homme », où la temporalisation du temps s'effectue à partir de l'avenir, et non à partir du présent.

D'autre part, pour mesurer en quoi, dans l'esprit de Heidegger, la portée de ce développement sur l'historicité dépasse largement l'anthropologie, il faut aussi se rappeler quelle était la démarche globale de *Sein und Zeit* : prendre comme objet privilégié, comme *terminus a quo* de la démarche philosophique, la « réalité-humaine » *(Dasein)*, c'est-à-dire cet existant qui a pour particularité de posséder une certaine compréhension de son être ; puis poser, à titre de *terminus ad quem*, la question du sens de l'être en général, guidé que l'on sera à cet égard par la précompréhension que l'existant humain a de son être propre [12]. Or, pour la « réalité-humaine », être, c'est en quelque sorte « historiciser », se projeter vers un avenir et, à partir de là seulement, ouvrir ou faire éclore un présent : la démarche de *Sein und Zeit*, si elle avait pu être menée à son terme [13], eût alors consisté à transférer à la question du sens de l'être en général ce qui s'était trouvé conquis à travers cette analyse de la façon qu'a la réalité humaine de s'inscrire dans le temps. Démarche qui aurait ainsi restitué le lien, essentiel pour la question du sens de l'être, entre être et temps, mais sur un mode différent de celui qui a prédominé, plus ou moins impensé, dans toute l'histoire de la

---

12. *Terminus a quo, terminus ad quem* : c'est Heidegger lui-même qui utilise ce vocabulaire, en 1929, dans le débat qu'il eut à Davos avec Cassirer. *Terminus a quo*, indique-t-il, est pour lui la question : « Qu'est-ce que l'homme ? » ; *terminus ad quem*, la question : « Que signifie *être* ? » (Cassirer, Heidegger, *Débat sur le kantisme et la philosophie*, Beauchesne, 1972, p. 43).

13. On sait que Heidegger n'a jamais publié la deuxième partie de son ouvrage, celle qui aurait dû revenir de l'analytique de la « réalité-humaine » à la question de l'être en général. De ce mouvement, la conférence *Temps et Etre* (prononcée en 1962, trad. in *Questions IV*, Gallimard, 1976) donne quelque idée.

métaphysique : il se serait agi en effet, certes, de penser l'être à partir du temps, mais d'un temps compris comme dispensation, ouverture ou instauration du présent, et non plus simplement comme présence subsistante. C'est au fond une telle pensée de l'Etre que laisseront en tout cas apercevoir les indications fournies par Heidegger, dans des ouvrages plus tardifs, quand il invitera, énigmatiquement, à penser l'Etre comme Histoire, c'est-à-dire comme « destination » ou comme « envoi » du temps [14].

Je n'insisterai pas davantage ici sur cet horizon *ontologique* de l'analyse heideggérienne de l'historicité. Evoquant sa démarche de 1927, Heidegger indique dans les dernières pages de son *Nietzsche* : « Tout ceci, situé en dehors de la philosophie de l'existence et de l'existentialisme [15]. » De fait, car, en s'appropriant ce qu'il jugeait « providentiel » dans *Sein und Zeit*, Sartre en avait radicalement déplacé les enjeux, au point d'inverser, pour ainsi dire, le *terminus a quo* et le *terminus ad quem* : concentrée chez lui dans le bref tremplin ontologique d'une trentaine de pages qui, sous la forme d'une réflexion sur le phénomène, sert d'« Introduction » à *L'Etre et le Néant*, l'interrogation sur le sens de l'être ne fournit plus que le point de départ d'une recherche dont l'axe se trouve resitué du côté d'une enquête, que Heidegger eût désignée comme « anthropologique », sur les modalités spécifiques de l'existence

---

14. Ce qu'il y a d'énigmatique dans ces formules tient pour une part, comme si souvent chez Heidegger, à un jeu sur les ressources de la langue allemande. Il faut ici entendre dans « histoire », *Geschichte*, les termes de *Geschick*, *schicken*, lesquels évoquent l'idée d'envoi, l'idée d'un mouvement de « destination » ou de « dispensation » ; en ce sens, pourra dire aussi Heidegger, l'Etre est destin (*Schicksal*). Mais, pour une autre part, l'apparente difficulté de ces thèmes tient aussi au fait que, pour en percevoir la logique, il faudrait précisément les relier à ce que conquiert, dans *Sein und Zeit*, l'analyse de l'historicité comme ouverture résolue au destin.

15. Heidegger, *Nietzsche*, II, 1961, trad. par P. Klossowski, Gallimard, 1971, p. 384.

humaine. Au demeurant est-ce à la faveur d'une telle inversion du « point de départ » et de l'« horizon » que la thématique de l'historicité pouvait apparaître se relier bien davantage, selon la présentation du *Carnet XI*, à celle de la détermination des modalités d'une existence authentique qu'à la perspective d'une destruction du concept traditionnel de la temporalité.

Sartre : historicité et authenticité

Le lecteur de *L'Etre et le Néant* qui chercherait à retrouver chez Sartre un écho *littéral* de cette thématique de l'historicité dont il célèbre avec emphase le traitement heideggérien s'exposerait à une déconcertante déception : aucune division de la table des matières n'y fait directement référence, et s'il est bien question, à la fin de l'ouvrage, du « choix historique », à l'occasion d'un développement où les sociétés humaines sont dites elles-mêmes « historiques » et où, de façon quelque peu sibylline, l'« historialisation perpétuelle du Pour-soi » est assimilée à une « affirmation perpétuelle de sa liberté »[16], le bilan d'une telle lecture peut apparaître tout de même un peu mince pour justifier la présence, ici, d'une influence « providentielle ». Apparence qui, à l'analyse, se révèle pourtant trompeuse : si Sartre réinvestit dans sa propre réflexion ce que lui a appris à cet égard la lecture de Heidegger (ou de Corbin), c'est, fort logiquement, en essayant de cerner lui aussi la relation spécifique que l'existant entretient avec le temps.

Le chapitre sur la temporalité de la conscience (de ce que Sartre appelle, avec ou sans majuscule, le « Pour-soi »), dans la seconde partie de *L'Etre et le Néant*, insiste déjà, en des termes qu'il n'est guère besoin de rappeler longuement, sur la manière dont il appartient intrinsèquement à la

16. *L'Etre et le Néant*, p. 557-558.

réalité humaine d'« avoir un futur » : à la différence de la chose ou « en-soi », qui est ce qu'il est, pure adhérence à soi dans un éternel présent, le Pour-soi, qui n'est pas ce qu'il est et est ce qu'il n'est pas, « ne peut être pour soi que dans la perspective d'un Pas-encore, car il se saisit lui-même comme un néant, c'est-à-dire comme un être dont le complément d'être est à distance de soi » — distance qui, « par-delà l'être », est celle du futur. Bref : « En ce sens, Heidegger a raison de dire que le *Dasein* est toujours infiniment plus que ce qu'il serait si on le limitait à son pur présent »[17]. Heidegger a même tellement raison sur ce point, dans son effort pour resituer la temporalité du *Dasein*, que tout ce développement de *L'Etre et le Néant* sera une reprise pure et simple, en tout cas dans ses grandes lignes, de ce qu'avait accompli ici *Sein und Zeit.* Au point que Sartre éprouve parfois le besoin de marquer tout de même quelques distances, fût-ce artificiellement. En voici deux exemples.

Après avoir montré que c'est le futur, que le Pour-soi a « à être », qui « donne son sens au présent », Sartre récuse que l'une des trois dimensions ou, comme disait Heidegger, des trois « ek-stases » du temps possède une « priorité ontologique sur les autres » ; mieux, loin que l'opération doive se solder, comme on pourrait s'y attendre, par une restructuration du concept de temps au détriment du présent, s'il faut néanmoins indiquer quelle dimension de la temporalité doit servir ici de fil conducteur, « il convient malgré tout de mettre l'accent sur l'ek-stase présente — et non comme Heidegger sur l'ek-stase future — parce que c'est en tant que révélation à lui-même que le Pour-soi *est* son Passé, comme ce qu'il a à-être-pour-soi dans un dépassement néantisant, et c'est comme révélation à soi qu'il est manque et qu'il est hanté par son futur, c'est-à-dire par ce qu'il est pour soi là-bas, à distance[18] ». Curieux

17. *Ibid.*, p. 164-165.
18. *Ibid.*, p. 181.

repli stratégique, qu'on aurait tort de surinterpréter en y voyant le signe de je ne sais quel effroi de Sartre devant l'audace de la redéfinition heideggérienne de la temporalité : cette audace, si audace il y a, *L'Etre et le Néant* la fait en effet à nouveau clairement sienne dans sa dernière partie quand, s'essayant à cerner les structures de la liberté humaine, Sartre définit la subjectivité en termes de « projet de soi » et insiste sur la façon dont, en nous choisissant, « nous nous faisons annoncer par un futur l'être que nous avons choisi » — tant et si bien que le « présent pur », celui qui, à la lumière du projet, apparaît comme un « commencement », « reçoit du futur qui vient de surgir sa nature propre de commencement » [19]. Et toute cette séquence de l'ouvrage, accentuant encore les suggestions des chapitres sur la temporalité, s'apparente à une reprise presque littérale de ce qu'avait souligné *Sein und Zeit* : ainsi est-ce « du futur » que « la seule force du passé lui vient », en ceci que, « de quelque manière que je vive ou que j'apprécie mon passé, je ne puis le faire qu'à la lumière d'un pro-jet de moi vers le futur » [20] ; et de même, si l'on passe de l'individuel au collectif, il faut convenir que, si les sociétés humaines sont « historiques », ce n'est pas simplement parce qu'elles « ont un passé », mais parce qu'elles reprennent ce passé « à titre de monument », en lui donnant sens à partir du projet qu'elles ne cessent de faire d'elles-mêmes : c'est à la lumière de l'affirmation de sa liberté que toute réalité humaine, en éclairant son passé, ne cesse de « s'historialiser » [21]. Comment être, sur ce thème, plus proche, malgré les dénégations, de Heidegger ?

---

19. *Ibid.*, p. 522.
20. *Ibid.*, p. 556.
21. *Ibid.*, p. 557-558. De même, p. 561 : « Le passé s'intègre à la situation [donc, au présent, A. R.] lorsque le pour-soi, par son choix du futur, confère à sa facticité passée une valeur, un ordre hiérarchique et une urgence à partir desquels elle motive ses actes et ses conduites. »

C'est en fait à une dénégation comparable que se livre Sartre lorsque au terme de son développement sur la mort[22], quelques pages célèbres et brillantes en viennent à « conclure, contre Heidegger, que loin que la mort soit ma possibilité propre, elle est *un fait contingent* qui, en tant que tel, m'échappe par principe et ressortit originellement à ma facticité ». Prise de distance apparemment vigoureuse, puisque *Sein und Zeit* faisait de l'« être-pour-la-mort » (§ 46-53) une structure *essentielle* (« ontologique ») de la « réalité-humaine » : « La mort, réplique symétriquement *L'Etre et le Néant*, n'est aucunement structure ontologique de mon être », mais elle est, comme la naissance, « un pur fait » qui « vient à nous du dehors » (ce pourquoi elle ressortit à la facticité) et n'engage pas l'être intrinsèque du Pour-soi. Il n'est toutefois pas certain qu'il ne faille pas relativiser l'importance du désaccord ainsi proclamé. En quelques mots : Heidegger faisait de l'« être-pour-la-mort », entendu comme la structure d'un être qui, dans la mort, possède une « possibilité indépassable » limitant toujours, *comme de l'extérieur*, sa liberté, l'indice même de notre essentielle finitude ; Sartre, pour sa part, inscrit bien davantage la finitude *dans la liberté elle-même* conçue comme choix d'un possible à l'exclusion de tous les autres[23]. Ecart dans l'appréhension de la finitude qui retentit directement sur la portée plus ou moins grande du motif de la mort dans l'interrogation sur notre être propre.

---

22. *Ibid.*, pp. 589-606.

23. *Ibid.*, p. 604 : « Etre fini, c'est se choisir, c'est-à-dire se faire annoncer ce qu'on est en se projetant vers un possible, à l'exclusion des autres. » Soit : dès lors que je choisis, je fais le projet d'une vie, et donc « je me fais fini », parce que je renonce ainsi à l'infinité des autres possibles. Tout le développement est animé par le souci de montrer, contre Heidegger, qu'il est possible de penser la finitude humaine sans référence à la mort : dès lors que la liberté est choix, elle est créatrice de finitude, et quand bien même la vie choisie serait « sans bornes » (immortelle), elle serait finie, parce que, dans le choix, le sujet « se fait unique ».

Reste que, dans les deux cas, c'est sur fond d'une saisie de la « réalité-humaine » comme se temporalisant sous la forme du « projet » (Sartre) ou de l'« anticipation de soi-même » (Heidegger), *donc à partir du futur*, que se laisse expliciter ce par quoi cette réalité est intrinsèquement et radicalement *finie.* En ce sens, le renoncement à « l'être-pour-mourir de Heidegger » introduit entre les deux pensées un désaccord de façade et, pour ainsi dire, de parade qui dissimule quelque peu l'ampleur de ce que Sartre reprend, sous le motif de l'historicité, à l'analytique heideggérienne du *Dasein* et qui engage, *comme chez Heidegger*, la pensée de cette finitude qu'il nous appartient de savoir assumer. Au demeurant pourrait-on sans grande peine objecter à Sartre que, s'il est assurément possible de *concevoir* la finitude dans les termes de cette « exclusion des possibles » inhérente à tout choix humain, c'est sans doute par référence à la manière dont la mort nous interdit de rejouer éternellement notre vie qu'il nous est le plus aisé de *nous représenter* cette exclusion des possibles : en ce sens, si l'exclusion des possibles fournit le *concept* de la finitude humaine, l'être-pour-la-mort ne constitue-t-il pas en fait la meilleure figuration sensible (la meilleure *schématisation*) d'un tel concept ? Auquel cas la distance entre les deux démarches s'en trouverait encore grandement amenuisée.

Ce qui, en revanche, creuse entre ces démarches un écart plus certain, c'est sans doute, je l'ai déjà suggéré en suivant les indications du *Carnet XI*, la façon dont Sartre a entrepris de relier les acquis de cette thématique de l'historicité à la problématique de l'authenticité. Liaison qui, assurément, n'était pas inenvisageable à partir de *Sein und Zeit* lui-même, même si elle supposait, pour être privilégiée, que fût déplacé l'axe de l'ouvrage.

Authenticité et inauthenticité avaient été présentées, dès le § 9 de *Sein und Zeit*, comme les deux « modes d'être » possibles de la « réalité-humaine », selon que cette réalité parvient ou non à « s'approprier son essence ». Et l'on sait comment la suite de l'ouvrage avait insisté sur le fait que la déchéance dans l'inauthenticité constitue le plus souvent la manière d'être du *Dasein* qui, oubliant son être propre, se trouvant ainsi étranger à lui-même et, en ce sens, « aliéné », se perd dans le monde des choses (§ 38). Cela, non sans que soit précisé que cette dénomination d'« inauthenticité » n'implique « aucune dépréciation », à la fois parce que la déchéance ne se doit point entendre comme « chute » à partir d'un état originel qui eût été pleinement « authentique » (« Le *Dasein* est toujours-déjà déchu »), et parce que, si la « réalité-humaine » est déchue, la raison n'en tient à nulle faute, mais s'en trouve bien plutôt dans le fait qu'il appartient au *Dasein* d'être jeté dans un monde où, toujours-déjà, il se perd et vis-à-vis duquel il lui appartient, pour conquérir son être propre, de se différencier [24]. Bref, selon une terminologie que Heidegger reprenait, par deux fois dans son ouvrage, au récent *Histoire et conscience de classe* de Lukács, la déchéance dans l'inauthenticité est « réification de la conscience [25] », et c'est contre une telle réification que le *Dasein* authentique affirme sa liberté.

Or, de ce point de vue, la méditation de l'« être-pour-la-mort », donc de la finitude intrinsèque de la réalité humaine, pouvait jouer un rôle décisif dans la conquête de l'authenticité, ainsi que l'esquissaient les dernières pages du § 53 [26]. L'anticipation de la mort révèle à la « réalité-humaine » que sa possibilité la plus extrême équivaut à l'exténuation de toutes les possibilités, autrement dit : à ce renoncement à soi que signifie, pour une réalité dont l'être, comme ek-sistence ou comme pro-jet, est d'être toujours

24. Je laisse évidemment de côté ici la question de savoir si la distinction de l'authentique et de l'inauthentique ne contient pas malgré tout, par essence, des connotations valorisantes/dévalorisantes.

25. Je reviendrai sur cette terminologie dans mon dernier chapitre.

26. Corbin, p. 155 sq. : « Pro-jet existential d'un être authentique pour la mort. »

au-delà de soi-même (= pour une réalité dont l'être est toujours d'être inachevé, d'être sur le mode du « Pas encore » ou du « sursis »), l'atteinte d'un moment où ne subsiste nul possible. En ce sens, l'anticipation de cette « possibilité *indépassable* » qu'est la mort contraint l'existant à « assumer l'être qui lui est absolument propre » (en clair : le contraint à l'authenticité) : par opposition à cette « possibilité indépassable », les possibilités effectives si diverses qui s'entrechoquent, pêle-mêle, en amont de la mort peuvent en effet être « soumises à un choix et à une compréhension authentiques » — dit autrement : la réalité-humaine est à la fois rejetée, à partir de l'anticipation de la mort, vers la possibilité qui lui est propre (et qui définit son authenticité), à savoir le choix des possibles, le projet, et convoquée à opérer ce choix en optant pour celles des possibilités qui, en deçà de la dernière et ultime, lui offrent la possibilité effective d'ek-sister en tant qu'être-hors-de-soi, comme un être des possibles, et non comme une chose. Ce pourquoi Heidegger pouvait conclure que c'est dans l'expérience de la « liberté pour la mort » que se trouve le plus sûrement ouverte à la « réalité-humaine » la voie d'une « authenticité possible », à condition que, « d'elle-même, elle *exige* cette authenticité » en sachant ne pas se dérober devant ce qui révèle l'anticipation de la mort.

Au terme de son propre développement sur la mort, *L'Etre et le Néant*, récusant que ce soit le face-à-face avec la mort qui me révèle ma finitude, rejette aussi cette perspective selon laquelle la mort « serait ma fin propre qui m'annoncerait mon être[27] » : rien d'étonnant, dans ces conditions, si ce n'est pas par l'intermédiaire de cette thématique de la « liberté-pour-mourir » que Sartre intègre dans sa réflexion la problématique de l'authenticité.

Au demeurant la notion elle-même, si elle apparaît ici ou là dans *L'Etre et le Néant*, n'y est-elle présente qu'avec

27. *L'Etre et le Néant*, p. 605.

discrétion et encore n'apparaît-elle que, le plus souvent, accompagnée de bien des précautions, déconcertantes si l'on songe à l'enthousiasme dont témoignait à cet égard le *Carnet XI.* Ainsi, faisant référence au couple heideggérien authenticité/inauthenticité, Sartre regrette-t-il que « les expressions *authentique* et *inauthentique* qu'il [= Heidegger] emploie soient douteuses et peu sincères à cause de leur contenu moral implicite[28] » ; ou encore, évoquant les modalités heideggériennes du « passage de l'inauthentique à l'authentique », croit-il devoir préciser que « la description de Heidegger laisse trop clairement paraître le souci de fonder ontologiquement une Ethique dont il prétend ne pas se préoccuper, comme aussi de concilier son humanisme avec le sens religieux du transcendant[29] ». Dans ces réserves, il faut sans doute, là encore, faire la part des stratégies de distinction qu'un auteur débutant (après tout, *L'Etre et le Néant* est le premier ouvrage véritablement important de Sartre en philosophie) estime si souvent avoir besoin de déployer, vis-à-vis de son trop proche inspirateur, afin d'affirmer sa propre pensée. Certes, l'on entrevoit ici — et ce n'est bien sûr pas intégralement négligeable — que la question de la morale, engageant une certaine relation à l'humanisme, est déjà au centre du débat qui s'amorce entre Sartre et Heidegger. Reste que ces indications demeurent fort elliptiques et, dans leur formulation, peuvent apparaître non exemptes d'une confusion qui ne devait pas non plus être alors intégralement absente, sur ces points si importants ultérieurement, de l'esprit même de Sartre : comment se situe-t-il à ce moment lui-même par rapport au projet de l'humanisme, comment interprète-t-il ce projet ? — rien, dans ces pages, qui soit encore suffisamment net pour rendre véritablement crédibles, par elles-mêmes, de telles réserves à l'encontre du traitement heideggérien de la question de l'authenticité.

---

28. *Ibid.*, p. 588.
29. *Ibid.*, p. 118.

Car, au-delà des stratégies, la manière dont Sartre associe étroitement la thématique de l'historicité et celle de l'authenticité est bien inscrite au cœur de *L'Etre et le Néant* et donne à l'entreprise philosophique qui s'y développe sa teneur propre. Cette association, chez Sartre, s'enracine dans la conviction qu'il est légitime de repérer, dans l'insistance de Heidegger sur l'historicité de la « réalité-humaine », la désignation d'une *essence* ou, si l'on préfère, d'un « *propre* » (*eigen*) de l'homme : l'authenticité, l'*Eigentlichkeit*, désigne très précisément cette relation de cette « réalité-humaine » à ce « propre », à ce qui lui est *eigen*, à savoir que, selon la formule bien connue, le *Dasein* ek-siste (« *Das Wesen des Daseins liegt in seiner Existenz* »), au sens, nous l'avons vu, où son être consiste à être en dehors ou en avant de lui-même, comme Souci ou comme Projet ; et l'inauthenticité, l'*Uneigentlichkeit*, correspond à l'oubli de ce « propre », cet « oubli » que *Sein und Zeit* nomme « déchéance ». Que cette déchéance dans l'inauthenticité soit toujours-déjà là, qu'elle soit davantage à penser en termes de structure qu'en termes d'histoire (individuelle ou collective), c'est aujourd'hui, pour le lecteur de Heidegger, une évidence dont j'ai rappelé ici même les principaux contours : il reste que, pour Sartre découvrant, à travers les extraits de Corbin, cet ouvrage complexe et alors pratiquement inconnu en France, la thématique de l'historicité se trouvait bien reliée, de façon interne et intime à l'économie de l'analytique de la « réalité-humaine », à celle de l'authenticité, *et cela par la médiation de cette insistance de Heidegger sur ce par quoi il y a un « propre » de l'existant humain* — insistance où Sartre, je le répète, va lire la définition d'une essence de l'homme et donc, en un sens, le principe de ce qu'il présentera quelques années plus tard dans les termes d'un nouvel humanisme.

La lecture sartrienne : méprise ou distance délibérée ?

Nous savons désormais comment, à l'automne 1946, dans la *Lettre sur l'humanisme*, Heidegger ironisera de façon un peu lourde sur l'incompréhension dont témoignerait à cet égard la lecture sartrienne de l'analytique du *Dasein* :

— D'une part, Heidegger a beau jeu de prendre ses distances avec l'humanisme existentialiste en soulignant combien, ponctuellement et littéralement, la phrase de 1927 : « *Das Wesen des Daseins liegt in seiner Existenz* », n'a rien à voir avec l'assertion sartrienne selon laquelle « l'existence précède l'essence » — puisque *au minimum* il est clair que ce que *Sein und Zeit* entendait par *Existenz* est sans rapport avec l'« existence » au sens banal où l'entend Sartre[30] : il y a là, incontestablement, une erreur de lecture, de la part de Sartre, présente dès le début de *L'Etre et le Néant* (p. 21). Il y cite en effet une phrase de *Sein und Zeit*, traduite ainsi par lui : « Le *comment* (*essentia*) de cet être doit, pour autant qu'il est possible en général d'en parler, être conçu à partir de son être (*existentia*). » Transcription par elle-même acceptable, peu différente dans les traductions ultérieures de *Sein und Zeit*, mais que, pour son malheur, Sartre commente alors en des termes qui révèlent son incompréhension et — comment ne pas en convenir ? — l'extravagante inattention de sa lecture :

> Cela signifie que la conscience n'est pas produite comme exemplaire singulier d'une possibilité abstraite, mais qu'en surgissant au sein de l'être elle crée et soutient son essence, c'est-à-dire l'agencement synthétique de ses possibilités.

30. *Lettre sur l'humanisme*, Aubier, p. 69 sq.

Commentaire malencontreux, mais qui préfigure en tout cas fort clairement la formule-slogan de *L'existentialisme est un humanisme* : « L'existence précède l'essence », laquelle devait susciter la réplique cinglante de Heidegger. Car, de fait, malheureusement pour Sartre, la même page de *Sein und Zeit* expliquait que cette formule sur la relation entre essence et existence ne pouvait être comprise qu'en arrachant *essentia* et *existentia* à leurs significations traditionnelles, et notamment en réservant l'*existence* au mode d'être du *Dasein* — bref, qu'il fallait comprendre en fait : « *Das Wesen des Daseins liegt in seiner Existenz* » (« L'essence de l'être-là réside dans son ek-sistence »), selon une formule sur la difficulté de laquelle Corbin, dans la présentation de son recueil, avait pourtant attiré l'attention[31]. L'erreur de Sartre est donc ici peu contestable et la *Lettre sur l'humanisme* la signale tout à fait légitimement.

— D'autre part, en partie au moins parce qu'il s'adresse à un J. Beaufret dont j'ai rappelé qu'il était à cette époque encore proche de Sartre, Heidegger, pour pousser en quelque sorte l'avantage, creuse l'écart entre *Etre et Temps* et *L'Etre et le Néant* en soutenant que, du premier ouvrage, on ne saurait en tout cas déduire nulle fondation d'un quelconque humanisme — là où Sartre, après avoir trouvé, en 1943, de l'humanisme chez Heidegger, venait, dans sa

31. Corbin, *op. cit.*, p. 14, où, après avoir mis en garde contre le fait qu'il ne s'agit point ici du « vieux débat de l'*essence* et de l'*existence* », le traducteur propose d'entendre la phrase ainsi : « L'essence de la réalité humaine consiste en son *ex-sistance* », où cette curieuse graphie intervient pour souligner que l'*Existenz* dont parle ici Heidegger n'est pas celle qui est commune « aux *existants* en général (au sens du problème classique du rapport entre l'essence et l'existence) », mais désigne « cette modalité propre de la réalité-humaine », à savoir qu'« en ex-sistant, la réalité-humaine transcende », qu'elle « pro-jette un monde ». Bref, en proposant la graphie inusuelle « ex-sistance » (là où les interprètes ultérieurs proposeront souvent celle d'« ek-sistence »), Corbin donnait en tout cas les moyens d'éviter le piège dans lequel Sartre paraît pourtant être bel et bien tombé.

retentissante conférence, de revendiquer que « l'existentialisme [soit] un humanisme ». Si Heidegger peut ainsi dénoncer comme un contresens toute captation « humaniste » de *Sein und Zeit* et se réclamer ouvertement d'un effort pour penser « contre l'humanisme »[32], c'est en tant qu'à ses yeux (je ne rappelle cette mise au point que pour mémoire) « les plus hautes déterminations humanistes de l'essence de l'homme » notamment, chez les Modernes, celles qui ont exprimé cette essence en termes de « subjectivité », « n'expérimentent pas encore la dignité propre de l'homme » — savoir que l'homme est non pas « sujet », mais « souci », qu'il est ouverture à l'Etre, ek-sistence, et non pas celui qui « décide » de ce qui doit être ou ne doit pas être[33]. Par opposition à quoi, au contraire, tout l'humanisme sartrien se trouve rabattu sur la métaphysique de la subjectivité comme on le voit, entre autres exemples, dans cette allusion à la compréhension sartrienne du « projet » : « Comprendre le *projet* dont il est question dans *Sein und Zeit*, comme l'acte de poser dans une représentation c'est le considérer comme une réalisation de la subjectivité » — et non pas « comme la relation extatique à l'éclaircie de l'Etre », comme une relation que l'homme ne constitue pas, n'instaure pas, mais dans laquelle il se trouve, pour ainsi dire, revendiqué par l'Etre[34]. L'allusion est à peu près certaine, vu le contexte, à Sartre (qui est nommé quelques lignes plus loin) — lequel d'ailleurs, dans sa conférence de 1945, indique que « le projet se vit subjectivement » et que l'homme est « responsable » de ce qu'il choisit[35] : formulations que Heidegger pourrait sans peine mettre au service de son diagnostic, même si, dans *L'Etre et le Néant*, la conception du projet paraissait un peu plus complexe, au point par exemple que les pages sur

32. *Lettre sur l'humanisme*, trad. cit., p. 75.
33. *Op. cit.*, p. 75-77.
34. *Op. cit.*, p. 67-69.
35. *L'existentialisme est un humanisme*, p. 23-24.

l'avenir pouvaient s'ouvrir par la remarque selon laquelle « il faut renoncer d'abord à l'idée que l'avenir existe comme *représentation*[36] ». Toujours est-il que Heidegger néglige ces formulations plus déconcertantes et conclut à la résorption pure et simple de l'existentialisme dans l'humanisme le plus traditionnel et dans la philosophie de la conscience dont cet humanisme lui semble intrinsèquement solidaire.

*

Je n'insisterai pas davantage sur les termes de cette rupture décidée par Heidegger avec ce qui est issu de *L'Etre et le Néant.* En revanche, il me paraît important de souligner pourquoi, à beaucoup d'égards, la façon dont la rupture a été mise en scène et proclamée par Heidegger a quelque chose de trompeur et a trop souvent contribué à masquer à la fois la *manière* dont la distance s'est introduite entre les deux philosophes et le *sens* de cette distance.

36. *L'Etre et le Néant*, p. 163, passage où Sartre se réclame d'ailleurs de Heidegger pour expliquer que le rapport à l'avenir n'est que rarement « représenté », qu'il ne l'est pour ainsi dire qu'après coup, sur le mode d'une thématisation, alors que ce n'est pas sur ce mode que l'avenir surgit, fondamentalement, pour le *Dasein*, mais de manière plus originaire.

III

LA QUESTION DU NÉANT

A suivre la manière dont Heidegger présente la distance qui sépare sa propre tentative et celle de Sartre, on pourrait avoir aisément le sentiment que Sartre s'est efforcé de s'inscrire dans le sillage de *Sein und Zeit*, mais qu'il n'y est pas parvenu faute d'avoir déployé une mise en question suffisamment radicale des concepts les plus traditionnels de la métaphysique. C'est là, du moins, la représentation qu'induisent les lignes de la *Lettre sur l'humanisme* consacrées à la formule de *L'existentialisme est un humanisme* : « l'existence précède l'essence », présentée comme prisonnière des déterminations les plus éculées de l'*existentia* et de l'*essentia*, alors même que *Sein und Zeit* aurait ébranlé les concepts métaphysiques de l'essence et de l'existence.

Je le dis tout net : cette représentation m'apparaît devoir être rectifiée, pour peu que l'on considère avec attention la manière dont, dans *L'Etre et le Néant*, Sartre lui-même, quelle que soit l'ampleur des emprunts pratiqués auprès de *Etre et Temps* (et le chapitre précédent a permis de s'en faire quelque idée), présente sa relation à Heidegger comme étant d'emblée *critique*. Et, ce disant, je ne songe pas aux réserves surtout stratégiques dont j'ai analysé quelques exemples et dont Sartre a parsemé son ouvrage, mais à un écart principiel, qui engage les options fondamentales des deux philosophes. Bref, et telle est la thèse que je voudrais ici argumenter : si écart il y eut entre les deux pensées, cette distance, envisagée du point de vue de *L'Etre et le Néant*, fut présente *dès l'origine*, sous la forme d'une prise de distance *délibérée* de la part de Sartre, sur un point tout à fait essentiel, et l'image de la « bévue » ou de la « méprise » sartrienne[1] sur ce dont il se serait agi chez Heidegger est une caricature.

J'en veux pour preuve, dans *L'Etre et le Néant*, l'un des premiers développements critiques à l'égard de Heidegger, à savoir celui qui porte sur la relation entre néant et négation[2]. J. Launay a utilisé récemment ce texte dans l'article que j'ai déjà évoqué, mais en y voyant plutôt le signe d'un « malentendu » entre Sartre et Heidegger, alors que je voudrais y souligner les éléments d'une discussion résolue et lucide — ce qui est bien sûr tout différent.

Néant et négation

Le passage évoqué concerne une question fort classique, celle des rapports entre le néant et la négation, au sens où par exemple Platon, dans le *Sophiste*, réduisait le néant à l'altérité à l'intérieur de l'étant et en définitive à l'*apophasis*, au pouvoir humain de nier — au sens aussi où Bergson, dans un célèbre développement de *L'Evolution créatrice* (chapitre IV), relativisait l'idée de néant (en soutenant que cette idée désigne seulement le néant de quelque chose) et rattachait expressément sa genèse à la capacité humaine de nier une chose, puis une autre, etc.

Or, par rapport à cette thèse traditionnelle (qui, en tout cas chez les Modernes, participe de l'installation du sujet humain comme fondement de toute position dans l'être comme de toute néantisation), Heidegger, selon Sartre, a le mérite de demander d'où vient ce « pouvoir humain de nier », ce « pouvoir qu'a la réalité humaine d'émerger ainsi dans le non-être » : explicite[3], la référence est évidemment

1. *Verirrung*, dit la *Lettre sur l'humanisme.*
2. *L'Etre et le Néant*, p. 53 sq.
3. *Ibid.*, p. 51.

à *Qu'est-ce que la métaphysique?* et à sa traduction par Henry Corbin en 1938 — d'où Sartre retient que, pour Heidegger, « la négation tire son fondement du néant ».

De fait, on sait que, dans sa conférence de 1929, tout l'effort de Heidegger était pour ébranler la réduction du néant à la négation et pour suggérer (cf. aujourd'hui *Questions I*, p. 53) que, bien loin qu'il n'y ait « le néant que parce qu'il y a le non, c'est-à-dire la négation », « il n'y a la négation et le non que parce qu'il y a le néant » — bref : que le néant néantise antérieurement à tout non et à toute négation. Et, sur ce point, Heidegger, précise Sartre, « a raison » : « Sans nul doute, Heidegger a raison d'insister sur le fait que la négation tire son fondement du néant. » En revanche, dans cette même page, toute la suite de l'analyse sartrienne fait grief à Heidegger de ne pas avoir lui-même été assez loin dans son interrogation.

La néantisation comme liberté

Le reproche adressé par Sartre à Heidegger est ici transparent : Heidegger n'aurait pas assez explicité la dimension néantisante caractéristique du *Dasein* et n'aurait pas indiqué d'où vient, dans la réalité humaine, ce pouvoir de néantisation. Autrement dit : les lacunes de *Sein und Zeit* et de *Qu'est-ce que la métaphysique?*, relativement à la question du néant, tiendraient à une incapacité à faire paraître quelle est l'« activité négatrice » inscrite au cœur de la réalité humaine et où s'enracine sa capacité de transcender le donné, de s'en arracher, éventuellement, le cas échéant, sous la forme d'une négation.

Lisant ces lignes, on pourrait assez aisément, j'en conviens, avoir le sentiment d'assister à un étonnant dialogue de sourds : apparemment, Heidegger s'attache à soustraire le néant à l'activité humaine de négation ; Sartre lui reproche de ne pas avoir cerné l'activité négatrice où le néant s'enracine ! En fait, le débat est moins absurde qu'il n'y paraît[4] :

— Heidegger s'efforce de dégager l'idée de néant de sa réduction traditionnelle à la négation logique, au pouvoir humain de produire des énoncés disant « non » à telle ou telle dimension du réel : cette démarche, telle qu'elle n'hésite pas, dit Heidegger lui-même, à « toucher à la souveraineté de la logique », est approuvée par Sartre, en tant qu'à ses yeux la négation *logique* n'est effectivement pas la racine ultime de la néantisation.

— Sartre, en revanche, s'il accorde que le néant est antérieur à la négation *logique*, refuse de déporter la question de l'« origine du néant » hors de la réalité humaine : dans le chapitre sur l'« origine du néant », nous lisons précisément que « l'homme est l'être par qui le néant vient aux choses »[5] — en ceci que « l'être de l'homme est son être-libre », bref : que c'est la liberté qui néantise. De là vient que Sartre précise sa question :

> Que doit être la liberté humaine si le néant doit venir par elle au monde[6] ?

Et toute la fin du chapitre, anticipant sur la quatrième partie de l'ouvrage (« Avoir, faire et être »), suggère en ce sens que la liberté, en quoi réside l'être même de la réalité humaine, se doit penser comme « arrachement », aussi bien comme arrachement au monde que comme arrachement à soi. Certes, Heidegger a entrevu, indique Sartre, cette essence de la liberté en énonçant l'idée de transcendance, de même que Husserl avait pu exprimer quelque chose de cet arrachement à soi dans l'idée d'intentionnalité, mais *Etre et Temps* ou *Qu'est-ce que la métaphysique ?* ont bien

4. Je reviendrai dans ma conclusion sur la signification philosophique ultime de cette divergence sur le fondement de la néantisation.

5. *Ibid.*, p. 57.

6. *Ibid.*, p. 60.

davantage invité à penser la transcendance (la liberté) à partir de l'irruption du Néant, à partir de l'auto-néantisation de l'étant (= à partir du dévoilement de l'Etre) que l'inverse.

*

Je n'analyserai pas ici les prolongements que cette saisie de la liberté comme néantisation et comme arrachement trouveront dans la suite de l'ouvrage de Sartre : nous apercevrons ultérieurement le rôle décisif qu'une telle appréhension de la liberté joue en tout cas dans la logique interne de toute sa tentative, notamment dans sa dimension éthique. Ce qui m'importe dès maintenant, en revanche, c'est qu'à la faveur de cette analyse, le prétendu *malentendu* entre Sartre et Heidegger (à comprendre en fait comme si Sartre avait purement et simplement mal entendu, et mal lu, ce que disait Heidegger) s'explicite en réalité comme un *désaccord de fond* — et comme un désaccord parfaitement assumé et maîtrisé par Sartre : en substance, le reproche fondamental adressé à Heidegger à travers cette discussion sur le néant consiste à estimer qu'en pensant la néantisation à partir du néant lui-même, Heidegger laisse échapper ce qui constitue la possibilité essentielle de la conscience — à savoir la possibilité de son *recul* par rapport au monde, son pouvoir de se retirer du monde, de le nier, lequel pouvoir de retrait est en fait la condition de sa liberté comme choix de se réengager ou de se réinvestir ensuite, de telle ou telle manière, au sein du monde. Pour la réalité humaine, « mettre hors circuit un existant particulier, c'est se mettre elle-même hors circuit par rapport à cet existant. En ce cas, elle lui échappe, elle est hors d'atteinte, il ne saurait agir sur elle, elle s'est retirée *par-delà un néant.* Cette possibilité pour la réalité humaine de sécréter un néant qui l'isole, Descartes, après les Stoïciens, lui a donné un nom : c'est la *liberté*[7]. » Bref, c'est

7. *Ibid.*, p. 59.

l'être de l'homme « qui conditionne l'apparition du néant », en tant que cet être est liberté et que la liberté est arrachement. Et l'on sait comment Sartre suggère à plusieurs reprises que ce retrait ou ce recul correspond en fait au moment du *cogito*, au moment de la réflexion, constitutive de la conscience.

Inutile de prolonger l'examen : le désaccord est ici manifeste entre deux projets philosophiques dont l'un (Heidegger) s'identifiera à un effort pour penser l'homme, non plus du tout comme sujet, mais comme *Dasein*, c'est-à-dire (selon la formule de la *Lettre sur l'humanisme*) comme « ekstase (*Hinaus-stehen*) en vue de la vérité de l'Etre », et dont l'autre (Sartre) persistera à considérer[8] « qu'il faut partir de la subjectivité ».

En ce sens, on ne saurait assez souligner que ce que Heidegger a présenté comme un malentendu, en mettant en évidence la bévue commise par Sartre sur la fameuse phrase de *Sein und Zeit* que serait censée traduire la formule « l'existence précède l'essence », s'identifie bien davantage comme un conflit philosophique, clairement et nettement ouvert dès 1943. Ce qui n'est pas entièrement négligeable pour évaluer aujourd'hui la tentative philosophique de Sartre : contrairement à ce que suggère la légende du « malentendu », il a perçu, au moins globalement, ce que tentait Heidegger *et il l'a refusé.*

Ce point enregistré, encore faut-il toutefois ne pas se hâter d'identifier, en les simplifiant, les termes d'un tel conflit. La tentation peut être grande en effet de voir dans le rejet par Sartre de ce que Heidegger entreprenait une réaction de défense, purement et simplement conservatrice, émanant de la philosophie du *cogito* contre ce qui s'identifiait comme sa déconstruction et son dépassement. Or, le geste sartrien est plus complexe, tant il est vrai que Sartre s'est engagé, nous le verrons, sur la voie d'une pensée qui, tout en restant (et résolument) une pensée du sujet, s'est

---

8. Selon la formule de *L'existentialisme est un humanisme*, p. 17.

efforcée d'intégrer *au moins partiellement* ce par quoi un tel sujet ne peut plus aujourd'hui être conçu comme il l'avait été au fil de la modernité. Jusqu'à quel point Sartre s'est-il engagé sur cette voie étroite, mais dont je serais mal placé pour dire qu'elle n'est pas prometteuse ? Dans quelle mesure cependant n'est-il pas parvenu à la suivre jusqu'au bout ? Tel est au fond ce que je voudrais clarifier dans les chapitres qui suivent, en tentant de dégager ce qu'a pu lui apporter de ce point de vue la référence à la phénoménologie, mais aussi quelles ont pu être les limites de cet apport.

DEUXIÈME PARTIE

Les phénoménologies

I

HUSSERL

Dans ses relations avec les deux philosophes qui ont le plus compté lors de la genèse de *L'Etre et le Néant*, Sartre fut décidément l'homme des occasions ratées. J'ai rapporté l'épisode de la revue *Bifur*, où, publiant dans le même numéro où figurait une première traduction (partielle) de *Qu'est-ce que la métaphysique ?*, Sartre négligea de lire Heidegger dès 1931. Mais, en février 1929 déjà, il avait manqué de se rendre à la Sorbonne, pourtant peu éloignée de la rue d'Ulm, afin d'entendre Husserl, alors âgé de soixante-dix ans, prononcer, en guise d'« Introduction à la phénoménologie transcendantale », les quatre conférences en allemand pour lesquelles il avait été invité par l'Institut d'études germaniques et la Société française de philosophie[1]. La découverte de Husserl, je reviendrai sur cet épisode célèbre, devra attendre 1933, et la double médiation de R. Aron et de E. Lévinas.

Heidegger, pour sa part, rencontrait Husserl en lisant les *Recherches logiques* dès 1909, et c'est l'œuvre de F. Brentano qui remplit ici la fonction médiatrice : épisode tout aussi fameux, mais qui méritera d'être raconté, tant (au moins dans la version qu'en donna un Heidegger beaucoup plus tardif) il engage en grande partie le type de relation que l'auteur de *Sein und Zeit* allait entretenir avec la phénoménologie.

1. Le texte de ces conférences, une fois remanié, parut sous le titre des *Méditations cartésiennes. Introduction à la phénoménologie.*

1909, 1933 : près d'un quart de siècle intervient donc entre les deux lectures, et la durée d'une génération, qui sépare Sartre de Heidegger, portera ici tous ses effets en inscrivant d'emblée ces deux découvertes, apparemment aussi bouleversantes l'une que l'autre, dans des contextes philosophiques et intellectuels tout différents. C'est cet écart originel dans le rapport à une même source que je voudrais ici faire paraître. Non par simple souci de la reconstruction — encore que ce qu'il s'agirait ainsi de reconstruire coïncide en grande partie avec le trajet contemporain de la philosophie ; mais surtout parce que la possibilité d'un tel écart engage la compréhension même de cette phénoménologie à l'intérieur de laquelle Sartre, comme Heidegger, mais aussi — nous avons vu en quoi — contre Heidegger, a cru devoir ainsi situer son entreprise. Comme si en effet, dès sa formulation husserlienne, la phénoménologie avait été susceptible de donner lieu à plusieurs interprétations et de connaître divers infléchissements : de Heidegger à Sartre, sans doute, mais peut-être aussi déjà de Husserl lui-même à Heidegger.

Pour espérer comprendre cette étonnante plasticité du modèle phénoménologique, qui pourrait bien en marquer davantage les limites qu'elle n'en exprime les forces, il faut en tout cas en construire les principales déterminations et tenter d'apercevoir ensuite comment, sur ce tronc commun, ont pu venir se greffer des entreprises aussi profondément différentes. Puis-je préciser toutefois qu'il ne s'agit bien sûr ici pour moi ni de proposer une interprétation globale de l'œuvre de Husserl considérée dans sa structure, ni d'en reconstruire la genèse ? Mon approche, qui n'épouse ni l'une ni l'autre de ces deux démarches chères aux historiens de la philosophie, reste animée par deux soucis principaux :

— J'entends, tout d'abord, mettre en évidence ce qui fait d'une philosophie un *modèle* (au sens d'un type possible) de conception de la réalité (si l'on veut, en langage hégélien : un type de position par rapport à l'objectivité) : de ce point de vue, il est clair dans mon esprit que la pensée considérée (comme *corpus* de ses œuvres) excède de loin ce qui en elle correspond à un tel modèle. L'historien de la philosophie n'aura donc jamais de peine à désigner dans mes reconstructions[2] des manques qui lui apparaîtront comme autant de lacunes : reste que mon projet n'est pas le sien, et qu'entre l'un et l'autre peut s'installer une coexistence sans concurrence.

— Ma préoccupation dominante, dans ce travail sur les modèles constitués, est ensuite celle d'une *logique de la philosophie*, pour laquelle, je m'en suis déjà expliqué ailleurs, il s'agit moins de restituer les épisodes d'une histoire que de comprendre le sens d'un devenir. Philosophie de l'histoire de la philosophie, si l'on veut, plutôt qu'histoire de la philosophie : entreprise que l'on peut certes trouver, selon l'humeur, démesurément ambitieuse ou naïvement désuète, mais que je persiste à croire légitime, si du moins l'on m'accorde que le philosophe ne saurait, aujourd'hui, s'interroger avec rigueur sur ses tâches sans concevoir en quel *sens* la philosophie a épuisé, avant lui, la plupart, voire la totalité de ses possibles[3].

---

2. Je choisis bien sûr ce terme délibérément, par opposition à la « déconstruction » heideggériano-derridienne : il ne s'agit pas pour moi de « déstructurer » les philosophies pour faire paraître la dimension d'abîme sur laquelle resterait indépassablement ouverte la prétendue clôture de leur cohérence ; selon une démarche symétrique et inverse, mon souci primordial est bien plutôt de faire paraître dans une pensée un *moment de sens*, donc de *construire* un noyau d'*intelligibilité totale* (correspondant à ce que je désigne comme un « modèle »), et ce par abstraction méthodique de ce que, subjectivement, je n'ignore pas pour autant (qu'on m'en accorde le bénéfice), mais qui reste toujours à distance du modèle. Si je devais un jour construire un discours de ma méthode, j'interrogerais bien sûr cette « distance », d'autant plus grande que le sujet fini a plus de peine à coïncider pleinement, dans les grandes philosophies dogmatiques, avec ce qu'il *présente* comme le Vrai (sans pouvoir vraiment se le *représenter*).

3. Quant à l'objection selon laquelle toute entreprise se réclamant de la philosophie de l'histoire (fût-ce celle de la philosophie) serait aujourd'hui périmée et relèverait d'une approche non scientifique de

Abordant l'œuvre de Husserl à partir de tels principes, je n'examinerai donc pas tous les moments de cette œuvre, ni même ne reconstruirai dans tous ses aspects sa configuration initiale[4], mais j'entends uniquement dessiner dans le projet de la phénoménologie, en articulant quelques-uns des maillons constitutifs de sa cohérence, ce qui a pu faire sens pour Heidegger et pour Sartre. De ce point de vue, le plus simple, en même temps que le plus indispensable, m'est apparu de partir ici du vaste et passionnant débat intellectuel à la faveur duquel la phénoménologie a trouvé sa première expression.

La controverse du psychologisme

La phénoménologie que Husserl a résolu de fonder a d'abord été une réaction : elle s'est construite, à la fin du XIXe siècle, contre certaines théories de la connaissance qui menaçaient de dissoudre toute objectivité cognitive[5].

---

l'histoire, j'y répondrais volontiers, sans prendre le temps d'esquisser ici une « introduction à la philosophie de l'histoire de la philosophie », en me réclamant simplement d'une philosophie *critique* de l'histoire : j'entends par là une philosophie de l'histoire (de la philosophie) consciente de sa dimension interprétative et des périls auxquels s'expose, dans le champ de l'interprétation, l'exigence de vérité. Qu'on me reconnaisse seulement, de ce point de vue, le droit de m'inscrire dans une tradition, celle qui, tout en prenant la mesure du problème de l'herméneutique, n'a pas renoncé, de Schleiermacher et Dilthey jusqu'à Aron ou Habermas, à fonder, en modes divers, la prétention du travail interprétatif à l'objectivité.

4. Pour des approches plus complètes, et plus historiennes, je ne peux que renvoyer aux travaux récents, remarquables de précision, de J.-L. Marion, *Réduction et donation. Recherches sur Husserl, Heidegger et la phénoménologie*, P.U.F., 1989, et de J.-F. Courtine, *Heidegger et la phénoménologie*, Vrin, 1990. Davantage dans ma manière est l'essai de R. Legros, *L'idée d'humanité. Introduction à la phénoménologie*, Grasset, 1990, p. 197-267.

5. Information bien connue, mais qui laisse entrevoir que la théorie phénoménologique de la conscience (ou du sujet) sera

On s'est accoutumé à rassembler de telles théories sous le nom de *psychologisme*[6], dans la mesure où s'y trouvent identifiés le sujet de la connaissance (et même le sujet de la science) et le sujet psychologique : nul jugement ne serait indépendant du moi qui l'énonce. Et cela qu'il s'agisse du jugement de perception (le jugement : « cette feuille est blanche », ne serait pas indépendant de moi qui perçois cette feuille et exprime ce que je perçois) ou du jugement du logicien qui soutient que deux propositions contraires ne peuvent être vraies en même temps relativement au même objet : même un tel principe ne ferait qu'exprimer l'impossibilité *de fait*, pour des sujets disposant d'une certaine organisation psychique, d'intégrer dans le vécu de leur conscience la conviction que la feuille est en même temps blanche et rouge[7]. Bref, la validité des principes logiques

---

dominée par la problématique de la connaissance — ou que le sujet y sera toujours conçu prioritairement selon un *modèle cognitif* (et non pas *pratique* ou *pragmatique*). La portée de cette remarque sera dégagée dans ma conclusion.

6. Le terme même de « psychologisme » est repris par Husserl d'un ouvrage d'un certain C. Stumpf intitulé *Psychologie und Erkenntnistheorie* : voir *Recherches logiques* (1900), t. I, trad. par H. Elie, P.U.F., 1959, p. 55.

7. D'un tel point de vue, la seule différence véritable entre le jugement de perception et les principes logiques tiendrait au fait que, si le premier est relatif à tel ou tel « moi », les seconds seraient relatifs au « moi en général » qu'est la structure psychique de l'être humain. Ce que souligne fort clairement E. Lévinas, *Hors sujet*, Fata Morgana, 1987, p. 225 sq. : « Le psychologisme en logique — issu de l'empirisme naturaliste de la fin du XIXe siècle — chercherait à réduire l'idéalité des formes logiques et mathématiques de la pensée scientifique — pensée d'une intelligence, pensée d'un moi pensant — au phénomène psychologique, individuel mais anonyme, du penser lui-même. Réduction de l'*idéal* et du *moi* au penser qui n'est pas le penser d'un moi ; au penser-anonyme s'étalant dans le temps et soumis aux lois — à des constantes empiriques — qui règlent le devenir d'un psychisme se déroulant en guise de pensée. » En ce sens, ramenant la pensée aux lois empiriques de la psychologie, les courants psychologistes la réduisaient à l'ordre de la nature : « Les

ne se fonderait que sur notre organisation psychique, ce pourquoi ils demeureraient au reste indémontrables — puisqu'ils seraient au fond innés, c'est-à-dire nés avec nous, et constitueraient pour ainsi dire une part de ce que nous sommes.

Il n'est guère difficile de l'apercevoir : admettre ainsi qu'il n'existe nulle vérité indépendante des démarches psychologiques conduisant jusqu'à elle entraîne de redoutables conséquences qui, convergeant autour d'un néo-scepticisme, expliquent pourquoi l'apparition de thèses à ce point radicales a pu susciter, à l'aube de ce siècle, un aussi vaste débat. Mesurons rapidement ce qu'impliquent en effet de telles thèses :

— D'une part, si tout concept ne fait qu'exprimer un vécu et si les principes logiques ne définissent que des conditions du fonctionnement de notre système psychique, tout savoir est *relatif* à notre organisation, et aucune loi ne peut prétendre être absolument vraie : claire profession de scepticisme, dont on peut comprendre qu'elle ait alors communiqué avec une forme de *pragmatisme* — puisque, dans une telle perspective, ce qui fait la validité plus ou moins grande d'un principe logique ou d'un énoncé à prétention scientifique, c'est purement et simplement l'efficacité plus ou moins étendue des opérations que ce principe ou cet énoncé rendent possibles. Autrement dit : alors que nous croyons, par nos jugements, contribuer à accroître la *connaissance* du monde, nous œuvrons en fait à la mise en place de conditions favorisant notre *action* sur le monde.

— D'autre part, l'histoire des sciences ne saurait, dans ces conditions, témoigner d'aucun progrès des connaissances, mais elle se trouve bien plutôt régie par une logique des essais et des erreurs, où la considération de l'efficacité

Recherches logiques de Husserl — inaugurant la phénoménologie et déjà y recourant — mirent en question, dès le début du siècle, cette interprétation naturaliste de la conscience et cette réduction de la pensée à un mécanisme psychologique. »

permet simplement de sélectionner, sous le nom de « vérités », celles de ces erreurs qui sont les plus utiles au renforcement de notre action sur le monde. On songe bien sûr ici à la thématique nietzschéenne de la « vérité » comme « erreur utile », et ce n'est pas un hasard : contemporaine de l'essor du psychologisme, l'insistance de Nietzsche sur la manière dont la science est toujours liée aux besoins en exprime bien certaines des dimensions constitutives[8].

Cela dit, si l'on entend cerner les termes du débat où va venir s'inscrire la phénoménologie, force est de désigner plus précisément les adversaires en présence. Comme on sait, Husserl consacre lui-même à cette controverse, en 1900, l'essentiel du premier tome des *Recherches logiques*, qui présente (c'est le titre du § 17) « la controverse portant sur le point de savoir si les fondements théoriques essentiels de la logique normative se trouvent dans la psychologie » — et pour ce faire, il distingue, dans ce qu'il appelle encore « la controverse des rapports entre la psychologie et la logique », deux courants antagonistes :

— D'un côté, le courant qu'il désigne comme « psychologiste » est représenté notamment par J. St. Mill, Lipps et Wundt : ce courant, indique-t-il, estime que « les fondements théoriques essentiels doivent être cherchés dans la psychologie, au domaine de laquelle appartiennent, quant à leur teneur théorique, les propositions qui donnent à la logique sa physionomie caractéristique » ; en vertu de quoi la logique, jusque dans ses principes premiers, serait à la psychologie comme « une branche de la technologie chimique vis-à-vis de la chimie », ou comme « l'arpentage vis-à-

8. Ainsi est-ce le cas notamment lorsque Nietzsche écrit que « ce sont nos propres lois et notre propre conformité à ces lois que nous introduisons dans l'univers » (*Volonté de puissance*, trad. par G. Bianquis, Gallimard, II, § 114) — ou encore qu'« il n'y a en dernière analyse que des sciences pratiques » et que la science n'est qu'un « langage chiffré commun » permettant « de *dominer* plus aisément la nature » (*ibid.*, II, § 358).

vis de la géométrie », c'est-à-dire « comme la partie au tout » — Mill écrivant d'ailleurs, dans son essai sur Hamilton *(An Examination of Sir William Hamilton's Philosophy)*, ces lignes que cite Husserl :

> La logique [...] n'est pas une science distincte de la psychologie et coordonnée avec elle. En tant qu'elle est une science absolument, elle est une partie ou une branche de la psychologie.

Thèse qui constitue donc une réduction de la logique à la psychologie, et qui se fonde sur la conviction que nous pensons et jugeons — ainsi Husserl résume-t-il la conviction psychologiste — « comme l'exigent les lois naturelles de la pensée ou la *nature particulière de notre esprit* en tant qu'esprit pensant » : bref, les lois logiques sont, en dernière instance, des « lois de facticité de la vie psychique ».

De l'autre côté, les adversaires du psychologisme (Hamilton, Herbart, Lotze), qui n'ont pas attendu la phénoménologie pour contester les principes d'un tel relativisme, s'emploient à défendre l'idée, reprise par Husserl, d'une « logique pure ». Ce pourquoi ils se réclament de la célèbre distinction qu'opérait Kant, afin de situer sa démarche transcendantale, entre psychologie et critique de la connaissance :

> Il ne s'agit pas ici de l'origine de l'expérience, mais de ce qu'elle renferme. Le premier point relève de la psychologie empirique, où il ne pourrait jamais d'ailleurs être convenablement développé sans le second qui relève de la critique de la connaissance et notamment de celle de l'entendement[9].

C'est en fait sur cette distinction de Kant que les auteurs mentionnés (et que Dilthey, leur contemporain, opposera aux « psychologistes » en les nommant les « logistes »)

9. Kant, *Prolégomènes à toute métaphysique future*, trad. par Gibelin, Vrin, 1974, p. 74.

crurent pouvoir étayer leur conviction que les contenus de pensée sont irréductibles aux conditions de leur genèse — ce qu'expriment à la perfection ces lignes de Jäsche commentant le cours de logique de Kant et citées par Husserl[10] :

> Sans doute quelques logiciens présupposent-ils en logique des principes *psychologiques.* Mais il est aussi absurde d'introduire des principes de ce genre en logique que d'extraire la morale de la vie. Si nous tirions les principes de la psychologie, c'est-à-dire d'observations sur notre entendement, nous verrions seulement comment procède la pensée et parmi quels obstacles ou sous quelles conditions subjectives de tout genre elle existe ; mais cela ne conduirait qu'à la connaissance de lois purement *contingentes.* Or, en logique, il s'agit non pas de règles contingentes, mais de règles *nécessaires* — non pas de savoir comment nous pensons, mais comment nous devons penser.

Texte superbe, que Husserl a raison de citer, tant il réunit tous les arguments des adversaires du psychologisme : si l'on réduit le contenu des énoncés logiques, et plus généralement scientifiques, aux étapes de leur genèse dans le vécu de la conscience, ce contenu perd inévitablement sa nécessité pour devenir relatif aux conditions de son émergence. De ce fait, comme le souligne Husserl, le probabilisme, voire le relativisme ou même le scepticisme deviennent les horizons indépassables de la théorie de la connaissance[11] : en d'autres termes, les défenseurs d'une approche psychologique du problème de la connaissance ressuscitent toutes les difficultés qu'avait autrefois véhiculées l'empirisme de Hume et qui avaient motivé la critique kantienne. Plus précisément, à travers cette régression qui reconduit de Kant vers une sorte de néo-empirisme, c'est au fond le principe même du criticisme qui se trouve nié, à

10. *Recherches logiques*, trad. cit., I, p. 56.
11. Voir le chap. VII des *Recherches logiques*, I : « Le psychologisme en tant que relativisme sceptique ».

savoir la distinction entre *question de fait* et *question de droit* : là où la psychologie expose la manière dont, de fait, divers événements psychiques produisent la connaissance, la démarche qui fait sienne la question de droit (la question de ce que Husserl appelle la « logique *normative* ») « ne recherche pas les origines causales, ni les conséquences des fonctions intellectuelles, mais leur teneur en vérité : elle recherche comment ces fonctions *doivent* être constituées et procéder pour que les jugements qui en résultent soient vrais[12] ».

Bilan de l'analyse — ou, si l'on préfère, diagnostic des adversaires du psychologisme : ce courant, mieux : ce conglomérat de courants conduit vers une dissolution de l'idée de vérité, ou du moins il met entre parenthèses le problème de la vérité (soit : la question de droit), pour s'en tenir à la question de fait, et il rabat ainsi le devoir-être sur l'être en confondant, comme l'écrit Husserl, « éthique de la pensée » et « physique de la pensée » (les lois au sens normatif et les lois au sens descriptif). Ce contre quoi précisément les « logistes » entendent réagir en défendant le projet d'une « logique pure », irréductible à la psychologie.

Dans cette controverse entre psychologistes et logistes, que Husserl n'est pas le seul à mettre alors en évidence[13], les *Recherches logiques* vont bien évidemment plutôt s'inscrire dans le second camp, sans toutefois témoigner d'un véritable ralliement : refusant lui aussi toute confusion entre la question de la vérité d'un énoncé ou d'un jugement et celle de sa formation, de son origine ou de sa genèse, s'élevant contre tout privilège accordé à une problématique de genèse psychologique, Husserl va, comme les « logistes », faire valoir les droits d'une problématique de philosophie transcendantale, de forme kantienne; cependant — et c'est là ce qui, du moins en

12. *Recherches logiques*, I, p. 59.

13. On songe bien sûr à Dilthey : voir S. Mesure, *Dilthey et la fondation des sciences historiques*, P.U.F., p. 124 sq.

principe, distinguera la phénoménologie d'un simple néo-kantisme — il va lui apparaître que le développement de cette problématique transcendantale impose de profondément réélaborer, non seulement la théorie de la connaissance, mais aussi la philosophie de la conscience ou du sujet, y compris par rapport à l'état dans lequel Kant l'avait laissée [14].

Husserl est-il réellement parvenu à définir, à partir de cette controverse, une position originale pleinement consistante ? Il n'entre pas dans mes objectifs, ici, de répondre directement et thématiquement à une telle question : reste qu'à examiner quel dispositif théorique l'effort pour ruiner le psychologisme l'a conduit à mettre en place, et à quel point ce dispositif a pu susciter de lui-même, chez Heidegger et Sartre, des appréhensions si contrastées, nous devrions trouver matière à nous interroger sur la portée de l'option phénoménologique.

Préhistoire de la phénoménologie : l'apport de Brentano

Quoi qu'il en soit de la portée d'une telle option, du moins est-il clair que la controverse à laquelle elle doit sa naissance marqua l'esprit du temps. A preuve le fait qu'en 1915, quinze ans après les *Recherches logiques* (mais aussi douze ans avant la parution de *Etre et Temps*), Heidegger publie une thèse de doctorat intitulée *La Théorie du jugement dans le psychologisme (Die Lehre vom Urteil im*

14. Sur ce point, voir *Recherches logiques,* I, p. 232 sq., où Husserl évoque très brièvement ce qu'il appelle ses « points d'attache » avec Kant, en indiquant qu'il est « d'accord avec la thèse principale de Kant », à savoir la distinction de la « logique pure » et de toute « psychologie empirique de la connaissance », mais qu'à ses yeux Kant n'a pas « clairement vu à fond l'essence » de la logique pure, et que notamment sa théorie des « facultés de l'âme », comme l'entendement et la raison, est insuffisante pour développer pleinement l'idée d'une « logique pure ».

Psychologismus). Il a alors vingt-quatre ans, et ce travail universitaire [15], qui s'inscrit visiblement dans le sillage du débat que Husserl avait placé au centre de ses *Recherches logiques,* est révélateur d'une profonde imprégnation — même si la détermination des influences, ici, est sans doute un peu plus complexe et mérite quelque attention.

Heidegger, on le sait par lui-même, a lu très tôt les *Recherches logiques.* Le récit de la découverte est rapporté en 1969 dans un bref texte qui s'apparente à un fragment de biographie intellectuelle, et dont le titre signifie exactement : « Mon chemin vers la phénoménologie [16] ». Indication claire s'il en est que selon Heidegger, notons-le au passage, son parcours *dans* la phénoménologie aurait été aussi un parcours *en direction de* la phénoménologie, au sens où seul le trajet accompli aurait au fond ouvert la phénoménologie à elle-même, en lui révélant sa signification véritable : bref, la phénoménologie aurait vraiment commencé, non avec Husserl, mais plutôt avec la manière dont lui, Heidegger, en a réassumé le projet. Il faudra certes revenir ultérieurement sur cette invitation à relativiser l'inauguration husserlienne : pour l'heure, observons simplement que cette autobiographie partielle, qui s'achève avec la publication d'*Etre et Temps,* rapporte comment le jeune Heidegger aurait découvert les *Recherches logiques* en 1909-1910, dès le premier semestre de ses études de théologie à Fribourg. De façon d'ailleurs étonnamment fortuite.

Complété par Jean Beaufret [17], le récit veut en effet que

---

15. La thèse fut soutenue devant la faculté de philosophie, en vue, semble-t-il, d'obtenir la chaire de philosophie catholique à la faculté de théologie — ce qui ne fut d'ailleurs pas le cas, Heidegger devenant simplement *Privatdozent* (voir V. Farias, *Heidegger et le nazisme,* Verdier, 1987, p. 57 sq.).

16. Trad. par J. Lauxerois et C. Roëls, in *Questions IV,* sous le titre « Mon chemin de pensée et la phénoménologie ».

17. « Husserl et Heidegger », in *Dialogue avec Heidegger,* III, Minuit, 1974, p. 108 sq.

Heidegger, encore élève au lycée de Fribourg, ait eu brusquement la révélation de ce qu'était la philosophie durant l'été 1907, à travers la lecture de la thèse (plus exactement : de la dissertation d'habilitation) de Franz Brentano sur *La Diversité des acceptions de l'être chez Aristote*[18], que lui aurait offerte Conrad Gröber, un « ami paternel » qui, avant de devenir archevêque de Fribourg, était alors curé à Constance. Livre déjà ancien, donc, mais qui aurait fait aborder la philosophie au jeune homme (il a dix-huit ans) par la question même qui devait animer sa méditation toute sa vie durant, savoir : si c'est selon des significations diverses que nous disons de quelque chose qu'il « est » (par exemple, quand nous disons qu'il existe, ou simplement qu'il « est » grand, ou qu'il « est » un homme), quelle est l'unité de cette diversité, et se trouve-t-elle dans l'une de ces significations, ou dans une dimension encore plus fondamentale de l'« être » ? Question de l'être, donc, si l'on veut, qui aurait d'emblée captivé le fils du sacristain de Messkirch : peu importe, à vrai dire, de déterminer quelle est ici la part de légende, mais du moins ne voit-on pas de prime abord comment une telle question eût conduit le jeune Heidegger vers les *Recherches logiques*.

Ici intervient en fait, sinon le hasard, du moins un détour du destin dont l'extériorité vis-à-vis de toute décision du sujet continue, aujourd'hui encore, d'enchanter les disciples : devenu, deux ans après, étudiant en théologie à Fribourg, Heidegger apprend que, dans les *Recherches logiques* (dont la bibliothèque de l'université possédait un exemplaire), Husserl avait rendu hommage à Brentano, et c'est donc tout naturellement qu'il se tourne vers cet ouvrage dont il attend ainsi « une stimulation décisive pour l'intelligence des questions soulevées par la dissertation de Brentano[19] ».

Démarche qui, dans l'immédiat, dut sans doute décevoir

---

18. *Von der mannigfachen Bedeutung des Seienden nach Aristoteles*, Fribourg, 1862. Trad. par P. David, Vrin, 1992.
19. *Questions IV*, p. 162.

Heidegger, en tout cas tromper son attente. Et je ne suis pas certain que toute l'ambiguïté des relations entre Heidegger et Husserl, sur lesquelles je reviendrai dans le prochain chapitre, ne soit pas la conséquence de cette déception originelle. Car Husserl se référait bien à Brentano, pour l'essentiel dans le deuxième tome des *Recherches logiques* (publié en 1901, et contenant les *Recherches* II à VI), plus précisément encore dans les cinquième et sixième *Recherches* — mais le Brentano vers lequel il se tournait (on va voir comment) n'était nullement celui de 1862, qui travaillait sur le problème de l'être chez Aristote : Husserl cite en fait un Brentano plus tardif, celui qui a publié en 1874, à trente-six ans, la *Psychologie du point de vue empirique*[20], et dont il a suivi les cours pendant deux ans à Vienne, de 1884 à 1886[21] !

Sans entrer dans le détail de ce que Husserl dit reprendre à Brentano et de ce qu'il conteste, il faut en tout cas retenir de ces évocations de son maître l'extrême importance qu'il accorde à la distinction établie par celui-ci entre « phénomènes psychiques » et « phénomènes physiques[22] », ainsi qu'à la saisie de « l'essence du concept de conscience » en termes de « vécu intentionnel » : Brentano, explique Husserl, a en effet vu que ce qu'il y avait de commun entre la façon dont « dans la perception quelque chose est perçu,

---

20. Citée explicitement dans la cinquième et dans la sixième *Recherche*, trad., P.U.F., respectivement : t. II, 2, p. 168, et t. III, p. 276.

21. Voir le témoignage de Husserl, in « Erinnerungen an Franz Brentano », dans le volume d'hommage de O. Kraus, *Franz Brentano*, p. 153-163. Puisque Brentano est aujourd'hui bien oublié du public français, je précise qu'il ne mourra, aveugle depuis une vingtaine d'années, qu'en 1917, et qu'il existe une traduction française de sa *Psychologie*, par M. de Gandillac, Aubier, 1944 ; on peut consulter en outre les deux thèses de Lucie Gilson, qui correspondent aux deux versants de son œuvre : *Méthode et Métaphysique selon Franz Brentano*, et *La Psychologie descriptive selon Franz Brentano*, Vrin, 1955.

22. *Recherches logiques*, II, p. 165.

dans l'imagination quelque chose est imaginé, dans l'énonciation quelque chose est énoncé, dans l'amour quelque chose est aimé », etc., c'est que tous ces « phénomènes psychiques » (Husserl préférera parler de « vécus psychiques ») sont caractérisés (et il cite ici la *Psychologie*) « par ce que les scolastiques du Moyen Age ont appelé l'existence intentionnelle (ou encore mentale) d'un objet », autrement dit par « la relation à un contenu, l'orientation vers un objet[23] » : avoir souligné ainsi que les actes psychiques « renferment intentionnellement un objet[24] », bref, dans le langage que choisit Husserl, avoir montré que les vécus sont des « vécus intentionnels[25] », cela reste le plus incontestable apport de ce « génial auteur[26] » que fut Brentano — et c'est donc à cet apport que se trouvait soudain confronté, à travers Husserl, le lecteur sans doute fort déconcerté des *Recherches logiques* que fut Heidegger en 1909. Un lecteur qui découvrait ainsi, en même temps, la théorie de l'intentionnalité de la conscience et la question du psychologisme, puisque, selon Husserl, c'est précisément cette théorie qui permettait de mener une critique radicale des positions psychologistes.

De quoi s'agissait-il en effet avec cette thèse, reprise par Husserl à Brentano, selon laquelle les vécus de la conscience sont « intentionnels » ? Et surtout : quelle relation une telle thèse pouvait-elle entretenir avec la controverse du psychologisme ? Dire que les vécus psychiques « contiennent intentionnellement un objet en eux[27] », c'était mettre en évidence que tous les états de conscience ont rapport à un objet, lequel a alors pour existence d'être présent à l'esprit. Et l'on ne saurait ici, si l'on entend cerner avec précision le sens de ce qui se joue dans cette

23. *Ibid.*, p. 168.
24. *Ibid.*, p. 170.
25. *Ibid.*, p. 180.
26. *Ibid.*, p. 169.
27. Brentano, *Psychologie vom empirischen Standpunkt*, I, p. 125, trad. cit., *Psychologie d'un point de vue empirique*, p. 102.

préfiguration du thème de l'intentionnalité de la conscience, faire l'économie d'une analyse terminologique quelque peu précise.

Le lecteur qui se reporterait à l'allemand de Brentano serait en effet surpris de constater que ce que l'on traduit ainsi par « existence intentionnelle » y correspond à l'expression : « *intentionale (auch wohl mentale) Inexistenz* ». Constatation qui, pour déconcertante qu'elle soit, ne doit pourtant pas conduire à dénoncer la traduction usuelle : « *Inexistenz* », qu'on ne peut guère traduire par « inexistence » sans susciter une confusion, signifie en effet ici « existence dans » (in-existence), en l'occurrence « existence dans l'esprit » — ce pourquoi Brentano précise qu'on pourrait dire aussi, plutôt qu'« in-existence intentionnelle », « in-existence mentale » *(auch wohl mentale)*.

Reste alors à comprendre pourquoi, pour désigner cette existence de l'objet en tant que présent à l'esprit, Brentano choisit l'adjectif « intentionnelle », préfigurant ainsi la notion husserlienne d'« intentionnalité » qui fera le bonheur de Sartre découvrant la phénoménologie. Deux raisons semblent en réalité s'être ici combinées, et la complexité de la notion n'est pas sans relation avec une telle combinaison.

Tout d'abord, le terme est apparu pertinent à Brentano pour exprimer un aspect de la relation entre le vécu psychique et son objet, à savoir que l'esprit se dirige toujours vers quelque chose, et qu'il a donc pour propriété de « tendre vers » *(in-tendere)* un objet. Où l'on reconnaît la future formule de Husserl que Sartre reprendra à son compte : « Toute conscience est conscience de quelque chose. » Assertion aujourd'hui bien connue (depuis Husserl !) et qui peut paraître plate, mais qui rompait en fait avec la conviction de certains psychologues [28] selon lesquels il y aurait des phénomènes psychiques sans véritable objet, par exemple les sentiments de plaisir et de douleur, où la

28. Notamment Hamilton, dont Brentano, I, p. 125, trad. cit., p. 102, critique explicitement sur ce point les *Lectures on Metaphysics*, Edimbourg/Londres, Blackwood and Sons, 1859.

conscience ne ferait qu'un avec l'état psychique et ne parviendrait pas à en distinguer un objet. A quoi déjà Brentano, par la notion d'« in-existence intentionnelle », oppose que c'est toujours de quelque chose que l'on se réjouit ou que l'on s'attriste, et à propos de telle ou telle partie du corps que l'on éprouve du plaisir ou de la douleur. Mais si cette notion eut un tel écho, c'est évidemment qu'au-delà d'une question aussi ponctuelle, elle engageait bien davantage.

Notamment permettait-elle, à condition d'être plus techniquement entendue, d'éviter toute confusion entre l'existence mentale de l'objet et son existence effective hors de la conscience. Afin de justifier sa terminologie, Brentano se réfère en effet à Aristote [29] pour rappeler que, chez celui-ci, la science, la sensation ou l'opinion sont conçues comme ayant toujours un objet différent d'elles-mêmes, et que l'existence de l'objet dans l'esprit est différente de ce qu'elle est hors de celui-ci — en tant que l'objet n'est présent dans le sujet connaissant que par sa forme, donc sans sa matière ; ce que saint Thomas avait précisément repris en écrivant que, dans la réalité effective, la forme, qui est unie à la matière, « a un être naturel », alors qu'en nous, elle a simplement « un être *intentionnel* et spirituel » [30].

La thématique de l'« in-existence intentionnelle » affirme donc à la fois 1) ce rapport de tout état de conscience avec un objet et la présence immanente de cet objet à l'esprit — mais aussi 2) l'écart entre l'existence mentale de l'objet (existence seulement intentionnelle, au sens où elle ne correspond qu'à un mouvement, à une intention de l'esprit) et son existence pleinement réelle [31].

29. *Métaphysique*, 1074 b 35-36, in *Psychologie*, I, p. 185, n. 2, trad. citée, p. 141.

30. *In Aristotelis lib. de Anima*, II, lec. 24, éd. Pirotta, Taurini, Marietti, 1936, n° 553.

31. Si l'on préfère, dans le langage de Descartes : l'écart entre la réalité objective contenue par une idée et la réalité formelle de sa cause.

Thématique qui, même dans son double aspect, peut paraître banale — alors qu'en réalité sa portée est considérable.

Insister sur le caractère intentionnel des états de conscience, c'était souligner, j'y reviens pour mieux faire paraître le sens de ce qui ainsi se jouait, qu'il n'y a pas de phénomène psychique sans relation à un objet : autrement dit, l'activité du sujet est toujours dirigée vers autre chose que le sujet considéré comme tel, c'est-à-dire dans son activité. Ce que souligne fortement Brentano[32] : « S'il n'est plus question d'objet, il ne peut plus être question de *sujet.* » Autrement dit : quand le sujet se rapporte à lui-même, c'est encore en se posant pour ainsi dire hors de lui-même, comme un Moi objet, distinct de lui en tant que sujet, et il ne se rapporte donc à lui-même que comme à un autre. Bref, y compris dans ce dernier cas, le sujet ne se constitue pas dans le rapport à soi (même le rapport à soi n'est qu'un cas particulier du rapport à l'objet).

On voit sans peine la portée que possédait au moins *in nucleo* une telle thèse pour la conception de la subjectivité. Assurément aurait-on tort de croire qu'elle était entièrement nouvelle : Fichte, sur ce point, avait en effet largement préfiguré Brentano et la phénoménologie, en montrant, par exemple dans la section I du *Fondement du droit naturel*, que le sujet ne peut se poser comme tel sans s'opposer au monde — autrement dit, qu'il n'y a pas de conscience de soi sans conscience d'objet. Et Fichte lui-même, sur ce point comme sur tant d'autres, avait surtout donné une version systématique et grandiose de ce que Kant avait déjà mis en lumière, plus discrètement, dans les pages de la *Critique* consacrées à la « réfutation de l'idéalisme », ainsi que, plus généralement, dans le chapitre sur les paralogismes de la raison pure, première déconstruction des illusions métaphysiques relatives au sujet[33].

32. *Psychologie*, I, p. 127, tr., p. 103.

33. Voir J. Rivelaygue, *Leçons de métaphysique allemande*, II, Grasset, 1992, p. 177 sq. et p. 189 sq.

Reste que, même si cette récusation de l'idée d'un sujet plein, clos sur lui-même et se posant comme tel à partir de son seul rapport à soi, n'est pas inédite, du moins contribue-t-elle, au moment où Brentano écrit, à ébranler la représentation la plus « métaphysique » de la subjectivité : celle, encore très proche chronologiquement, dont la figure hégélienne du Sujet absolu avait constitué la plus parfaite expression et qui, par-delà Kant, s'était d'autant plus aisément imposée que la systématisation fichtéenne était demeurée profondément incomprise et allait le rester pour longtemps encore. Il est de la nature du sujet d'être ouvert sur autre chose que lui : telle est en tout cas la première signification, au moins virtuelle, de ce que Heidegger voit Husserl reprendre à Brentano dans les *Recherches logiques*, même si ce n'est peut-être pas à cette virtualité qu'il est alors le plus attentif — de même d'ailleurs qu'il n'est pas certain, à considérer ce sur quoi Husserl met l'accent à la faveur de cette reprise, que ce dernier l'ait lui-même d'emblée parfaitement appréhendée.

La phénoménologie et la question de la représentation

C'est en fait une seconde signification possible de cette notion d'intentionnalité qui, en tout cas de prime abord, s'est sans doute imposée avec le plus de netteté à Husserl. Une signification plus immédiatement en prise sur les débats du moment, à commencer par cette controverse avec le psychologisme qui anime si fortement sa réflexion.

Dire que, pour qu'il y ait conscience, il faut que l'objet et le sujet se rapportent l'un à l'autre d'une manière telle que l'objet vienne à « in-exister intentionnellement » pour le sujet (c'est-à-dire à prendre la forme de l'objet de la représentation, distinct de ce qu'il est hors de la conscience), c'était en effet aussi désigner une relation entre objet et sujet qui n'est plus l'affaire de la psychologie : une relation qui, s'inscrivant en un tout autre registre, évoque plutôt la question que Kant avait posée dès 1772 dans la *Lettre à Marcus Herz* et qu'il n'avait résolue que neuf ans plus tard dans la *Critique de la Raison pure* — à savoir (j'emprunte la formulation à J. Beaufret) : « Comment il est à comprendre que l'*en-soi* de l'objectivité parvienne à la *représentation* », devenant par là « pour ainsi dire subjectif[34] » ? Dans les termes, si célèbres, de Kant : « Sur quel fondement repose le rapport de ce qu'on nomme en nous représentation à l'objet[35] ? » Soit : comment se fait-il qu'il y ait pour nous des objets, et quel est le rapport entre l'objet « pour nous » (si l'on veut : l'objet pour le sujet) et l'objet en soi ? Bref, selon la formulation même de Husserl :

> Comment faut-il *comprendre* que l'« en-soi » de l'objectivité parvienne à la « représentation » et même à l'« appréhension » dans la connaissance, donc finisse pourtant par redevenir subjectif[36] ?

Question qui n'était assurément pas nouvelle, puisque Kant avait fait de sa solution « la clé de tout le mystère » d'une métaphysique « jusqu'ici encore cachée à elle-même » (précisément parce qu'elle n'avait pas posé cette question), et qu'après la *Critique de la Raison pure*, la *Doctrine de la Science* en avait elle aussi, chez Fichte, fait son fil conducteur :

> Comment l'instance qui se représente parvient-elle à la conviction qu'en dehors de sa représentation il existe un

34. J. Beaufret, *Dialogue avec Heidegger*, III, 1974, p. 110-111. Si je choisis cette formulation de Beaufret, par laquelle il entendait exprimer la « portée radicale » de la notion d'intentionnalité de la conscience, simplement « entrevue » par Brentano, c'est dans l'exacte mesure où, de fait, elle retrouve presque les mots eux-mêmes de Kant.

35. *Lettre de Kant à Marcus Herz* (21 février 1772), in *Œuvres philosophiques de Kant*, « La Pléiade », t. I, 1981, trad. par J. Rivelaygue, p. 690 sq.

36. *Recherches logiques*, II, 1, trad. par H. Elie, A. L. Kelkel et R. Schérer, P.U.F., 1961, p. 9.

> objet de la représentation, et que celui-ci est, dans ses propriétés, tel qu'il est représenté[37] ?

Et l'on sait comment, dans sa même lettre de février 1772, Kant avait aussi évoqué allusivement, pour les refuser, les deux solutions pré-critiques de ce problème :

— d'une part, la solution *réaliste*, consistant à soutenir que la chose en soi produit dans le sujet sa représentation, laquelle est alors conçue comme l'effet d'une affection de nos facultés de connaître (tenues pour essentiellement passives) par le choc de la réalité extérieure ;

— d'autre part, la solution *idéaliste*, déclarant illusoire l'impression d'extériorité présente dans la conscience d'objet pour réduire la réalité à une simple représentation produite par l'activité du sujet.

Deux solutions écartées sans commentaire par Kant[38], puis condamnées explicitement, et pour des motifs clairs, par le Fichte des *Principes de la doctrine de la science* : le réalisme, parce qu'en faisant de la représentation un « reflet » de l'en-soi, il excluait que l'on pût jamais répondre à la question de Kant sur la concordance entre les représentations et l'objet (pour vérifier une telle concordance, il faudrait en effet sortir de la subjectivité, rejoindre l'en-soi et le comparer au contenu de nos représentations, auquel cas, bien évidemment, ce prétendu « en-soi » ne serait d'ores et déjà qu'un « en-soi pour nous » impossible à distinguer de la représentation elle-même) ; l'idéalisme, parce qu'en réduisant la représentation à un pur produit de l'activité du Moi, il se condamnait à ne jamais pouvoir rendre compte de cette dimension de « passivité » qui

---

37. Fichte, *Fondement du droit naturel*, trad. par A. Renaut, P.U.F., 1985, p. 39. En 1794, les *Principes de la doctrine de la science* avaient présenté l'« explication de la représentation » comme équivalente à la « philosophie spéculative tout entière ».

38. La *Lettre à Marcus Herz* se borne à souligner que les contenus de notre entendement ne sauraient « être causés par l'objet ni produire eux-mêmes l'objet ».

caractérise — du moins pour nous, hommes — le vécu de toute représentation.

Je n'ai évidemment pas ici l'intention d'examiner davantage cet état kantiano-fichtéen (celui qui correspond au fond au premier criticisme ou, si l'on préfère, au « criticisme historique ») de la problématique de la représentation[39]. Du moins fallait-il rendre sensibles ces singulières assonances entre le type d'interrogations que Husserl découvre (en les faisant siennes) chez Brentano et ce qui avait constitué, plus d'un siècle auparavant, la question même de la philosophie critique : le débat entre héritage de la phénoménologie et héritage du criticisme (dont j'ai indiqué dans mon avant-propos en quel sens, inscrit qu'il demeure au cœur de notre paysage philosophique contemporain, il serait souhaitable d'en clarifier les tenants et les aboutissants) ne saurait que gagner en netteté s'il apparaissait que les deux options s'enracinent dans une problématique commune, à partir de laquelle il faudrait par conséquent comprendre où ont pu venir s'inscrire les clivages. J'ajoute que le lecteur des premiers textes philosophiques de Sartre s'étonnera moins de la place qu'y occupe la discussion sur l'idéalisme et sur le réalisme, apparemment devenue obsolète aujourd'hui, s'il rattache une telle discussion à cette problématique de la représentation que Sartre avait intégrée à sa réflexion à travers sa lecture de Husserl : comment du même coup, après Kant, après Fichte, après Husserl, n'en eût-il pas conçu de façon fort classique, sous la forme d'une antinomie entre idéalisme et réalisme, la détermination des discours philosophiques traditionnellement disponibles en vue de résoudre une telle problématique ?

Ainsi percevra-t-on mieux pourquoi, en 1943 encore, *L'Etre et le Néant* allait pouvoir s'ouvrir, sur le ton de l'évidence, par une réflexion fort technique consacrée à la question des relations entre le phénomène et l'être, entre

39. Voir ici mon *Système du droit. Philosophie et droit dans la pensée de Fichte*, P.U.F., 1986, p. 153-189.

l'apparition de la chose et ce qu'elle est en soi : que Sartre y discute aussi bien la position d'un « réalisme ontologique tout à fait incompatible avec la notion même d'*apparition* » que celle d'« un idéalisme soucieux de réduire l'être à la connaissance qu'on en prend[40] », qu'il débatte de la question de savoir si c'est le « phénomène kantien », scindé de l'être comme il l'est du noumène[41], ou plutôt « l'idée de *phénomène* telle qu'on peut la rencontrer, par exemple, dans la *Phénoménologie* de Husserl ou de Heidegger[42] », qui permet d'appréhender le mieux « l'être de ce paraître » qu'est l'objet pour la conscience — bref : qu'il mette en place et développe dans cette Introduction la question de la représentation dans des termes encore si proches de sa problématisation originelle par la philosophie moderne, rien de tout cela (qui peut déconcerter aujourd'hui) ne saurait être séparé de la manière dont c'est la phénoménologie husserlienne elle-même qui avait réassumé expressément ces interrogations.

Car, de fait, la phénoménologie des *Recherches logiques* s'est constituée, je le répète, par la claire mise en évidence qu'il existe, à l'égard de nos représentations, un niveau de questionnement plus radical que celui de la psychologie : là où cette dernière présuppose toujours-déjà le fait que nous avons des représentations, pour se borner à montrer le rôle qu'y jouent la perception, la mémoire, l'attention ou les sentiments, il s'agit de poser la question pré-psychologique du *fait* même qu'il y a des représentations et du *mode d'être* de l'objet de la représentation — question *ontologique*, si l'on veut, au sens où il y va en elle de l'existence et de l'essence des représentations[43], question *transcendantale*,

40. *L'Etre et le Néant*, p. 16-17.

41. *Ibid.*, p. 14. Est-il besoin de préciser que je ne prends évidemment pas à mon compte la lecture, fort scolaire, que Sartre esquisse de la théorie kantienne du phénomène ?

42. *Ibid.*, p. 12.

43. C'est en tout cas en ce sens que Sartre peut parler, pour désigner *L'Etre et le Néant*, d'une « ontologie phénoménologique ».

si l'on préfère, au sens où il y va en elle des conditions de possibilité de la représentation. Au demeurant Husserl n'a-t-il ici nullement dédaigné de reprendre le vocabulaire même de Kant pour opposer ce niveau d'interrogation à celui (purement empirique) de la psychologie : ainsi, longtemps après les *Recherches*, précisera-t-il, en 1929, que la question qu'il n'a cessé de se poser était celle de savoir comment la connaisance et, notamment, comment la science peuvent avoir des objets ou des « objectités[44] », et que c'est cette question de savoir comment des « objectités » sont possibles qui l'avait conduit à entrer en conflit, dans les *Recherches*, avec le psychologisme : car les problèmes liés à cette question, réaffirme le Husserl de 1929, « ne sont pas des problèmes de la subjectivité humaine naturelle, donc des problèmes psychologiques, mais des problèmes de la subjectivité transcendantale[45] » — entendre : des problèmes qui engagent, non la relation de tel ou tel objet avec tel ou tel sujet psychologique, mais la relation entre l'*objet comme tel* et le *sujet comme tel*, ce sujet de la connaissance en général que Husserl, après Kant, nomme *sujet transcendantal*. Et parce que c'est précisément cette question qui lui apparaît le mieux définir la phénoménologie, Husserl n'hésite pas à la nommer « phénoménologie transcendantale » en indiquant qu'elle a pour champ d'investigation premier cette « corrélation subjective-objective » qui est au centre de tous les vécus de la

44. Barbare, le terme est justifié par Husserl comme destiné à parer au fait que celui d'« objet », au sens banal, est trop étroit pour englober ce qui peut aussi bien, comme contenu de nos représentations, être des états de chose, des caractères, etc. (Husserl, *Logique formelle et logique transcendantale*, trad. par S. Bachelard, P.U.F., 1965, p. 18). J'ajoute au passage qu'ici encore, la façon même dont Husserl présente la question directrice de la phénoménologie témoigne de la priorité reconnue, de fait, au registre *cognitif* sur le registre *pratique*.

45. *Logique formelle et logique transcendantale*, trad. cit., p. 19

conscience, puisque toute conscience, étant intentionnelle, est « *conscience de quelque chose* ».

Rappels qui peuvent paraître évidents, mais qui permettent du moins d'apercevoir selon quelle logique l'accent ainsi placé, dans la thématique de l'intentionnalité de la conscience, sur l'écart, entre l'existence mentale de l'objet (l'objet de la représentation) et son existence hors de la conscience (l'objet en soi) a pu décider, à travers cette reprise de la problématique de la représentation, de la compréhension husserlienne des tâches de la phénoménologie.

Les tâches de la phénoménologie

Je ne saurais évidemment prétendre dériver ici à partir de cette reprise de la question de la représentation l'intégralité de ce que Husserl a entendu et pratiqué sous le nom de phénoménologie. Du moins me semble-t-il possible d'en voir surgir certains des moments les plus caractéristiques — en tout cas, la plupart de ceux que Sartre a en tête quand il prétend s'inscrire, jusqu'à un certain point, dans l'espace de la phénoménologie.

Prendre pour champ spécifique d'investigation cette corrélation subjective-objective qui constitue comme l'*a priori* de toute représentation, c'était donc interroger sous un angle très particulier ce que Husserl appelle les « phénomènes », c'est-à-dire toutes les données qui sont les « vécus d'un moi » : « théorie des vécus en général », tels que s'y articulent des « données, non seulement réelles, mais aussi intentionnelles » [46] — articulation dont il n'est guère difficile de percevoir comment elle recoupe celle de la matière de la représentation et de sa forme (ou de sa structuration, qui fait surgir l'objet de la représentation) —, la phénomé-

46. *Logische Untersuchungen*, 2e éd., 1913, Niemeyer, p. 283.

nologie se définit comme une enquête sur « l'essence des vécus du penser et du connaître[47] ». Sur la base d'une telle définition, Husserl indique lui-même quels objectifs la phénoménologie devra se proposer[48] :

1. Il s'agit tout d'abord d'élucider comment il se fait que, là où l'« être-en-soi » des choses paraît comme ne pouvant qu'être multiplié par la diversité des actes de pensée accomplis par les différents sujets qui le transforment en « représentation », une « connaissance » est cependant possible : cette possibilité même de la connaissance (ou de la « vérité ») oblige en effet à supposer que toute activité de pensée contient une « forme de penser » susceptible d'être universelle (d'obéir à des lois communes à tous les sujets). Claire reprise, sur laquelle il n'est guère besoin d'insister, de l'interrogation critique comme telle : comment fonder l'objectivité (= l'universalité) de la connaissance *à l'intérieur de la représentation* (de façon immanente), et non plus sous la forme naïvement réaliste d'une théorie de l'adéquation entre l'objet de la représentation (le phénomène) et l'« être-en-soi » ? Ou encore : comment le sujet peut-il atteindre à de l'objectif en lui, c'est-à-dire à des représentations irréductibles à sa subjectivité singulière ? On sait que, pour exprimer cette exigence constitutive de la connaissance, Husserl parlera d'une « transcendance dans l'immanence[49] », d'un dépassement de soi à l'intérieur de soi-même : façon nouvelle de reformuler une tâche ancienne, bien connue depuis Kant, et qui s'apparente à la fondation de l'objectivité.

---

47. *Recherches logiques*, II, 1, P.U.F., 1961, p. 8.

48. Je suis ici, en le commentant librement, le § 2 de *Recherches logiques*, II, 1 (trad. cit., p. 9), où Husserl part, pour décrire les tâches de la phénoménologie, de la question de savoir comment comprendre que « l'en-soi de l'objectivité parvienne à la représentation ».

49. La formule est évoquée par *L'Etre et le Néant*, p. 28.

2. Parallèlement, si l'on accorde que le sujet peut atteindre à de l'objectif en lui parce qu'il existe des conditions formelles de la pensée qui sont communes à tous les sujets et qui, de l'un à l'autre, structurent identiquement le donné, il faut néanmoins se demander comment ces structures universelles peuvent, en tant que, quand je pense, elles sont les propriétés de *ma* pensée, tomber dans le « flux des vécus psychiques » (c'est-à-dire dans le sujet psychologique) sans perdre leur universalité (ce que Hegel appelle leur « idéalité »). Où l'on voit par conséquent comment, effectivement, le problème de la représentation recoupe la question du psychologisme : si l'idéalité tombe en effet dans l'empiricité du sujet en s'y réduisant, la dissolution psychologiste de la vérité, et notamment des vérités logiques, est inévitable. Ce pourquoi Husserl souligne que toutes ces questions, surgies dès lors qu'on ne prend plus la représentation comme allant de soi, convergent vers la nécessité de fonder la possibilité d'une *logique pure*, irréductible au vécu psychologique.

3. Ce nouveau recentrement de l'interrogation philosophique sur la question de la représentation suppose un geste que Husserl nomme « réduction phénoménologique » et qui constitue à ses yeux le préalable indispensable à l'entrée dans la voie de la phénoménologie : s'il s'agit d'interroger la conscience *comme telle* (le fait que le sujet ait des objets), la phénoménologie commence en effet par la décision de ne voir dans l'objet que le corrélat d'un certain mode de l'activité du sujet qui se le représente, ou, si l'on préfère, le corrélat d'un certain mode du *cogito* [50]. Mettant entre parenthèses la question du rapport entre le phéno-

50. Voir sur ce point l'analyse judicieuse de V. Descombes, « La phénoménologie " pour nous " », in : *Critique de la raison phénoménologique*, sous la dir. de J. Poulain, Cerf, 1991, p. 20 : « La réduction phénoménologique est la décision de ne voir dans l'objet que le *cogitatum qua cogitatum* d'un certain mode du *cogito* : le perçu d'une perception, l'imaginé d'une imagination, le rêvé d'une rêverie, le voulu d'une volonté, etc. »

mène (l'objet de la représentation) et l'« être-en-soi », il s'agira donc surtout pour la phénoménologie d'élucider la relation entre ce corrélat (dont on sait que Husserl le désigne comme « noématique ») et les modalités de l'activité de pensée (activité « noétique ») dont il est le corrélat : ainsi Husserl ouvrait-il la perspective d'une série de recherches sur ce qu'il peut en être de l'imaginaire comme corrélat de l'activité imaginative, du perçu comme corrélat de l'activité de la conscience percevante, etc. — série de recherches où sont venues prendre place aussi bien les premières études de Sartre (*L'Imagination*, 1936, *L'Imaginaire*, 1940) que, plus tard, la *Phénoménologie de la perception* de Merleau-Ponty. Autant d'enquêtes rendues possibles, et indispensables, dès lors que la réduction phénoménologique, c'est-à-dire la décision de ne considérer l'objet que comme « objet pour nous », faisait échapper la réflexion à ce que Husserl désigne comme l'« attitude naturelle » de la conscience (qui, Kant le soulignait déjà, est spontanément réaliste et croit se rapporter à l'en-soi) et la faisait accéder à l'« attitude phénoménologique », caractérisée par le savoir que nous n'avons affaire qu'à des « objets intentionnels » : en ce sens, après la réduction, l'ontologie devenait proprement phénoménologie — ce qui ne signifiait pas, certes, qu'on ne poserait plus, désormais, la question de l'ontologie : qu'est-ce que l'être ?, mais bien plutôt qu'on ne saurait plus dorénavant la poser que sous la forme de la question de la représentation : comment se fait-il qu'il y ait pour nous des objets (phénomènes) ?

*

Cette mutation de l'ontologie en phénoménologie, Heidegger lui-même devait l'enregistrer en 1927 dans *Être et Temps*, et en faire le thème central de son propre programme philosophique en soutenant expressément que « l'ontologie n'est possible que comme phénoménologie[51] ».

---

51. Heidegger, *Sein und Zeit*, Niemeyer, 1927, p. 35.

De même Sartre, en 1943, devait-il ouvrir son « essai d'ontologie phénoménologique » par l'indication que l'objet de l'ontologie ne saurait plus se situer maintenant, après que la « réduction » accomplie par Husserl eut « borné la réalité au phénomène », que dans une interrogation sur l'« être du phénomène », par conséquent sur la phénoménalité.

Déplacements dont l'apparent parallélisme, chez Heidegger et chez Sartre, ne garantit nullement, pourtant, que l'héritage de Husserl ait été, dans les deux cas, géré de la même manière — ni, au demeurant, qu'il se soit agi, pour l'un comme pour l'autre, de simplement faire leur la réponse que Husserl lui-même avait cru devoir donner à l'interrogation philosophique ainsi reformulée. Bien des débats restaient en effet indécidés, ou équivoquement décidés, dans le legs phénoménologique — entre autres, et pour n'évoquer que ce qui allait constituer, de fait, un point de clivage entre plusieurs phénoménologies possibles : si la « réduction » est arrachement à l'attitude naturelle, quelle est l'instance qui opère cet arrachement et qui constitue l'attitude phénoménologique[52] ? Sartre, on le verra, interprétera cet arrachement comme le fait d'un sujet libre et verra dans cette accentuation de la liberté du sujet la vérité, incomplètement aperçue par Husserl lui-même, de la notion phénoménologique de conscience : c'est en un tout autre sens que Heidegger avait estimé, pour sa part, que Husserl avait manqué la portée véritable de la révolution phénoménologique.

---

52. Ce problème est parfaitement posé par R. Legros, *L'Idée d'humanité. Introduction à la phénoménologie*, Grasset, 1990, p. 199 sq. J'y reviendrai dans ma conclusion.

II

HEIDEGGER

« Saisir l'intentionnalité de façon plus radicale »

Il n'entre pas ici dans mon projet d'examiner pour elles-mêmes ni la lecture, ni la discussion heideggériennes de Husserl. La réception de la phénoménologie par Heidegger ne concerne à vrai dire mon propos que pour ceci qu'elle permet de faire paraître par contrecoup de façon saisissante, en une démarche négative, quelle a été l'originalité de la reprise sartrienne de Husserl et par conséquent de situer indirectement, mais avec précision, parmi les possibles de la philosophie contemporaine, quelle a été l'option de Sartre.

J'ai rapporté de quel singulier concours de circonstances a résulté, en 1909, la découverte des *Recherches logiques* par Heidegger. Aux épisodes déjà évoqués du récit qu'il en fait lui-même, Heidegger ajoute qu'une autre sollicitation le disposa ultérieurement à redoubler d'intérêt pour Husserl, lorsqu'il suivit, à Fribourg, l'enseignement du néo-kantien H. Rickert. Celui-ci, dans ses séminaires, évoquait avec insistance la pensée de son élève E. Lask, qui venait, en 1915, d'être tué au front : Rickert dédia même à Lask, rappelle Heidegger, la troisième édition de son ouvrage intitulé *L'objet de la connaissance. Introduction à la philosophie transcendantale*[1]. Hommage peu habituel

1. Voir Heidegger, « Mon chemin de pensée et la phénoménologie », in *Questions IV*, p. 164.

d'un maître à son élève, qui ne pouvait que frapper Heidegger et l'inciter à lire les deux livres publiés par Lask, *La logique de la philosophie et la doctrine des catégories* (1911), puis *La doctrine du jugement* (1912). Or, dans ces travaux, Lask, bien qu'apparenté à Rickert, réagissait contre le néo-kantisme et le déclarait insuffisant en se référant lui-même aux *Recherches logiques* de Husserl : référence qui, à en croire Heidegger, constitua pour lui une deuxième et nouvelle incitation à prendre au sérieux Husserl, et donc à relire à nouveau les *Recherches logiques*[2].

Ces premières relations, d'emblée passionnées, avec la phénoménologie n'ont pu bien évidemment que se renforcer et se complexifier quand, à partir de 1916, Husserl, après avoir enseigné successivement à Halle, puis à Göttingen, devint professeur à Fribourg, que Rickert avait quitté pour Heidelberg, et quand Heidegger devint son élève, puis, en 1919, son assistant. Et si nul n'ignore qu'en 1927, *Sein und Zeit* est dédié à Husserl, il faut rappeler que c'est Heidegger qui, en 1928, édite les *Prolégomènes à la phénoménologie de la conscience intime du temps.* Relations étroites, donc, au plan académique comme au plan personnel, même si, on le sait aujourd'hui, elles finirent par se briser : quelle part les circonstances eurent-elles dans cette rupture, quelle place y tint un divorce des convictions de l'un et de l'autre sur la signification véritable de la

2. Le rôle joué par la pensée de Lask dans la formation du jeune Heidegger ne saurait, de fait, être négligé, comme en témoigne la manière dont ses deux thèses portent directement la trace des problématiques travaillées par Lask dans ses ouvrages : soutenue à Fribourg en 1913, la dissertation de doctorat de Heidegger, *La doctrine du jugement dans le psychologisme,* fait écho à la *Doctrine du jugement* de Lask (et évidemment aussi, par cette médiation, à Husserl) ; quant à la thèse d'habilitation, *Le traité des catégories et de la signification d'après Duns Scot* (1915), il témoigne expressément, au-delà même de son intérêt pour la question des catégories, d'une profonde imprégnation par ce qu'avait été, dans son premier ouvrage, la contribution de Lask à cette question.

phénoménologie ? Le dossier commençant à être aujourd'hui mieux connu, il ne me paraît pas inutile de faire à cet égard, brièvement, le point, tant l'insistance récente sur le rôle des circonstances risque fort, à ne pas être tempérée, de masquer les véritables ressorts d'une prise de distance autrement (et plus philosophiquement) significative.

La rupture entre Heidegger et Husserl : un divorce philosophique

Husserl meurt en 1938, alors que le régime nazi l'avait contraint depuis trois ans à quitter l'Université — et c'est cet épisode douloureux qui, parce qu'il engage les relations avec Heidegger, appelle quelques observations.

En 1933, Husserl était d'ores et déjà en retraite, mais restait professeur émérite, et c'est comme tel qu'il fut suspendu une première fois par un décret d'exclusion que prit, le 14 avril 1933, le prédécesseur de Heidegger au rectorat de Fribourg, dans le cadre des mesures de « déjudaïsation » du fonctionnariat. Décret annulé ensuite le 28, dans le cadre de nouvelles dispositions prises au plan national, jusqu'à ce qu'à la fin de 1935, une nouvelle loi eût interdit définitivement à Husserl toute fonction universitaire. L'épisode est d'autant plus navrant qu'il engagea étroitement les relations avec Heidegger — ne serait-ce que dans la mesure où le premier décret d'exclusion ne fut transmis à Husserl que le 28 avril 1933, avec la signature de Heidegger, devenu recteur le 21 avril[3].

Beaucoup de flou ayant longtemps été entretenu à ce propos, notamment par Heidegger lui-même[4], il faut faire ressortir ici les deux seuls faits qui sont incontestables.

---

3. Ces faits sont aujourd'hui connus avec précision grâce au travail de H. Ott, *Martin Heidegger. Eléments pour une biographie*, trad., Payot, 1990 sq., p. 179 sq.

4. Voir l'entretien accordé en 1966 au *Spiegel* et publié en 1976, lors de la mort de Heidegger, trad., *Réponses et questions sur l'histoire et la politique*, Mercure de France, 1977, p. 26 sq.

D'abord, en 1938, Heidegger n'a pas assisté à l'enterrement de Husserl — ce dont il a admis, dans l'entretien du *Spiegel*, que c'était là, de sa part, une « défaillance humaine », s'expliquant en partie par la façon dont, après 1933, Husserl et sa femme auraient rompu toutes les relations avec le couple Heidegger. Explication qui a toutefois besoin d'être sérieusement complétée : le 22 avril 1933, donc deux jours après la transmission du décret proclamant l'exclusion de Husserl hors de l'université, Mme Heidegger avait adressé à Mme Husserl, en son nom et en celui de son mari, une lettre, accompagnée d'un bouquet de fleurs, soulignant que leur amitié demeurait intacte : c'est en répondant à cet envoi que Mme Husserl aurait indiqué qu'en tout état de cause, les relations entre les deux familles étaient rompues — ce que, je crois, on peut comprendre assez bien.

Ensuite, en 1941, dans la 5e édition de *Sein und Zeit*, la dédicace à Husserl disparaît, à la demande, semble-t-il, de l'éditeur Niemeyer, craignant de voir la réimpression compromise si l'ouvrage conservait son dédicataire. Comme il y a lui-même insisté, Heidegger, il est vrai, laisse inchangée la note de la p. 38, où il remercie Husserl de l'avoir « rendu familier [...] des domaines les plus divers de la recherche phénoménologique ».

Tels sont les seuls faits établis. Pour le reste, Heidegger a toujours nié avoir interdit à Husserl, durant son rectorat de 1933-1934, l'accès à la bibliothèque de l'université. Et, de fait, il y a là, sans doute, une légende — à laquelle H. Arendt elle-même a cru pour un temps, puisque, dans une lettre de 1946, elle interroge sur ce point Jaspers, qui, dans sa réponse, dément l'accusation.

A mon sens, à partir de ce que l'on connaît aujourd'hui de ce dossier (et qui reste fort incomplet, notamment parce que la correspondance de Heidegger n'a pas été rendue publique par ses héritiers), rien ne sert, sur cette séquence particulièrement trouble et troublée des relations avec Husserl, de noircir encore le rôle de Heidegger : au demeurant, H. Ott a raison de faire observer que l'absence de tout geste au moment de la mort de Husserl est suffisamment accablante. Surtout me semble-t-il indispensable de considérer, dans cette affaire, que l'allure déplorable prise par les relations entre Husserl et Heidegger ne datait pas de 1933 : en réalité, l'adhésion de Heidegger au nazisme, ainsi que son accession au rectorat durant cette période, n'ont fait ici qu'envenimer les choses et surdéterminer une rupture dont les racines étaient d'une autre nature.

Avant même *Sein und Zeit*, Husserl avait, depuis des années, soutenu Heidegger et il n'avait rien négligé, en 1928, pour que celui-ci, professeur à Marbourg depuis 1923 (où sa nomination avait déjà dû beaucoup aux recommandations de son maître), pût revenir à Fribourg et l'y retrouver. La désillusion est venue immédiatement après, quand Husserl a lu plus attentivement *Sein und Zeit* qu'il ne l'avait fait lors de la réception du livre et n'a pas reconnu, dans un ouvrage qui se réclamait pourtant de lui, sa propre conception de la phénoménologie. L'écart entre les deux hommes n'a fait dès lors, durant des années, que se creuser. Considération qui n'excuse certes pas l'attitude de Heidegger en 1933 et en 1938, mais qui invite à songer que c'est *aussi* dans ce contexte qu'il faut la resituer : il s'est *d'abord* accompli une prise de distance philosophique, que Heidegger souligne sans ambiguïté dans des lettres. Ainsi, par exemple, écrit-il à Jaspers, le 26 décembre 1926, à propos de *Sein und Zeit*, qu'il est en voie d'achever :

> Si le traité est écrit contre quelqu'un, alors c'est contre Husserl, qui d'ailleurs le vit aussitôt, mais s'en tint dès le début à l'aspect positif[5].

En fait, tout indique, je le répète, que Husserl ne s'en aperçut pas vraiment « dès le début », lorsque Heidegger lui soumit les épreuves, mais seulement après la parution du livre, et à mesure aussi que devaient revenir à ses

5. Cité par H. Ott, *op. cit.*, p. 190.

oreilles, d'ici ou de là, certaines des critiques sévères que, dans ses conférences ou dans des conversations (comme l'attestent de multiples témoignages), Heidegger portait de plus en plus souvent contre le fondateur de la phénoménologie : l'adhésion de Heidegger au parti nazi, le 1er mai 1933, quelques jours après l'envoi du bouquet de fleurs, fut ensuite le point d'orgue d'une déception d'abord intellectuelle, avant d'être humaine et politique.

C'est, au sein même de la proximité, cette prise de distance qui, engageant directement la compréhension de la phénoménologie, me semble requérir d'être ici analysée, pour ce qu'elle révèle de l'équivoque phénoménologique.

Un malentendu originaire

Assistant de Husserl à partir de 1919, Heidegger, fidèle à sa passion pour une œuvre qui avait joué un rôle si décisif dans sa réflexion depuis dix ans, multipliait les cours sur les *Recherches logiques*, au grand étonnement de son maître, lequel avait en fait pris depuis longtemps ses distances vis-à-vis de cet ouvrage déjà ancien pour lui. De ce véritable engouement, la dissertation de doctorat sur le psychologisme portait clairement la trace, en 1914, puisque Heidegger y intervenait avec vigueur dans la querelle qui avait déjà été au cœur du tome I des *Recherches logiques* : ainsi entendait-il contribuer à son tour à faire reconnaître que « le jugement logique, le jugement de la logique ne se peut trouver dans la psychologie, si logique et psychologie ont devant elles des objets différemment structurés, ainsi que des champs de problèmes divergents » (*Frühe Schriften*, p. 107-108). Plus précisément : en cherchant l'objet de la logique dans le psychisme, en ne distinguant pas assez le logique et le psychique, le psychologisme ne voit pas que la réalité du psychique est une activité se déroulant dans le temps, alors même que « tout ce qui a pour caractère de s'écouler temporellement » reste étranger « à la zone de la théorie purement logique » (*ibid.*, p. 106) — laquelle se situe au-delà de tout développement comme de tout changement, ne *devient* ni ne *provient*, mais, identique à soi, se distingue par sa prétention à la *validité* (p. 111 : « La forme de réalité du facteur identique découvert dans le processus du jugement ne peut être que le *fait de posséder une validité* »). Certes, convient le doctorant Heidegger, le logique peut éventuellement être saisi par le sujet qui juge, mais il n'est jamais altéré par cette saisie : par conséquent, dans le procès de connaissance, le logique correspond comme tel à un moment d'irréductibilité au sujet psychologique — dit autrement : sa mise en évidence contribue à poser un infranchissable cran d'arrêt au psychologisme.

Jusqu'en ce point, il faut en convenir : l'élève répète le maître, avec clarté, mais sans originalité. Reste toutefois à questionner la *réalité* de ce logique, une fois manifestée comme différente de celle du psychique. Dans les dernières pages de sa thèse, Heidegger souligne alors que cette réalité du logique, déjà assimilée par lui à la validité, correspond à un certain mode de l'être, savoir l'*ens tanquam verum*, l'être comme vrai, ou encore ce qu'il appelle le *sens* (*Sinn*) (p. 112 sqq.). Mais quel est le statut ontologique de ce sens ? Heidegger se borne à conclure que la réflexion touche ici à une question de fond, qui rejoint la tâche ultime et suprême de la philosophie : articuler « le domaine total de l'être en ses divers modes de réalité » (p. 128).

Assurément faut-il prendre garde, face à de tels écrits de jeunesse, à ne point les surinterpréter rétrospectivement, à la faveur de ce qu'a été ultérieurement le trajet de leur auteur. Il n'en demeure pas moins que, fort manifestement, le jeune Heidegger s'efforce ici, en quelque sorte, de recourber Husserl vers Brentano, vers ce qui l'avait tant séduit dans la dissertation de celui-ci sur les significations multiples de l'être chez Aristote et qu'il n'avait pas retrouvé, malgré son émerveillement, du côté de Husserl. En clair : la problématique anti-psychologiste des *Recherches logiques* reconduirait, si on la développait avec suffisamment de radicalité, vers la question des significations de l'être. Ou, si l'on préfère, c'est en réalité un *double* mouvement qu'amorce cette conclusion de la thèse de doctorat :

1. contre le psychologisme, adhérer certes à la phénoménologie ;
2. apercevoir cependant aussi que l'ontologie (l'interrogation sur les significations de l'être) constitue l'horizon véritable de la phénoménologie.

Or, par rapport à ces deux convictions du tout premier Heidegger, il n'est pas certain que la mise en œuvre husserlienne de la phénoménologie n'ait pas très tôt déçu le disciple : ainsi *Mon chemin vers la phénoménologie* suggérera-t-il, dans les années 60, que le deuxième tome des *Recherches*, paru en 1901, l'intriguait déjà profondément vis-à-vis de ce que le premier lui avait permis d'entrevoir lors de sa lecture de 1909 :

> Le premier tome de l'ouvrage paru en 1900 offre la réfutation du psychologisme depuis la logique en prouvant que la théorie de la pensée et de la connaissance ne peut être fondée sur la psychologie. Néanmoins le second, paru l'année suivante, trois fois plus épais que le premier, contient en revanche la description des actes essentiels de la conscience dans l'édification de la connaissance, donc bien malgré tout une psychologie [...] Par conséquent, Husserl et sa description phénoménologique des phénomènes de la conscience revient en arrière sur les positions du psychologisme qu'il venait précisément de réfuter. Cependant, dans la mesure où l'on ne peut soupçonner l'ouvrage de Husserl de s'être si grossièrement égaré, qu'est-ce alors que la description phénoménologique des actes de conscience ?

Et Heidegger d'ajouter combien il se trouvait alors « perdu dans ces questions », « désemparé sans trouver de chemin »[6]. Là encore, il faut faire la part des choses et ne

6. Trad. cit., *Questions IV*, p. 164 sq.

pas mésestimer ce qui est dû à une reconstruction menée très *a posteriori.* Il n'en est pas moins tentant, combinant ce que suggère la conclusion du doctorat et ce que souligne, un demi-siècle plus tard, ce morceau d'auto-biographie intellectuelle, d'avancer la thèse d'un Heidegger *toujours déjà* déçu par la version husserlienne du projet phénoménologique : déception ou malentendu originaires dont il faudrait alors clarifier la teneur en considérant attentivement ce que Heidegger croyait pouvoir espérer de cette thématique de l'intentionnalité de la conscience que Husserl avait placée au centre de son dispositif destiné à renouveler l'interrogation philosophique.

L'interprétation heideggérienne de l'intentionnalité

Du tome I des *Recherches logiques,* Heidegger reçoit l'appel, contre le psychologisme, à soustraire une dimension décisive de la connaissance (la relation sujet/objet) à une simple théorie des facultés humaines (psychologie) : *comment, dans ces conditions, penser la relation à l'objet, si ce n'est à partir des actes du sujet?* Telle est la manière dont Heidegger appréhende, à tort ou à raison, la problématique de la phénoménologie, et l'on comprend sans peine dans quelle direction une telle appréhension n'a pu qu'orienter d'emblée sa saisie de la théorie de l'intentionnalité — savoir : dans le sens d'une théorie de l'*ouverture* du sujet à l'apparition de la chose, par opposition à ce que serait une théorie de la *constitution* de l'objet par les actes du sujet. Si l'on accorde que le tome II des *Recherches* privilégiait au contraire une description des actes de la conscience, le désarroi de Heidegger ne pouvait guère dès lors que se transformer en la définition de ce qui allait constituer pour lui un véritable programme philosophique, au moins autant dirigé contre Husserl qu'inspiré par lui : approfondir cette théorie de l'intentionnalité, dont la teneur et la portée la plus profonde auraient été manquées par Husserl lui-même.

Qu'il se soit agi là, fort tôt, du programme de Heidegger (en tout cas, plus tôt que ne le laisseraient penser certaines proclamations publiques de fidélité à Husserl), en témoigne aujourd'hui ce texte-clé que constitue le cours sur *Les Problèmes fondamentaux de la phénoménologie.* Publié en 1975 seulement comme tome XXIV de l'édition allemande des *Œuvres complètes*, ce volume correspond à un enseignement dispensé à Marbourg par Heidegger durant le semestre d'été 1927, immédiatement après la parution d'*Etre et Temps* : comme il arrive, et j'en fais moi-même bien souvent (et bienheureusement) l'expérience, la liberté de ton que donne un cours révèle ici davantage, sur les intentions ou les options de son auteur, que l'œuvre écrite, prisonnière de multiples contraintes stratégiques. Et je ne doute pas que, de ce point de vue, le lecteur d'*Etre et Temps,* dont la vigilance aurait pu être quelque peu anesthésiée par le « témoignage de vénération et d'amitié » qui orne la page de garde des premières (et des dernières) éditions, ou encore par la note du § 7 qui remercie avec insistance Husserl pour son initiation à la phénoménologie, ne soit surpris de découvrir quelles étaient déjà en fait, proclamées sans nulle concession par ce cours, l'ampleur et l'âpreté du désaccord. Sans entrer dans le détail de l'argumentation heideggérienne, ni en suivre cursivement le développement, trois coups de sonde suffiront, en l'occurrence, pour en repérer la principale ligne de force, et pour ainsi mesurer à quel point l'écart entre Husserl et Heidegger, prévisible dès les années du doctorat, s'était désormais, irréversiblement, creusé.

1. Prenant acte, au § 9 de son cours, du fait que, pour la phénoménologie, « les comportements ont la structure du se-diriger-vers, de l'être-centré et orienté-sur », le professeur Heidegger rappelle à ses étudiants que « la phénoménologie, en s'appuyant sur un terme scolastique, caractérise cette structure comme *intentionnalité* ». Renvoi est alors fait, sans surprise, à Brentano, qui « a joué un rôle déterminant pour Husserl », lequel « a élucidé pour la

première fois dans ses *Recherches logiques* l'essence de l'intentionnalité et poursuivi cette élucidation dans les *Ideen* ». A quoi succède brutalement une déclaration qui devait retentir comme un coup de théâtre pour l'étudiant fribourgeois abreuvé de phénoménologie husserlienne :

> Nous devons dire cependant qu'il s'en faut de beaucoup que ce phénomène énigmatique qu'est l'intentionnalité soit aujourd'hui conçu de manière philosophiquement satisfaisante. Notre recherche doit s'attacher précisément à apercevoir plus clairement ce phénomène[7].

Ainsi donc, « aujourd'hui », *malgré tout ce qu'en a dévoilé Husserl,* l'intentionnalité « reste obscure » : singulière audace de la part de celui qui venait de dédier son premier grand ouvrage à Husserl.

2. La conviction qui nourrit cette audace s'explicite de la manière la plus nette au § 15 sous la forme d'un désaveu frontal de Husserl, souligné par Heidegger lui-même :

> La caractérisation de l'intentionnalité qui a été jusqu'ici de mise en phénoménologie se révèle insuffisante et superficielle[8].

En vertu de quoi il importe désormais de « *saisir l'intentionnalité elle-même de façon plus radicale* ». Et Heidegger de suggérer, en ce passage comme dans l'ensemble de son cours, que, pour ce faire, il faut cesser de considérer que, grâce à l'intentionnalité, la conscience dispose d'une faculté lui permettant de se transcender elle-même pour se retrouver « dans les choses » : loin de s'enraciner dans la conscience comme une telle faculté, « l'intentionnalité se fonde dans la transcendance du *Dasein* » — comprendre qu'il n'existe point une conscience

---

7. *Les Problèmes fondamentaux de la phénoménologie*, trad. par J.-F. Courtine, Gallimard, 1985, p. 82.
8. Trad. cit., p. 199-200 :

dont l'identité à soi, donnée comme un terme premier, se dépasserait ensuite pour rejoindre les choses, mais que le propre de l'existence humaine est précisément toujours déjà l'être-auprès-des-choses (= la transcendance), l'être-là (*Da-sein*) comme cet être-auprès-de, et que c'est seulement à partir de cette transcendance « préalable » que « nous pouvons revenir des choses à nous-mêmes » (p. 199). En ce sens, parce qu'il s'agit de comprendre désormais en quoi l'intentionnalité se fonde dans la transcendance (dans ceci qu'il y a pour nous des choses), « nous nous heurtons du même coup à un problème central, qui est resté *jusqu'ici* inconnu de *toute* la philosophie » (cette fois, c'est moi qui souligne : jusques et y compris chez Husserl) : le problème du surgissement même des phénomènes, où l'on reconnaît ce que Heidegger désignera désormais comme la question même de l'être (consistant en ce que toute « découverte d'un étant » par la conscience suppose déjà en cet étant « l'ouverture de son être ») (p. 98) et qui n'a donc rien à voir avec la manière dont, « sortant d'une sphère prétendument subjective, [la conscience] s'élancerait dans un cercle d'objets » (p. 200).

3. L'enjeu de ce dépassement tenté par rapport à la version husserlienne de la théorie de l'intentionnalité ne fait dès lors aucun doute, et le cours l'avait désigné, par anticipation, dès son § 9, auquel nous pouvons maintenant revenir :

> L'interprétation suffisante [= non husserlienne, A. R.] de l'intentionnalité remet en question le concept traditionnel de sujet et de subjectivité, non seulement au sens où la psychologie emploie ces concepts, mais en allant jusqu'à ébranler les présupposés implicites qui sont nécessairement les siens, à titre de science positive, quant à l'idée même de sujet et de sa constitution. Elle remet également en question ce que la philosophie a de son côté déterminé ontologiquement de manière tout à fait incomplète jusqu'ici [= jusque chez Husserl, A. R.], et en réalité plutôt laissé dans l'ombre (p. 90).

Et Heidegger, pour enfoncer le clou, ajoute à la fois :

— que « si l'on prend comme point de départ le concept de sujet, on ne peut rien décider quant à l'intentionnalité » ;

— qu'en conséquence « on parle beaucoup aujourd'hui, sous l'influence de la phénoménologie [= de Husserl, A. R.], d'intentionnalité ou de quelque phénomène du même ordre, que l'on baptise d'un autre nom ; mais cela ne suffit pas à prouver que le phénomène ainsi désigné est pris en vue phénoménologiquement » (p. 90-91).

L'essentiel, cette fois, est dit, ou presque : la « phénoménologie » développée par Husserl ne traite pas de l'intentionnalité *phénoménologiquement*, du point de vue de la question du surgissement même du phénomène comme tel[9], mais *dans l'optique d'une philosophie du sujet*, du point de vue de la constitution de l'objet par les actes d'une conscience. Bref, si « la *méthode de l'ontologie* n'est rien d'autre que la démarche qui permet d'accéder à l'être », et si « nous nommons *phénoménologie* la méthode ontologique ainsi définie », il faut aller jusqu'à conclure que « *la* phénoménologie n'existe pas » (p. 392-393) — énoncé dont Heidegger atténue quelque peu la scandaleuse radicalité en précisant que c'est l'essence de toute méthode que de ne pouvoir être qu'un cheminement incapable de se figer, sans renoncer à soi, en un corps doctrinal : reste que l'étudiant qui entendait ces propos devait bien se demander quel rôle véritable son professeur continuait d'attribuer à

9. L'explicitation la plus complète de cette question, dans le cadre de ce cours, se trouve dans les pages majestueuses (p. 358-363) où Heidegger montre en quoi la question posée est au fond celle de l'« être-au-monde » : plus fondamentalement et plus originairement que rapport à soi (ipséité), le *Dasein*, qui n'est pas une monade close sur elle-même, est « ouvert à » un monde qui ne surgit que pour lui, mais qu'il ne constitue pas ; en ce sens, « l'ipséité présuppose la transcendance », et la question centrale de la philosophie (véritable réécriture heideggérienne de la question kantienne de la représentation) devient : « Comment l'être-au-monde est-il possible ? » (p. 362).

Husserl dans le renouvellement de la philosophie dont on l'invitait à partager ainsi les présupposés.

Inutile, dans ces conditions, de poursuivre plus avant l'analyse de cet étonnant document, où Heidegger dément presque à chaque page [10] la fidélité que venait de proclamer diplomatiquement *Etre et Temps* à l'endroit d'un maître qu'il allait retrouver, désormais devenu son collègue, à Fribourg : approfondir l'intentionnalité, c'était bien, en un sens, répéter, comme Husserl avait cru pouvoir le faire, le geste kantien d'un « retour au sujet », mais à condition, à l'évidence, que ce soit « au sens le plus large du terme » (p. 99), c'est-à-dire — et Heidegger est ici au plus près de jouer sur les termes en les retournant contre eux-mêmes — au sens d'un sujet qui n'en est précisément plus un, « au sens du concept bien compris de *sujet*, c'est-à-dire comme *Dasein* qui existe et est-au-monde » (p. 260).

Il ne saurait entrer dans mon propos de déterminer, d'un point de vue philologique, si et jusqu'à quel point un tel « approfondissement » de la théorie de l'intentionnalité en subvertissait la lettre ou même simplement l'esprit husserliens : c'est là aujourd'hui la tâche que, bien souvent, sont en train de s'assigner les meilleurs des disciples français de Heidegger depuis que, réunis autour des Archives Husserl, ils ont entrepris d'inscrire la genèse de *Etre et Temps* et l'évaluation de son apport dans la dimension savante de la *Forschung*. L'avenir dira quelle fécondité proprement philosophique aura cette recherche, que je ne tiens en rien pour négligeable — est-il besoin de le préciser ? — parmi

10. D'autres exemples, multiples, pourraient être produits à cet égard : sur les « contresens que la philosophie contemporaine a accumulés sur l'intentionnalité » (p. 83), sur la manière dont « on [= Husserl, A. R.] dit que l'intentionnalité est un caractère des vécus » et que « ceux-ci appartiennent à la sphère du sujet » (p. 87), sur la « contamination » de la phénoménologie elle-même, dans les *Ideen* de 1913, par une théorie de la connaissance qui en situe le moment essentiel dans le jugement comme acte du sujet (p. 243), etc.

les rares possibles que laisse encore à notre disposition la fin contemporaine de la philosophie. Plus modestement m'apparaissait-il souhaitable, dans la logique de la réflexion proposée ici, de cerner d'un peu plus près encore le sens de l'« approfondissement » heideggérien de l'intentionnalité en évoquant un épisode où cette fois, non seulement le disciple, mais tout aussi bien le maître ont exprimé et, au moins en partie, thématisé leur désaccord.

La consommation du divorce

Vers la mi-octobre 1927, alors que Heidegger enseignait encore à Marbourg, mais séjournait brièvement à Fribourg, quelques mois après ce cours si peu consensuel dans la représentation qu'il donnait de la phénoménologie, Husserl lui soumit la première version d'un article « Phénoménologie » qu'il avait rédigé pour la prochaine édition de l'*Encyclopœdia Britannica.* Après en avoir discuté avec celui qui allait commencer les démarches nécessaires au retour de son disciple à Fribourg, Heidegger accepta de s'inspirer de ses suggestions pour rédiger le début d'une deuxième version qui fut ensuite continuée par Husserl, puis annotée par Heidegger. Tentative singulière que celle de cette écriture à plusieurs mains, où Heidegger ébauche une dernière délimitation d'un terrain d'entente minimal qui, portant sur la définition même de la phénoménologie, témoigne elle aussi, notamment à travers la correspondance qui l'accompagna, du débat engagé avec le legs husserlien [11].

---

11. L'ensemble du dossier a été édité par W. Biemel, *Husserliana,* IX, 1962, p. 237-301 et 590-615, et la deuxième version (en partie heideggérienne) de l'article a été traduite par J.-F. Courtine, in *Martin Heidegger,* « Cahiers de l'Herne », n° 45, 1983. Nul doute, assurément, qu'il faille prendre avec bien des précautions — J.-F. Courtine a raison d'y insister dans une note jointe à sa traduction — un document où Heidegger s'exprime en partie sous la dictée de Husserl, mais où sa marque est néanmoins, indubitablement, présente.

Avouons-le : les thèmes majeurs de la version rédigée partiellement par Heidegger ne déconcertent guère. Il s'agit de pratiquer un « retour à la conscience » pour obtenir, à travers une théorie de la « subjectivité pure », une « fondation radicale de la philosophie » : nous avons vu en quel sens très particulier Heidegger, dans son cours du semestre d'été précédent, pouvait reprendre à son compte un tel programme. Rien ici, toutefois, qui permette d'entrevoir au prix de quels déplacements. Car tout se passe comme si les points de désaccord avaient été, le plus possible, gommés : la phénoménologie sera la « science transcendantale » de cette « subjectivité pure », considérée abstraction faite du rôle du corps, donc de toute dimension psychophysique — bref, une théorie générale des phénomènes, entendus comme les « vécus » de la conscience. Rien, ici, que nous n'ayons déjà pu entrevoir dans les *Recherches logiques*, d'autant que la thèse phénoménologique fondamentale, à suivre l'article, consistera à soutenir que, « dans tous les purs vécus de l'âme (la perception de quelque chose, le souvenir de quelque chose, l'imagination de quelque chose, le se réjouir de quelque chose, le jugement porté sur quelque chose, l'espoir de quelque chose), se trouve originairement impliqué *un être-orienté-sur...* » Où l'on reconnaît donc, à nouveau, que « les vécus sont intentionnels » et que « l'intentionnalité des vécus » constitue la « structure essentielle du psychique ». Rien ici, dans des formulations aussi neutres, ne pouvait gêner Heidegger. Et c'est encore très logiquement que les vécus se trouvent alors spécifiés entre eux (mémoire, imagination, etc.) par le « mode d'apparition de l'objet », c'est-à-dire par leur intentionnalité (= par la manière dont la conscience y est conscience de quelque chose) — ce que Heidegger pouvait aussi, à la rigueur, assumer, à condition de laisser de côté son propre approfondissement de l'intentionnalité en direction de sa fondation dans la transcendance du *Dasein.*

Restait alors à expliquer ce qui rend possible la démarche ainsi définie, savoir la réduction phénoménologique comme rupture avec l'attitude naturelle : en tant par exemple que la tendance se retire de l'objet à percevoir pour se reporter sur la perception comme telle, la réduction « rend visible la teneur intentionnelle d'un vécu » et fait surgir le phénomène comme tel. Réduction phénoménologique qui est aussi une réduction *eidétique*, puisqu'il ne s'agit pas, pour conserver le même exemple, de rendre compte des perceptions qui se présentent *de facto* et qui surgissent empiriquement dans leurs différences, mais seulement des structures générales d'une perception comme telle : méthode qui isole « les invariants tels qu'ils ressortent des variations », autrement dit « la forme nécessaire et paradigmatique (*eidos*) du vécu », la phénoménologie est donc une « analyse eidétique des phénomènes ».

Est-ce cependant encore Heidegger qui parle quand l'article précise que cette réduction est « d'abord égologique », puis « a besoin d'un élargissement par la réduction *intersubjective* » ? Car la précision signifie que la réduction permet certes d'accéder à ce qui est la vie propre de l'âme, au « Soi » (et en ce sens qu'elle est « égologique »), mais qu'on ne peut pas non plus ne pas apercevoir ce faisant que chaque « Soi » est aussi lié aux autres par un rapport d'empathie qui se constitue au sein de vécus *communs* : ce pourquoi il conviendrait de compléter ou d'élargir la réduction égologique par la réduction intersubjective. Où l'on retrouve une pente spécifique à la phénoménologie husserlienne, déjà soulignée ici même, savoir que le rapport à soi (la constitution du Soi) y est conçu indépendamment du rapport à l'autre, ou que le rapport à l'autre y intervient comme un simple élargissement du rapport à soi (parce que, me rapportant à moi-même, je découvre en mon ipséité des vécus connotés d'intersubjectivité). Bref : même redéfinie par la théorie de l'intentionnalité (dans sa version husserlienne), la structure de la subjectivité semble bien près de demeurer, ici, monadologique — et le Heidegger qui, dans son cours du semestre d'été 1927, appelait précisément à apercevoir que « le *Dasein* n'est pas enfermé dans une boîte », comme une monade, mais que l'« être-au-monde » vers la saisie duquel il s'agit d'approfondir l'intentionnalité signifie de même que l'« être-avec-autrui » appartient aussi « originellement au *Dasein* » que l'être-avec-soi-même (p. 362), ne pouvait à cet égard que se défier d'un tel resurgissement de la conception la plus classique du sujet.

Article composite par conséquent, où les deux rédacteurs, bien qu'ayant visiblement cherché à adopter, si je puis dire, un « profil bas », ont tiré l'un et l'autre la phénoménologie vers deux destins possibles, somme toute peu compatibles.

Heidegger ne s'y est au demeurant pas trompé, comme en témoigne sa lettre à Husserl du 22 octobre 1927[12]. Evoquant un certain nombre de difficultés soulevées à ses yeux par l'article, il souligne notamment que la constitution transcendantale du « monde » (c'est-à-dire les conditions de possibilité du fait qu'il y a pour la conscience des objets) ne peut être éclairée « par un retour à un étant du même mode d'être » que tous ceux qui composent le monde : formule tant soit peu sibylline, j'en conviens, mais qui s'éclaire par référence à *Etre et Temps*, où Heidegger venait précisément d'insister, à longueur de livre, sur la manière dont la philosophie classique du sujet n'a pas assez interrogé la spécificité du mode d'être de l'étant humain et (en pensant ce dernier sur le mode d'un étant subsistant comme les autres, auquel viendraient simplement s'ajouter la volonté, la représentation ou la conscience) n'a pu éclairer suffisamment les conditions à partir desquelles il peut y avoir un monde. Bref, écrit Heidegger à Husserl, il faut aborder beaucoup plus directement le « problème » de « savoir quel est le mode d'être de l'étant dans lequel le *monde* se constitue » — et c'est bien là, insiste-t-il, le « problème central » d'*Etre et Temps* : « montrer que le mode d'être du *Dasein* humain est totalement différent de celui de tous les autres étants », et que c'est précisément

12. Trad. par J.-F. Courtine, in *Martin Heidegger*, p. 44 sq.

pour cette raison qu'il peut y avoir pour lui un monde (ou, si l'on préfère, des « phénomènes »).

Ainsi le divorce avec Husserl se trouvait-il définitivement consommé au moment même où la rédaction en commun de l'article pour l'*Encyclopædia Britannica* faisait apparaître quelles interrogations devraient être mises en parenthèses pour qu'une collaboration demeurât possible, et cela au prix de quels aplatissements et affadissements de l'idée phénoménologique. Clairement, Heidegger, prolongeant les intuitions de sa thèse de doctorat, exigeait de la phénoménologie un investissement ontologique *lourd,* et si cet investissement n'a plus, en 1927, exactement le même objet qu'en 1914, il pourrait en tout cas s'énoncer selon la même formule : « Articuler le domaine total de l'être en ses divers modes de réalité », de manière à surmonter cette lacune paradoxale inscrite au cœur de ce qu'avait été jusqu'ici la phénoménologie — savoir : ne pas s'être engagée assez loin dans une interrogation sur le mode d'être de la conscience. Heidegger réclamait ainsi une véritable *ontologie de la subjectivité,* et toute son œuvre personnelle allait à cet égard faire paraître (comme elle l'avait déjà fait dans *Etre et Temps*) que la subjectivité est plus fondamentalement « être-au-monde » ou « être-là » (*Dasein*), « ouverture », si l'on veut, que conscience constituante ou activité spontanée (*Bewusstsein*).

Ce que réclamait ainsi Heidegger, Husserl aurait-il pu le lui donner, et aurait-il dû le lui donner — je veux dire : eût-il avec raison, s'il en avait eu les moyens, infléchi dans cette direction (celle d'une déconstruction de la subjectivité) la théorie de la conscience ? Laissant de côté la seconde question, qui engage au fond le choix décisif auquel s'est affrontée et continue de s'affronter la philosophie contemporaine, j'observe simplement que Husserl n'a pas entièrement méconnu le sens de ce que revendiquait ainsi Heidegger. Ayant fini par lire de près *Etre et Temps,* comme en témoigne l'exemplaire déposé aux Archives Husserl de Louvain, il ne pouvait qu'apercevoir combien était dirigée contre lui cette remarque du § 13 où Heidegger appelait à renouveler enfin la théorie de la conscience par cette considération que le *Dasein*, quand il se dirige vers le monde, ne sort pas d'une sphère intérieure où il serait d'abord comme « encapsulé » : critique de la conception monadique de la conscience que nous l'avons vu répéter dans son cours du semestre d'été 1927, ainsi que, plus implicitement, dans la lettre consécutive à la rédaction de l'article pour l'*Encyclopædia Britannica*. Or, en marge de son exemplaire d'*Etre et Temps*, Husserl, qui perçoit sans peine que l'allusion à la conscience « encapsulée » le vise, se borne à noter :

> Mais comment tout cela peut-il être éclairci, sinon par ma théorie de l'intentionnalité [13] ?

Autrement dit : visiblement agacé par une critique qu'il tient pour injuste, le dédicataire du livre rappelle simplement que, l'essence de la conscience ayant été par lui située dans l'intentionnalité, il est absurde de suggérer que la phénoménologie a aussi résolument enfermé la conscience en elle-même que l'avaient fait, depuis Descartes, les philosophies traditionnelles du sujet.

Un véritable désaccord de fond s'était ainsi ouvert, qui explique peut-être en partie que Heidegger ait cédé si facilement quand, une dizaine d'années plus tard, les nazis lui demanderont, indirectement, de retirer de son ouvrage la dédicace si élogieuse adressée à Husserl. De ce désaccord *philosophique*, je voudrais ressaisir une dernière fois le principe pour tenter de mesurer, dans le chapitre suivant de ce livre, comment Sartre allait lui-même se situer par rapport aux deux versions de la phénoménologie ainsi mises en place.

---

13. Cité par D. Souche-Dagues, « La lecture husserlienne de " Sein und Zeit " », in *Philosophie*, n° 21, 1989.

*

Tout nous l'aura décidément indiqué : aux yeux de Heidegger, la découverte de l'intentionnalité, comme telle, reste un acquis irremplaçable de la théorie de la conscience — sans doute le point le plus avancé qu'elle était capable d'atteindre avant de se dépasser elle-même. Il n'en demeure pas moins toutefois que, comprise au sens husserlien de la phénoménologie, l'intentionnalité est redevenue la relation d'un sujet psychique préexistant à sa relation à l'objet : le sujet intentionnel de Husserl, à tort ou à raison, est apparu à Heidegger n'être en définitive que ce *weltloses Ich*, ce « Moi sans monde » qu'avait cultivé la métaphysique de la subjectivité et dont il dénonce la notion au § 63 de *Etre et Temps* (ce que, là encore, Husserl perçoit comme dirigé contre lui, puisqu'il note en marge : *Einwand!*, objection !). Reproche qui s'étaye sur la manière dont, chez Husserl, c'est sur la base du rapport à soi (réflexivité) que reste compris, selon la thématique de la constitution du monde par les activités du sujet, le rapport à l'être.

Lors même que Heidegger cherchait ainsi à montrer que, plus fondamentalement qu'il ne constitue le monde, le *Dasein* appartient à l'être (qui se dévoile à lui dans la « compréhension »), et qu'en ce sens c'est parce que l'être s'auto-dévoile qu'il y a pour le *Dasein* un monde, Husserl, pour sa part, devait rester fidèle à sa conviction que la conscience *fonde* ou *constitue* l'apparition d'un monde. *Thématique de la compréhension contre thématique de la constitution : Husserl subjectivisait l'intentionnalité en la reliant aux activités noétiques de la conscience, Heidegger la désubjectivisait en l'approfondissant dans la direction de la transcendance.* Désaccord de fond qui s'exprime jusque dans le parallélisme de formules vouées à ne jamais se rejoindre :

— Husserl : le privilège de l'être-homme, c'est le « merveilleux être-pour-soi de l'*ego* » (*Méditations cartésiennes*, § 18).

— Heidegger : ce qu'il y a « d'exemplaire » dans le

Dasein, c'est qu'« il joue le jeu de l'être comme tel et est pris dans le jeu » [14].

Deux voies s'ouvraient ainsi à la phénoménologie, en même temps que deux possibles se dessinaient pour le destin contemporain des valeurs de l'humanisme : pour ce qu'il a pu saisir de ce débat et des perspectives qui s'y élaboraient, Sartre a-t-il simplement choisi l'une de ces deux voies, ainsi que l'un de ces deux possibles ?

---

14. Note marginale de Heidegger sur son propre exemplaire de *Sein und Zeit* (je cite ici la traduction que donne de ce passage J.-F. Courtine, *Heidegger et la phénoménologie*, Vrin, 1990, p. 103).

III

SARTRE

« *Épuiser Husserl* »

Là encore, les circonstances de la « rencontre » sont connues et ont acquis une dimension de légende. Ce n'est pas Sartre qui est allé à Husserl : j'ai rappelé déjà comment, en 1929, il dédaigna de se rendre, de la rue d'Ulm, à la Sorbonne pour l'entendre prononcer ses conférences [1] ; c'est en un sens Husserl qui est allé à Sartre, par la médiation de Raymond Aron. Aussi bien ce dernier dans ses *Mémoires* que Simone de Beauvoir dans *la Force de l'âge* l'attestent, et ce en des termes voisins : Aron, passant l'année 1931-1932 à l'Institut français de Berlin pour préparer ses thèses sur la raison historique, y avait étudié Husserl et, de retour à Paris, c'est lui qui expliqua à Sartre, lors d'une conversation de café datée du début 1933, l'importance de la phénoménologie. Qu'Aron, dans ce rôle d'entremetteur philosophique, ait été précédé de quelques années par Fernando Gerassi, comme le rapporte aujourd'hui le fils de ce dernier [2], est sans doute secondaire,

1. Il faut noter au passage qu'avant même les conférences de 1929, l'entreprise de Husserl n'était pas inconnue en France, notamment grâce à un important article de V. Delbos sur les « Recherches logiques », paru en 1911 dans la *Revue de Métaphysique et de Morale.*

2. Voir J. Gerassi, *Sartre, conscience haïe de son siècle*, Ed. du Rocher, 1992, p. 172 : « Je me souviens, m'a dit Fernando, qu'un jour de 1929 Sartre m'a dit qu'il voulait décrire philosophiquement une pierre, en tant que pierre dans le monde, au lieu de la charger de

tant il est vrai que c'est seulement à partir de l'injonction aronienne à découvrir la phénoménologie que se déclencha véritablement, sous la seule forme susceptible de compter, celle des lectures, l'intérêt de Sartre pour Husserl.

1933 : la découverte de Husserl

Le récit le plus complet est ici, incontestablement, celui de Simone de Beauvoir :

> Nous passâmes ensemble une soirée au Bec de Gaz, rue Montparnasse ; nous commandâmes la spécialité de la maison : des cocktails à l'abricot. Aron désigna son verre : « Tu vois, mon petit camarade, si tu es phénoménologue, tu peux parler de ce cocktail, et c'est de la philosophie ! » Sartre en pâlit d'émotion, ou presque ; c'était exactement ce qu'il souhaitait depuis des années : parler des choses, telles qu'il les touchait, et que ce fût de la philosophie[3].

Evoquant ces lignes en sa monumentale biographie de Sartre, Annie Cohen-Solal signale plaisamment que, dans le souvenir de R. Aron, le cocktail à l'abricot cédait la place à un bien innocent verre de bière[4]. Avouerai-je pour ma part ne pas avoir poursuivi l'enquête dans cette direction ? D'autres indications me sont apparues plus importantes dans la version de l'épisode que donne Simone de Beauvoir.

Aron convainquit Sartre, ajoute-t-elle tout d'abord, « que la phénoménologie répondait exactement à ses préoccupations : dépasser l'opposition de l'idéalisme et du réalisme, affirmer à la fois la souveraineté de la conscience et la présence du monde, tel qu'il se donne à nous[5] ». De

---

liens avec des catégories spirituelles ou métaphysiques. Je lui ai dit que c'était exactement ce que Husserl était en train de faire, mais que pour le comprendre il fallait d'abord qu'il lise la *Phénoménologie de l'esprit* de Hegel. » Fernando Gerassi avait suivi, avec Heidegger, les cours de Husserl.

3. *La Force de l'âge*, Gallimard, 1960, p. 156.
4. *Sartre, 1905-1980*, Gallimard, 1985, p. 181.
5. *La Force de l'âge*, p. 157.

fait, ne saurait-on mieux laisser apercevoir combien Aron, pour lequel Simone de Beauvoir ne peut être soupçonnée d'une trop généreuse sympathie, avait entrevu quelle portée la démarche husserlienne (reformuler la question de la représentation en tentant d'échapper à l'antinomie du réalisme et de l'idéalisme) pouvait avoir pour une nouvelle philosophie de la subjectivité : une portée qui n'était précisément pas celle que Heidegger avait tenté depuis des années et tentait encore de lui imprimer. Car « affirmer à la fois la souveraineté de la conscience [contre le réalisme, qui dissout le sujet en faisant de la représentation un simple reflet de l'activité de l'objet, A. R.] et la présence du monde [contre l'idéalisme, qui dissout l'objet en le réduisant à un produit de la conscience, A. R.] », c'était en fait s'efforcer de réaménager suffisamment la figure de la subjectivité pour que l'on pût, *tout en demeurant dans le cadre d'une philosophie du sujet*, faire droit à ce que les versions les plus classiques de cette philosophie avaient manqué (l'être-au-monde) : que R. Aron eût appréhendé sous cette forme, en 1933, à la fois la problématique husserlienne et le projet de Sartre éclaire de façon précieuse la représentation qu'on pouvait alors se faire de la phénoménologie (en un temps où sa captation heideggérienne n'était pas encore assurée), mais aussi — et ce n'est évidemment pas négligeable — la façon dont le « petit camarade » devait exprimer lui-même ses propres convictions philosophiques en gestation. *Intégrer une prise en compte de l'être-au-monde dans une philosophie du sujet ne renonçant pas à affirmer la souveraineté de la conscience :* il est frappant en effet qu'un tel programme pourrait demeurer au fond la meilleure expression de ce qu'a été la tentative proprement philosophique de Sartre, des écrits des années 30 jusqu'à *L'Etre et le Néant.*

Le récit de Simone de Beauvoir se clôt par une dernière indication : décidément pédagogue, Aron donna à Sartre quelques conseils bibliographiques, en l'invitant à découvrir Husserl à travers l'ouvrage que venait alors de publier un jeune philosophe devenu depuis lors autrement célèbre, à savoir E. Lévinas, dont la *Théorie de l'intuition dans la phénoménologie de Husserl*[6] constituait l'une des premières études thématiques sur le nouveau courant philosophique allemand. Sartre acheta le livre sur le boulevard Saint-Michel, le feuilleta en marchant, non sans éprouver, « en y trouvant des allusions à la contingence », ce que S. de Beauvoir présente comme un solide « coup au cœur » :

> Quelqu'un lui avait-il coupé l'herbe sous le pied ? Lisant plus avant, il se rassura. La contingence ne semblait pas jouer un rôle important dans le système de Husserl, dont Lévinas ne donnait d'ailleurs qu'une description formelle et très vague (*La Force de l'âge*, p. 158).

Passons sur le bien inutile coup de griffe porté par le Castor contre une étude fort estimable qui contribua à faire connaître Husserl en France et où Sartre, au moins dans un premier temps, puisa une bonne partie de son information sur la phénoménologie : reprise ultérieurement en des termes proches[7], l'anecdote, révélant que la toute première appréhension de Husserl par Sartre le faisait apparaître comme un éventuel rival philosophique, peut légitimement faire sourire par sa naïveté ; reste qu'elle éclaire aussi à quel point cette découverte de la phénoménologie intervenait dans une pensée déjà certaine de ses thèmes et dynamisée par leur logique propre. A commencer par ce fameux thème de la contingence, qui inspire alors toute la vocation de l'écrivain Sartre : car le professeur au lycée du Havre, qui aura trente et un ans quand paraîtront, en 1936, ses

---

6. Alcan, 1930, 6e éd., Vrin, 1989.

7. S. de Beauvoir, « Entretiens avec Jean-Paul Sartre (août-septembre 1974) », in *La Cérémonie des adieux*, Gallimard, 1981, p. 227 : « Je me rappelle que quand vous avez eu le livre de Lévinas sur Husserl, vous avez eu un moment de complet désarroi parce que vous vous êtes dit : Ah, mais il a déjà trouvé toutes mes idées. » A quoi Sartre répond : « Oui, mais je me trompais quand je disais qu'il avait déjà trouvé mes idées. »

premiers vrais essais philosophiques, *La Transcendance de l'Ego* et *L'Imagination*, se veut aussi, et depuis plus longtemps, un auteur littéraire[8], et quand, en avril 1938, Gallimard publiera *La Nausée*, il s'agira d'une entreprise commencée huit ans auparavant et longtemps désignée, dans les cartons de Sartre, comme un écrit ou un « factum » sur la « contingence ». Thématique devenue si célèbre que je n'ai pas à en rappeler ici la teneur, mais qui, centrée sur l'intuition que le sujet est jeté à un monde qu'il n'a pas choisi et dont la présence n'a pas de raison d'être, allait évidemment trouver à se nourrir dans la notion heideggérienne de « facticité » : or, aussi singulier que cela puisse nous paraître aujourd'hui, c'est aussi en songeant à une telle thématique qu'au sortir de sa conversation avec Aron, Sartre, littéralement, se jette sur ce qu'il peut apercevoir de la phénoménologie à travers la présentation que lui en donne le livre de Lévinas.

Lecteurs plus familiers de Husserl que nous sommes devenus, nous savons désormais qu'au-delà de quelques assonances plus ou moins formelles[9] (qui expliquent

---

8. Vocation dont on sait mieux aujourd'hui, depuis la publication des *Ecrits de jeunesse* (Gallimard, 1990), combien, remontant aux années 20, elle fut précoce.

9. On n'a nulle peine à repérer les pages du livre de Lévinas qui, parcourues par Sartre, furent responsables du « coup au cœur » : voir notamment p. 46, quand Lévinas évoque la manière dont, dans les *Ideen*, « l'existence de la chose n'est jamais exigée comme nécessaire par son mode de se donner, mais est toujours contingente d'une certaine façon ». A y regarder d'un peu plus près, l'inquiétude sartrienne ne pouvait toutefois que se dissiper : il s'agissait seulement, pour Husserl, d'attirer ainsi l'attention sur le fait que l'existence de la chose, étant « transcendante » à la conscience, devait apparaître, dans un premier temps, comme irréductible à la façon dont elle se phénoménalise — même si, Lévinas le soulignait aussi, cette « dualité dans la manière de se révéler et d'exister de la chose extérieure » n'avait pas à être réinterprétée (réduction phénoménologique oblige) de façon kantienne par une distinction entre le phénoménal et l'en-soi : l'existence de la chose se confond avec la série de ses phénomènes, mais simplement « cette concordance n'est

l'inquiétude toute provisoire de Sartre), la thématique de la contingence, au sens où elle allait être au centre de *La Nausée*, n'était guère de celles pour l'approfondissement desquelles s'imposait le détour par les écrits du fondateur de la phénoménologie. Pour autant, l'anecdote est révélatrice : elle fait entrevoir à quel point la relation de Sartre à Husserl allait prendre la forme, non de la découverte patiente d'une œuvre par un jeune auteur respectueux et désireux de s'instruire, mais bien d'une mobilisation des ressources husserliennes au service d'objectifs tantôt proches (le débat avec le réalisme et l'idéalisme), tantôt éloignés (la réflexion sur la contingence) de ceux du philosophe des *Recherches logiques* : une mobilisation passionnée, animée par le désir frénétique d'arracher à la phénoménologie tout ce qu'elle pouvait apporter à l'accomplissement d'un programme d'ores et déjà sartrien.

Cette tonalité si particulière dans laquelle allait se jouer, chez Sartre, la réception de Husserl ne saurait être négligée : elle explique la manière dont la rencontre avec l'œuvre s'est accomplie dans un registre où se mêlèrent d'emblée la plus grande proximité et une distance d'autant plus insurmontable qu'elle était originaire.

Une lecture critique

Le *Carnet XI*, que j'ai déjà exploité pour ce qu'il nous révèle de la découverte sartrienne de Heidegger, fournit aussi, en 1940, un certain nombre de renseignements sur la manière dont, concernant Husserl, Sartre suivit le conseil d'Aron. Devenu pensionnaire, en septembre 1933, de l'Institut français de Berlin, il décide, faisant preuve d'un bel optimisme volontariste, de réserver « le premier semestre à l'étude de Husserl », puis d'aborder Heidegger « vers

---

pas nécessaire ». Sur ce point, Sartre pouvait donc être rassuré : même s'il parlait de la contingence, Husserl n'avait pas trouvé toutes ses idées !

le mois d'avril ». Programme téméraire, en tout cas peu réaliste, comme en convient Sartre sept ans après, en reconnaissant qu'au printemps la lecture de Heidegger fut impossible tant il était alors « saturé de Husserl »[10] :

> Husserl m'avait pris, je voyais tout à travers les perspectives de sa philosophie... J'étais « husserlien » et devais le rester longtemps.

Longtemps en effet, puisque aussi bien, précise encore le Carnet, « il me fallut quatre ans pour épuiser Husserl » — Sartre donnant même le mode d'emploi de cette curieuse démarche :

> Pour moi, épuiser un philosophe, c'est réfléchir dans ses perspectives, me faire des idées personnelles à ses dépens jusqu'à ce que je tombe dans un cul-de-sac.

Lecture « épuisante » qui, même inscrite dans le régime de la fascination (« Husserl m'avait pris », indique Sartre, là où Heidegger devait, en des termes étonnamment proches, parler, pour son propre compte, d'un envoûtement captivant), adopta donc aussi, immédiatement, la forme

---

10. Qu'a lu Sartre ? Ses références à Husserl se concentrent, pour l'essentiel, sur les *Recherches logiques*, les *Leçons pour une phénoménologie de la conscience intime du temps* (*Vorlesungen zur Phänomenologie des inneren Zeitbewusstseins*, 1928, éd. par M. Heidegger) et l'*Idée d'une phénoménologie pure et d'une philosophie phénoménologique*, première partie (*Ideen zu einer reinen Phänomenologie und phänomenologischen Philosophie*, I, 1913). Des *Ideen*, Sartre indique dans *L'Imagination* (1936, P.U.F., 5e éd., 1962, p. 139) qu'elles constituent à ses yeux le « principal ouvrage de Husserl ». Aucun de ces trois livres de Husserl n'était alors traduit en français. La seule traduction disponible était celle des *Méditations cartésiennes*, par E. Lévinas et G. Pfeiffer, A. Colin, 1931 — texte remanié des conférences de 1929 que Sartre n'était pas allé écouter à Paris et qu'il dut lire à Berlin, puisque *La Trancendance de l'Ego*, écrite en 1934, évoque à plusieurs reprises les *Méditations* (dont le texte allemand ne parut qu'en 1950).

d'un débat avec le fondateur de la phénoménologie. Il est en effet symptomatique que, lecteur fasciné de Husserl, Sartre se soit aussitôt mis à écrire contre lui :

> J'écrivis tout un livre (moins les derniers chapitres) sous son inspiration : *L'Imaginaire*. Contre lui, à vrai dire, mais tout autant qu'un disciple peut écrire contre son maître. J'écrivis aussi un article contre lui : *l'Ego transcendantal*.

Laissons de côté provisoirement *L'Imaginaire* qui, commencé sur la lancée des lectures berlinoises, ne paraîtra qu'en 1940 [11] : l'article auquel le Carnet fait allusion, à savoir *La Transcendance de l'Ego : esquisse d'une description phénoménologique*, publié en 1936 dans les *Recherches philosophiques* [12], fut écrit en 1934, au moins en partie pendant le séjour à Berlin, et à ce titre il constitue le premier écrit véritablement philosophique de Sartre [13] — un premier écrit philosophique qui, de fait, est directement

11. La première partie (« Le certain ») parut d'abord en 1938 dans la *Revue de Métaphysique et de Morale* (1938, n° 4, p. 543-609) sous le titre : *Structure intentionnelle de l'image*. Le volume complet paraît chez Gallimard, en 1940, dans la « Bibliothèque des idées », qui l'accueillit d'autant plus aisément qu'entre-temps Sartre avait donné à la maison, avec *La Nausée*, le prix Goncourt 1938.

12. *Recherches philosophiques*, n° 6, p. 85-123. Ce texte n'est reparu en édition séparée qu'en 1965, Vrin, intr., notes et appendices par S. Le Bon.

13. Le texte paru dans *Bifur*, en 1931, est à teneur philosophique, mais prend la forme d'un conte *(La Légende de la vérité)* ; quant à l'article publié simultanément en français, en anglais et en allemand dans la revue de la Fédération universitaire internationale et dont seule a été retrouvée la version anglaise (*The New Ambassador*, Paris, n° 1, janvier 1927), *La Théorie de l'Etat dans la pensée moderne française*, on verra, en se reportant à la traduction qu'en donnent M. Contat et M. Rybalka, *Les Ecrits de Sartre*, p. 517-530, qu'il s'agit surtout d'une recension d'ouvrages de M. Hauriou, G. Davy et L. Duguit.

dirigé contre certaines orientations de la phénoménologie husserlienne. Plus précisément : contre une propension de Husserl à ne pas exploiter jusqu'au bout l'intuition centrale de la phénoménologie, savoir celle de l'intentionnalité de la conscience. Par la mise en évidence de la structure intentionnelle de toute conscience, Husserl faisait au fond, suggère Sartre dans l'enthousiasme de sa découverte, éclater la représentation traditionnelle de la subjectivité comme immanence et identité à soi : à l'encontre de toute représentation du Moi comme rapport à soi, comme « intériorité » précédant et portant toute relation du Moi au monde, la phénoménologie, à travers la mise en évidence de l'intentionnalité, aperçoit que le propre de la conscience est au contraire de « se transcender elle-même » et qu'« elle ne s'unifie qu'en s'échappant », comprendre : que son identité à soi n'est que l'horizon (et non pas le fondement) des actes multiples à travers lesquels elle se trouve « hors d'elle », comme « conscience de quelque chose » — bref :

> Elle prend conscience de soi *en tant qu'elle est conscience d'un objet transcendant*[14].

Or, à rebours de ce puissant renouvellement qu'implique aux yeux de Sartre, quant à la représentation de la conscience ou du sujet, la théorie de l'intentionnalité, Husserl a pourtant réintroduit, pour ainsi dire « en arrière » de la structure intentionnelle, un « Je unificateur » qui, évoquant l'identité kantienne du « Je pense », serait requis pour penser l'unité et l'individualité de la conscience : doublant en quelque sorte cette « conscience dans le monde » qu'est la conscience intentionnelle, ce « Je transcendantal » remet en place, estime Sartre, les caractéristiques les plus traditionnelles du *cogito* — à travers la réinstallation, dans la conscience, d'un véritable absolu, sous la forme de ce « Je » qui l'habite et qui ne se constitue que dans son seul rapport à soi, comme une « monade »

14. *La Transcendance de l'Ego*, p. 24.

(p. 26). Retour à Kant et au thème du sujet transcendantal où Sartre voit une rechute dans un idéalisme égologique, puisque, dans une telle perspective, c'est à partir de son rapport à soi que le sujet constituerait son rapport au monde — à quoi il oppose, dans cet article où il cultive les formules à l'emporte-pièce, que le « Je » n'est pas un « habitant de la conscience », mais un « existant rigoureusement contemporain du monde » (p. 86) et, pour tout dire (l'énoncé ne manquant évidemment pas de force provocatrice), un « objet *pour* la conscience » (p. 26), un « transcendant » qu'elle ne rejoint que par une opération réflexive sur ses vécus intentionnels. Par cette décision d'expulser l'Ego hors de la conscience et de le replacer dans le monde, au même titre que l'Ego d'autrui, deux risques devaient en principe se trouver évacués :

— le risque d'idéalisme, bien sûr, même s'il ne s'agissait pas pour autant de s'abandonner à un réalisme naïf : car, pour échapper à l'idéalisme, « il n'est pas nécessaire que l'objet précède le sujet », mais « il suffit que le Moi soit contemporain du Monde et que la dualité sujet-objet, qui est purement logique, disparaisse définitivement des préoccupations philosophiques » (p. 86) ;

— le danger du solipsisme — puisqu'il n'est désormais plus « possible d'opposer la conscience avec son Je à tous les autres existants », mais que la seule donnée dont ait à tenir compte la philosophie, c'est « le rapport d'interdépendance qu'elle établit entre le Moi et le Monde » : or, concluait Sartre en ouvrant ainsi la phénoménologie à cette dimension de la philosophie pratique dont nous verrons combien elle allait devenir pour lui essentielle, « il n'en faut pas plus pour fonder philosophiquement une morale et une politique absolument positives » (p. 86-87).

N'en fallait-il effectivement pas plus, et pouvait-on véritablement y parvenir ainsi ? J'en doute et je dirai pourquoi dans la suite de ce livre. Quoi qu'il en soit, même si, dans le détail de son argumentation, l'article sur l'Ego n'était pas dépourvu d'une certaine confusion et de quelque emphase, la critique ainsi développée contre Husserl, juste ou injuste, ne manquait du moins pas de brillant et témoignait d'un projet philosophique dont j'aurais mauvaise grâce à contester l'intérêt : repenser la philosophie de la conscience en l'arrachant à ses ornières traditionnelles (le solipsisme, l'égologie) et en récusant, pour ce faire, aussi bien l'idéalisme (où Sartre voit l'ennemi prioritaire) que le réalisme — qui a certes sa sympathie [15], mais, considérant que « l'objet précède le sujet », ne fait encore que la moitié du chemin. C'est en tout cas par rapport à la définition d'un tel projet que Husserl apparaît d'emblée à celui qui est alors en train de le lire comme n'ayant fait qu'une partie du chemin : insuffisance de Husserl, donc, que *La Transcendance de l'Ego* interprète en termes d'évolution, en imputant aux *Ideen* le retour « à la thèse classique d'un Je transcendantal qui serait comme en arrière de chaque conscience » et en se réclamant, contre cet Husserl kantien, de celui des *Recherches logiques* (p. 20).

Il n'entre ni dans mon objet, ni dans mes intentions de discuter ici cette approche diachronique, à peine esquissée par Sartre [16], de l'œuvre husserlienne : il m'importe en fait davantage de souligner comment, étonnamment parallèle à celle qu'avait entreprise Heidegger, cette défense de la première phénoménologie contre un Husserl plus tardif se trouvait animée — là encore, comme chez Heidegger — par une valorisation constamment accentuée, dans l'apport phénoménologique, de cette idée dont même le Sartre des dernières années conviendra qu'elle lui est demeurée

15. Ce pourquoi, dans la conclusion de l'article, Sartre souligne que « rien n'est plus injuste que d'appeler les phénoménologues des idéalistes » et qu'en fait « il y a des siècles, au contraire, qu'on n'avait senti dans la philosophie un courant aussi réaliste » (p. 86).

16. Elle demeure inchangée en 1940 dans le *Carnet XI* : « Peu à peu, sans trop que je m'en rendisse compte, les difficultés s'accumulaient, un fossé de plus en plus profond me séparait de Husserl : sa philosophie évoluait au fond vers l'idéalisme, ce que je ne pouvais admettre. »

« nécessaire » — savoir l'idée d'intentionnalité[17]. Reste que c'est précisément sur cette thématique de l'intentionnalité de la conscience que le parallélisme avec Heidegger se brise et que se laisse apercevoir de la manière la plus claire ce qu'il pouvait y avoir d'original dans l'exploitation que Sartre allait tenter, au-delà même de cette réception toujours déjà critique, de l'apport husserlien.

L'intentionnalité comme subjectivité

Qu'y a-t-il en effet de plus original, quant à la gestion de l'héritage phénoménologique, dans les écrits qui conduisent de la rédaction de *La Transcendance de l'Ego* (1934) à la publication de *L'Etre et le Néant* (1943) ? On sait que, durant ces années, Sartre s'attaqua surtout, à partir de l'automne 1937, à un vaste ouvrage dont le *Carnet XI* indique qu'il en écrivit quatre cents pages : sous le titre *la Psyché,* il se fût agi d'une « description du psychique », axée sur la question, passionnante, de savoir comment l'on en vient à vivre la subjectivité[18] — ouvrage qui, comme cela allait si souvent être le cas chez Sartre, demeura inachevé, au motif, dira-t-il dans ses entretiens de 1974 avec S. de Beauvoir, que « ce n'était pas original », mais correspondait à du « Husserl tout pur », exprimé « dans un autre style ». C'est toutefois de *la Psyché* que se trouva détachée en 1939 l'*Esquisse d'une théorie des émotions*, et ce, malgré tout, pour son « originalité » — une originalité toute relative donc, que Simone de Beauvoir invitait, en 1974, à situer dans le fait que la théorie de l'intentionnalité y était appliquée aux émotions et à leur expression, dont Husserl « ne s'est pas occupé ».

---

17. S. de Beauvoir, « Entretiens avec J.-P. Sartre », *op. cit.*, 1974, p. 256 : « C'est une idée que je garde encore, une idée qui ne vient pas de moi, mais qui m'est nécessaire. »
18. *Ibid.*, p. 255.

La même originalité relative pourrait au demeurant être reconnue aux deux autres essais parus durant cette période et complémentaires l'un de l'autre : *L'Imagination* et *L'Imaginaire*, écrits en 1935-1936, publiés le premier en 1936 chez Alcan, le second, je l'ai dit, en 1940 chez Gallimard, avec un sous-titre soulignant nettement la filiation husserlienne : « Psychologie phénoménologique de l'imagination ». On ne saurait toutefois percevoir ce qui se joue dans la façon dont Sartre s'est acquitté de cette filiation en bornant l'originalité de sa démarche à l'application d'une théorie préexistante : à considérer en effet la portée philosophique que, dans ces essais, Sartre donne à la notion d'intentionnalité, tout indique que l'application, au fond secondaire, dissimule une interprétation dont il me paraît autrement important de dégager les lignes de force.

Si l'on considère en effet à la fois la manière dont est mise en œuvre, dans ces trois opuscules, l'idée même de l'intentionnalité et la vigoureuse thématisation à laquelle s'est livré Sartre dans le bref article qu'il lui consacra en 1939 [19], c'est, vis-à-vis de ce que nous avions perçu à cet égard chez Heidegger, une appréhension rigoureusement symétrique et inverse de ce moment décisif du dispositif phénoménologique que nous voyons se développer. Car, de fait, par touches successives, sans jamais prendre la forme d'une élaboration systématique, ces écrits esquissent les principes d'une représentation spécifiquement sartrienne de l'histoire de la philosophie, centrée sur la conviction que l'idée d'intentionnalité est venue proprement révolutionner *de l'intérieur* tous les acquis de la philosophie moderne de la conscience.

Ce qui avait « captivé » Heidegger, selon son propre terme, à la lecture des *Recherches logiques*, c'était l'indication que la doctrine de la pensée et de la connaissance ne saurait s'épuiser en une psychologie du sujet, mais devait

19. « Une idée fondamentale de la phénoménologie de Husserl : l'intentionnalité », in *La Nouvelle Revue française*, janvier 1939, p. 129-131 (repris in *Situations I*, Gallimard, 1947, p. 31-35).

prendre en compte ce que Husserl appelle l'« autodéclaration des phénomènes », l'apparition même de la chose — avec ce corollaire que, dès lors, penser consisterait moins à ramener le donné jusqu'à la conscience pour se l'ob-jeter que, de la part de la conscience, tendre vers ou s'ouvrir à ce qui se déclare ainsi de lui-même. Cela étant, j'ai suggéré comment, « captivé » par cette découverte, Heidegger ne cessa toutefois d'être de plus en plus déçu par la manière dont le trajet husserlien serait en définitive retombé dans une philosophie du sujet, en insistant davantage sur les actes par lesquels l'esprit rapporte le donné à soi que sur le dévoilement même du phénomène : de là, peu à peu, cette conviction que l'autodéclaration des phénomènes avait été plus radicalement pensée par les Grecs, comme *aléthéia*, que par Husserl lui-même, emprisonné dans les limites intrinsèques à une philosophie du sujet.

Par contraste, ce qu'a été la lecture sartrienne de la phénoménologie ressort avec netteté, du moins dans son principe : la perspective sartrienne consiste certes, elle aussi, à mettre l'accent sur l'intentionnalité, mais ce pour des raisons au moins en partie inverses de celles qui ont retenu Heidegger. Souhaitant mettre en évidence ces raisons, il ne m'a pas semblé inutile de reproduire ici, parfois un peu longuement, les phrases de Sartre : j'aimerais qu'à leur lecture on pût s'apercevoir à quel point, sur ces questions qui engagent les problématiques les plus radicales affrontées à de multiples reprises, depuis Descartes, par la philosophie des Modernes, ces textes retrouvent, bien sûr à leur manière et selon leur style propre, des argumentations dont il m'étonne parfois que l'on sache admirer la subtilité et la profondeur chez un Kant ou chez un Fichte, sans accorder qu'il y avait aussi de la part de Sartre (sur lequel il est de si bon ton d'exercer son ironie) quelque mérite à les retrouver, par une démarche *sui generis*, dans un contexte philosophique renouvelé.

Lorsqu'il souligne l'importance de la notion d'intentionnalité, Sartre estime tout d'abord — et l'on n'en sera pas surpris — qu'elle permet de rompre avec l'immanentisme de Berkeley (pour lequel l'en-soi n'existe pas) et avec le psychologisme (pour lequel l'objet, n'étant qu'une synthèse d'impressions, est un produit de l'activité psychique). Contre ces configurations intellectuelles, le mérite de Husserl serait en effet de réussir à sauver, dans le fait de la représentation, ce que l'on pourrait appeler l'effet d'objectivité, c'est-à-dire de rendre compte de la manière dont nous percevons l'objet *hors de nous,* en restituant la transcendance de l'objet par rapport à la conscience :

> Contre la philosophie digestive de l'empirio-criticisme, du néo-kantisme, contre tout « psychologisme », Husserl ne se lasse pas d'affirmer qu'on ne peut pas dissoudre les choses dans la conscience[20].

Ainsi Sartre privilégie-t-il lui aussi, comme voie d'accès à la phénoménologie, la critique de courants de pensée comme le psychologisme, mais en s'efforçant d'en dégager la signification proprement philosophique — savoir que le psychologisme, comme l'immanentisme de Berkeley, est un idéalisme qui, réduisant la chose à la conscience, abolit sa dimension d'altérité :

> Vous voyez cet arbre-ci, soit. Mais vous le voyez à l'endroit même où il est : au bord de la route, au milieu de la poussière, seul et tordu sous la chaleur, à vingt lieues de la côte méditerranéenne. Il ne saurait entrer dans votre conscience, car il n'est pas de même nature qu'elle (*ibid.*).

Altérité ou transcendance de l'objet qui, pour autant, ne sont point ici davantage saisies de manière naïvement réaliste — et le réalisme au sens propre, implicitement exclu à la fin de *La Transcendance de l'Ego,* l'est cette fois expressément :

---

20. *Ibid.* p. 32.

> Mais Husserl n'est point réaliste : cet arbre sur son bout de terre craquelé, il n'en fait pas un absolu qui entrerait, par après, en communication avec nous. La conscience et le monde sont donnés du même coup (*ibid.*).

C'est donc sans tomber dans le réalisme que la théorie de l'intentionnalité échappe à l'idéalisme et peut sauver la chose — ainsi qu'y insiste *L'Imagination :*

> Je regarde cette feuille blanche, posée sur ma table ; je perçois sa forme, sa couleur, sa position. Ces différentes qualités [...] sont *pour* moi, elles ne sont pas *moi.* Mais elles ne sont pas non plus *autrui,* c'est-à-dire qu'elles ne dépendent d'aucune spontanéité, ni de la mienne, ni de celle d'une autre conscience [...] Il ne sert à rien de discuter si cette feuille se réduit à un ensemble de représentations ou si elle est et doit être *davantage.* Ce qui est certain, c'est que le blanc que je constate, ce n'est certes pas ma spontanéité qui peut le produire. Cette forme inerte, qui est en deçà de toutes les spontanéités conscientes, que l'on doit observer, apprendre peu à peu, c'est ce qu'on appelle une chose[21].

Et les dernières lignes de l'article sur l'idée d'intentionnalité exploitent, non sans talent, certaines des virtualités inscrites dans cette redécouverte de la chose — en des lignes qu'il faut citer au moins autant pour leur lyrisme que pour leur portée anti-idéaliste :

> Husserl a réinstallé l'horreur et le charme dans les choses. Il nous a restitué le monde des artistes et des prophètes : effrayant, hostile, dangereux, avec des havres de grâce et d'amour. Il a fait la place nette pour un nouveau traité des passions qui s'inspirerait de cette vérité si simple et si profondément méconnue par nos raffinés : si nous aimons une femme, c'est parce qu'elle est aimable. Nous voilà délivrés de Proust. Délivrés en même temps de la « vie intérieure » : en vain chercherions-nous, comme Amiel, comme une enfant qui s'embrasse l'épaule, les caresses, les dorlotements de notre intimité, puisque

21. *L'Imagination,* P.U.F., 5e éd., 1962, p. 1.

> finalement tout est dehors, tout, jusqu'à nous-mêmes : dehors, dans le monde, parmi les autres. Ce n'est pas dans je ne sais quelle retraite que nous nous découvrirons : c'est sur la route, dans la ville, au milieu de la foule, chose parmi les choses, homme parmi les hommes (*Situations I*, p. 34-35).

C'est évidemment un tel sauvetage de la chose (vis-à-vis de son engloutissement dans le sujet) que Heidegger a lui aussi accentué dans l'idée de l'intentionnalité en y voyant un moment décisif, contre les philosophies du sujet (ou de la conscience), de la réouverture de la question de l'Etre. Lorsqu'à vingt ans il m'arrivait de penser qu'une telle défense des choses contre leur maîtrise par le sujet constituait le geste philosophique, sinon le plus simple, du moins le plus urgent, je lisais et relisais, avec une fascination qui rétrospectivement m'étonne un peu, ces lignes de *Qu'est-ce qu'une chose ?* où Heidegger, presque en même temps que Sartre (il s'agissait d'un cours prononcé en 1936), trouvait des accents singulièrement proches pour décrire la résistance de la chose à sa résorption prochaine par le sujet techno-scientifiquement armé :

> En attendant il y a par bonheur encore des choses, en dehors des ondes lumineuses et des influx nerveux, il y a la coloration et la brillance des choses elles-mêmes, le vert de la feuille et le jaune du champ de blé, le noir du corbeau et le gris du ciel[22].

Tout l'intérêt de la réflexion sartrienne sur l'intentionnalité tient pourtant au fait qu'un tel « retour aux choses elles-mêmes » (le « *Zu den Sachen selbst !* » de Husserl), s'il l'émerveilla autant que Heidegger, ne lui est pas apparu susceptible d'épuiser l'apport de la phénoménologie. Car les textes des années 30, tout en intégrant cet apport, insistent aussi — et là est à mon sens la véritable et plus

---

22. *Qu'est-ce qu'une chose ?*, trad. par J. Reboul et J. Taminiaux, Gallimard, 1971, p. 217-218.

profonde originalité de Sartre parmi les héritiers de Husserl — sur une autre dimension de la théorie de l'intentionnalité, à travers laquelle elle permet de sauver également, dans la représentation, *l'effet de subjectivité*, je veux dire : le fait que nous nous pensons comme différents de l'objet et comme relevant d'un autre mode d'être. Car ce qu'a perçu Husserl, et qu'ont laissé échapper toutes les philosophies de l'immanence, c'est que, par opposition à la chose en sa clôture sur soi, « la conscience n'a pas de dedans », qu'« elle n'est rien que le dehors d'elle-même », et que c'est « ce refus d'être substance » qui constitue la subjectivité comme telle :

> Que la conscience essaye de se reprendre, de coïncider enfin avec elle-même, tout au chaud, volets clos, elle s'anéantit (*Situations I*, p. 33).

Bref, non seulement l'immanentisme dissolvait l'objet, mais ce que Sartre, à la différence de Heidegger, perçoit avec beaucoup de netteté, c'est qu'à travers l'idée d'un Moi monadique, coïncidant avec lui-même, sans dehors, il dissolvait aussi le sujet : perspective que je crois passionnante et pertinente sur la philosophie moderne[23], mais que Heidegger, toujours trop convaincu par avance que la modernité philosophique se laissait réduire, de façon homogène, au triomphe de la subjectivité (et à l'oubli de l'Etre), n'a jamais envisagée — savoir que la prétendue « métaphysique de la subjectivité », dont l'*esse est percipi* de Berkeley est apparu à Heidegger comme l'un des symptômes les plus marquants, fut peut-être au moins autant traversée par un oubli du sujet que par un oubli de l'être. En ce sens, l'essai sur *L'Imagination* souligne que, si l'intentionnalité est « la structure essentielle de toute

23. J'ai moi-même essayé de la développer et de l'étayer dans *L'Ere de l'individu*, Gallimard, 1989. Voir notamment, sur l'exemple de Berkeley, p. 163-166.

conscience », « il s'ensuit naturellement une distinction radicale entre la conscience et *ce dont il y a conscience*, ce qui implique certes que l'objet, contrairement à ce qu'a cru l'immanentisme, ne soit pas un contenu de conscience » (p. 144), mais tout aussi bien que « ma conscience ne saurait être une chose » (p. 1) : « en face du monde des choses qui est pure inertie », la conscience, précisément en tant qu'elle n'est pas un réceptacle passif, mais une capacité de viser l'objet de diverses manières (un pouvoir d'animer intentionnellement en modes multiples un contenu hylétique), « apparaît comme une pure spontanéité ». L'oubli de la chose par l'immanentisme est donc inséparable d'un oubli du sujet ou de la conscience : si je ne peux pas *différencier* la chose et le moi (= distinguer le sujet et ses représentations, penser la chose comme une extériorité à la spontanéité du Moi), je ne peux pas m'apparaître à moi-même comme une non-chose. De ce point de vue, la théorie de l'intentionnalité, en permettant de penser la chose comme « en face » de moi, restitue tout à la fois et indissolublement à la chose sa dimension d'extériorité et au sujet ou à la conscience sa dimension de subjectivité ou de spontanéité.

Ainsi apercevons-nous qu'à tort ou à raison, Sartre, en une approche ici antithétique de celle qu'a pratiquée Heidegger, a identifié d'emblée la phénoménologie comme la position qui sauve le mieux la conscience (la subjectivité comme spontanéité) — en tout cas, mieux que ne l'ont fait les grands systèmes métaphysiques, qui se rejoignent précisément, par-delà leurs options antagonistes, dans leur incapacité à penser cette conscience :

— C'est le cas, notamment, de la tradition empiriste, non seulement chez Berkeley, mais aussi chez Hume qui, « ayant posé que les éléments de la conscience sont des natures passives, [...] a appliqué le principe d'inertie au domaine psychique et réduit la conscience à une collection de contenus inertes reliés par des rapports d'extériorité » — au point qu'il semblerait qu'une démarche soucieuse d'affirmer « l'existence au sein de la conscience d'une spontanéité devrait expressément renoncer à toutes les thèses de Hume » (*L'Imagination*, p. 122).

— Mais la conscience n'est pas davantage sauvée dans la tradition qui, au sein de la philosophie moderne, fait antithèse avec celle de l'empirisme, puisque, même chez Descartes, la conception de l'image comme chose dégradée témoigne d'une incapacité à saisir en elle, comme en tout contenu de conscience, le corrélat d'une intentionnalité (p. 8). Plus généralement, les théories classiques de l'imagination ont réduit les images à n'être que des traces des impressions — induisant ainsi une représentation de l'imagination comme instance essentiellement passive, là où il s'agissait de comprendre au contraire que la conscience imageante, comme toute conscience, « vise des objets extérieurs à la conscience », « sort d'elle-même, se transcende » pour poser son objet d'une façon qui n'est certes pas celle de la conscience perceptive, mais se caractérise précisément (dans la mesure où, en principe, la conscience imageante ne confond pas le perçu et l'imaginé) par une conscience de sa spontanéité et de sa créativité : sorte de conscience au carré, enveloppant une certaine conscience d'elle-même comme conscience, la conscience qui imagine s'apparaît à elle-même comme créatrice et, en ce sens, loin de constituer une forme affaiblie ou déficiente de la conscience, elle « se sent conscience de part en part[24] ». De là cette étonnante conclusion à laquelle parvenait Sartre au terme de sa réflexion sur « les conditions de possibilité de toute imagination » : plutôt qu'une spécification de la conscience en général, supposant que certaines conditions contingentes viennent s'ajouter au fonctionnement « essentiel » de la conscience, l'imagination n'est que « l'essence même de cette conscience considérée d'un point de vue particulier » (comprendre : du point de vue de l'intentionnalité particulière qui est celle de la conscience imageante) — bref : l'imagination n'est rien d'autre que la conscience

24. *L'Imaginaire*, Gallimard, 1940, p. 23-26.

comme telle, ou, si l'on préfère, rien d'autre que la subjectivité comme libre spontanéité, c'est-à-dire au fond comme intentionnalité :

> Cette conscience libre, en effet, dont la nature est d'être conscience *de* quelque chose, mais qui, par là même, se constitue elle-même en face du réel et qui le dépasse à chaque instant parce qu'elle ne peut être qu'en « étant-dans-le-monde », c'est-à-dire en vivant son rapport au réel comme *situation* [= comme contingence, A. R.], qu'est-ce en effet sinon tout simplement la conscience telle qu'elle se révèle à elle-même dans le *cogito* ? (*L'Imaginaire*, p. 236.)

Superbe mouvement tournant, on en conviendra, vis-à-vis de la conception classique du *cogito* : l'imagination, loin de constituer une perturbation du fonctionnement normal de la conscience (la « folle du logis »), devenait ainsi le *cogito* révélé à lui-même dans sa dimension de transcendance — l'action d'imagination ne faisant que porter à son comble, dans la production de l'imaginaire, cette « fonction néantisatrice propre à la conscience » qui la dévoile comme « toujours libre » (p. 236-237).

Soyons clairs : relisant ces textes du jeune Sartre, je ne prétends évidemment pas que la représentation qu'ils esquissent de l'histoire moderne de la subjectivité soit intégralement défendable. Notamment est-il transparent que Sartre se révèle particulièrement injuste (et d'une compétence sommaire) à l'égard du criticisme. Du moins cette représentation, dans ce qui l'oppose dès le départ (ici, avant même la lecture d'*Etre et Temps*) à celle qu'en propose toute la déconstruction heideggérienne de la métaphysique, soulève-t-elle une question qui ne me paraît pas aberrante : ne convient-il pas de problématiser à nouveau, à partir de son histoire, cette notion de subjectivité, peut-être davantage manquée que promue par les philosophies de la modernité ? Question qui, en tout cas, va être centrale dans l'œuvre sartrienne, laquelle tente donc bien (et je ne préjuge pas ici de l'issue de cette tentative, que cependant il me faut enregistrer comme telle) à la fois d'échapper au sacrifice heideggérien du sujet et à une pure et simple réinstallation dans ce que la tradition philosophique avait cru penser sous ce nom.

Soyons clairs, *bis* : dégageant ce qu'a été, chez Sartre, l'appréhension de cette idée d'intentionnalité dont il nous dit en 1974 qu'elle constitue au fond ce qu'il a toujours conservé de la phénoménologie, je ne prétends pas non plus qu'une telle saisie de l'intentionnalité comme spontanéité du sujet (comme activité, ou encore — ces désignations sont équivalentes dans le discours sartrien — comme arrachement à la contingence, donc comme liberté) corresponde nécessairement à la lecture de Husserl qui serait, d'un point de vue philologique, la plus défendable. Simplement cette lecture n'était-elle pas non plus, sans doute, pleinement impossible, puisqu'elle fut réelle, et la possibilité même d'une telle lecture, trop évidemment concurrente de celle que développa et finalement qu'imposa Heidegger, devrait inviter, me semble-t-il, à s'interroger sur la déterminité véritable du moment phénoménologique — donc aussi, je le crains, sur celle de la référence susceptible d'être aujourd'hui pratiquée à la phénoménologie. Sartre, mais aussi, dans une certaine mesure, Merleau-Ponty n'ont pas vu dans l'idée de l'intentionnalité le principe d'une subversion du sujet : bien davantage y ont-ils perçu de quoi remodeler la conception de la conscience dans un sens qui, approfondissant la subjectivité en termes de spontanéité, donc de liberté, invitait à recentrer la philosophie du sujet du côté du *sujet pratique*. Qu'il eût été pleinement accompli ou non par Sartre (ce qui reste à décider), un tel geste, on me l'accordera sans qu'il soit besoin d'en faire la démonstration, a retrouvé une « actualité », comme l'on dit, dans ce qu'est devenu, un demi-siècle après *L'Etre et le Néant*, notre univers philosophique : en avoir repéré au moins l'esquisse chez le tout premier Sartre ne saurait en ce sens que constituer une incitation à poursuivre l'examen de la manière dont a pu se développer, au-delà de son point de départ, une tentative ainsi orientée. Et ce sur le terrain même qu'une telle représentation de la subjectivité comme activité libre devait nécessairement conduire à privilégier dans l'édifice philosophique, à savoir le terrain de la philosophie pratique, plus particulièrement : celui de la morale.

TROISIÈME PARTIE

L'éthique impossible

I

LES MORALES DE SARTRE

Recherchant les conditions d'un sauvetage du sujet, Sartre a orienté la phénoménologie dans une direction diamétralement opposée à celle qu'avait voulu lui imprimer Heidegger : orientation qui a eu, à l'évidence, des retentissements sur l'ensemble de l'œuvre — au point que l'on pourrait aisément y repérer, à travers la plupart de ses thèmes centraux, les conséquences de l'option prise ainsi en faveur d'une subjectivité approfondie dans sa dimension *pratique*, comme activité ou comme spontanéité, bref comme liberté.

Sartre, Freud et Marx

Notamment est-ce à partir de là qu'il faudrait relire et tenter d'apprécier les assauts parfois brutaux lancés par Sartre contre la psychanalyse freudienne. Parce qu'elle recourt à la notion d'« inconscient », cette psychanalyse lui est apparue manquer, en même temps que le rapport complexe que la liberté est capable d'entretenir avec elle-même, la teneur même de la subjectivité : ainsi Sartre crut-il pouvoir remonter à contre-courant des convictions que Freud achevait d'imposer, ce en jouant, contre celui-ci et sa gloire naissante, l'obscur Wilhelm Steckel, qui, dans *La Femme frigide*, écrivait : « Chaque fois que j'ai pu pousser mes investigations assez loin, j'ai constaté que le nœud de la psychose était conscient » (cité par *L'Etre et le Néant*,

p. 90) ; ainsi encore ne cessa-t-il, depuis l'*Esquisse d'une théorie des émotions* (1939), de refuser que l'on pût faire de la conscience, en la constituant en « chose par rapport au signifié », un « phénomène secondaire et passif » (Hermann, rééd. 1965, p. 33-34), et crut-il pouvoir établir que le prétendu inconscient est en fait du conscient qui choisit de se taire, proposant même pour cela d'adopter comme principe explicatif, non l'inconscient, mais la « mauvaise foi ». Annoncé par l'*Esquisse*, ce déplacement devait se voir consacrer en 1943 tout un chapitre (*L'Etre et le Néant*, p. 82-107), qui demeure, cinquante ans plus tard, l'une des singularités du livre[1] — et, en 1948 encore, dans la discussion qui suivit sa communication devant la Société française de philosophie *(Conscience de soi et connaissance de soi)*, Sartre réaffirmait, sans plus de concessions, son refus de l'inconscient.

Je n'entrerai pas, pour ma part, dans l'examen de ce débat avec la psychanalyse freudienne, ni dans l'évocation des tentatives auxquelles, sous le nom de « psychanalyse existentielle », il a pu conduire Sartre dans ses études sur Baudelaire ou sur Flaubert : non que cet aspect de l'œuvre (dont on sait, lorsqu'il s'agit de Flaubert, avec quelle passion Sartre y consacra ses dernières forces) doive apparaître en celle-ci comme le moins du monde marginal — fondé qu'il se trouve directement et explicitement, en 1943, dans l'ontologie du sujet (voir *L'Etre et le Néant*, p. 629 sqq.). Simplement, la « pente » sur laquelle la psychanalyse (celle de Freud) avait engagé la culture contemporaine était ici tellement difficile à remonter que je reste peu convaincu que ce soit sous cette forme — je veux dire : par un rejet pur et simple du « postulat de l'inconscient » et par une réaffirmation aussi pure et aussi simple (voire simpliste) que « le fait psychique est coextensif à la conscience » (*op. cit.*, p. 630) — qu'il fallait défendre la

1. Je ne peux ici que renvoyer à la belle étude que lui consacra A. Philonenko, « Liberté et mauvaise foi chez Sartre », *Revue de Métaphysique et de Morale*, 1981, n° 2, p. 145-163.

légitimité de l'idée de sujet face à la découverte de l'inconscient. D'autres voies s'offraient que Sartre, ici, n'a pas même entrevues : sans rejeter la découverte freudienne, elles eussent consisté à se demander bien plutôt quel *statut* contraint à conférer à la subjectivité et à ses valeurs une reconnaissance de la brisure irréductible du sujet qui, excluant de ressusciter le *cogito* cartésien, ne retire pas nécessairement, pour autant, tout sens à cet *idéal* d'autonomie qu'avaient exprimé les philosophies du sujet. Eventualité que Sartre n'envisage jamais et dont la prise en compte eût pourtant introduit dans sa tentative, vis-à-vis des philosophies traditionnelles du sujet, une puissante dimension de renouvellement — plus puissante en tout cas que celle dont *L'Etre et le Néant* s'est contenté. En ce sens, même passionnant en raison de ce qui s'y joue, le débat de Sartre avec l'héritage freudien ne me paraît donc pas constituer, au-delà de l'intérêt qu'il peut avoir pour l'historien de la philosophie, voire, plus largement, pour l'historien des idées, un terrain d'enquête susceptible d'être, aujourd'hui encore, véritablement fécond.

Des raisons similaires m'ont conduit à laisser également de côté, après maintes hésitations, le débat parallèle qu'allait entretenir Sartre avec le marxisme. La naissance de ce débat et son inscription de plus en plus centrale, après 1950, dans la réflexion sartrienne entretiennent elles aussi des liens étroits et transparents avec l'option d'infléchir, dans les années 30 et 40, la phénoménologie dans le sens d'un approfondissement *pratique* d'une subjectivité conçue en termes de liberté. Avant même les *Cahiers pour une morale* (1947), où nous verrons au passage quelle place y occupe la discussion avec le marxisme, les premières mentions du matérialisme historique et de ses difficultés remontent jusqu'à *La Transcendance de l'Ego*, dont la conclusion programmatique (l'appel, déjà rencontré ici, à « fonder philosophiquement une morale et une politique absolument positives ») tentait pour la première fois de partager, dans la tradition où s'était inscrit Marx, la paille et le grain :

> Il m'a toujours semblé qu'une hypothèse de travail aussi féconde que le matérialisme historique n'exigeait nullement pour fondement l'absurdité qu'est le matérialisme métaphysique. Il n'est pas nécessaire en effet que *l'objet* précède *le sujet* pour que les pseudo-valeurs spirituelles s'évanouissent et pour que la morale retrouve ses bases dans la réalité[2].

Bref : il s'agissait de séparer ce qui ferait la valeur irremplaçable (supposée plus tard « indépassable ») du « matérialisme historique », à savoir sa réintégration du sujet moral (et du sujet politique) dans la positivité de l'être-en-situation, et le coût philosophique excessif, voire ruineux, dont se paye une telle intégration quand elle est adossée (sous la forme d'une métaphysique matérialiste) à un *réalisme* grossier. Simple variante du réalisme, cette métaphysique doit être dépassée, estime déjà le tout premier Sartre, au nom même de la découverte qu'implique la théorie de l'intentionnalité, savoir que, pas plus que « le Moi n'a créé le Monde », « le Monde n'a créé le Moi », mais que le Moi, comme « être-au-monde », est « contemporain du Monde » (*op. cit.*, p. 86-87). Où l'on voit clairement que la discussion avec l'héritage du marxisme s'inaugure elle aussi sur la lancée directe de ce qu'a été la lecture sartrienne de la phénoménologie.

Citant en 1960, dans *La Force de l'âge* (p. 210), ces lignes sur le matérialisme, Simone de Beauvoir les commente brièvement en soulignant combien « elles manifestent la continuité des préoccupations de Sartre ». 1960 : est-il besoin de rappeler que Sartre, désormais au cœur de son débat intellectuel avec le marxisme, publie alors la *Critique de la raison dialectique* ? Je n'analyserai pas ici comment il s'est agi pour lui de chercher, selon la juste formule de R. Aron, à « réconcilier une ontologie de la conscience, condamnée à être libre, avec une ontique de la conscience, engluée dans le pratico-inerte[3] » : un « pra-

2. *La Transcendance de l'Ego*, éd. cit., p. 86.
3. *Histoire et dialectique de la violence*, Gallimard, 1973, p. 14.

tico-inerte » qui constituait au fond une version nouvelle, lexicalement moins mystérieuse qu'il n'y paraît, de ce qui se nommait, en 1943, la « situation » ou la « contingence » et correspondait, dans l'« être-au-monde », au pôle situé à l'opposé du sujet comme activité. Dit autrement : la *Critique* fait la tentative, en même temps que le pari, d'une réintégration du matérialisme historique (compris comme cette reconnaissance que chacun *est* aussi son être social, qu'il porte intériorisées en lui les conditions matérielles où se déploie son existence) dans une philosophie de la subjectivité comme liberté. Echec ou réussite ? Aron, au terme d'une analyse qui reste à ce jour la seule étude véritablement consistante et attentive de l'étrange entreprise dans laquelle s'engagea ainsi Sartre[4], conclut que cette réconciliation eût exigé « moins une réinterprétation de l'existentialisme » (c'est-à-dire de la philosophie sartrienne de la subjectivité) qu'une refonte du « marxisme » — et ce dans des proportions telles qu'on voit mal ce qui, décapé ou décanté par une telle philosophie de la liberté, resterait proprement de ce qu'avait apporté Marx.

D'autres conclusions, sans doute, seraient envisageables, et certains s'y sont essayés[5]. Au risque de décevoir, je n'entrerai pas davantage dans l'examen de ce débat entre Sartre et le marxisme que dans l'analyse de sa discussion de la psychanalyse. Les exigences d'une philosophie de la liberté comme celle qu'a visée Sartre sont, à mes yeux, tellement antinomiques de ce qu'a été la métaphysique marxiste de l'histoire, convaincue que le processus historique se déploie, selon les termes mêmes de Marx, « avec une

4. Et ce, on le sait aujourd'hui à la faveur de la publication, par A. Elkaïm, des matériaux du tome II de la *Critique* (datés de 1958), jusque vers 1962, où le projet de continuer l'ouvrage n'était pas encore abandonné.

5. Je renvoie sur ce point à l'étude nuancée que J.-M. Besnier a consacré à la *Critique de la raison dialectique*, in *Dictionnaire des œuvres politiques*, sous la dir. de F. Châtelet, O. Duhamel et E. Pisier, P.U.F., 1986.

nécessité de fer », que le projet de réintégrer ici la dimension de la subjectivité me semble par définition voué à l'échec : sympathique au fond, plus méritoire même, dans ce contexte idéologique, qu'on ne l'a cru souvent, il peut bien présenter un intérêt dans le cadre d'une histoire intellectuelle de l'après-guerre, mais non point un intérêt proprement philosophique — tant il est vrai que ce que tenta ainsi Sartre ne correspondait sans doute, philosophiquement, à nul « possible » dont on puisse être tenté de réexaminer désormais la teneur. La reconnaissance de la part de vérité qui peut se trouver contenue dans la référence à l'idée de subjectivité et aux valeurs dont elle est solidaire implique un renoncement aux illusions constitutives du matérialisme historique : en témoigne — et ce n'est évidemment pas un hasard — la manière dont ce que certains désignent (maladroitement), dans la philosophie contemporaine, comme un « retour au sujet » a été rigoureusement parallèle à ce qu'il est convenu de présenter comme un « effondrement du marxisme » ; de ne pas avoir pressenti ce parallélisme donne à la *Critique de la raison dialectique* cet aspect irrémédiablement suranné qu'il serait injuste d'attribuer à l'ensemble de la pensée de Sartre, et notamment à la séquence dominée par *L'Etre et le Néant.* Ce pourquoi le « deuxième Sartre », comme l'on dit parfois pour désigner la période qui s'ouvre avec la *Critique*, ne m'intéresse guère et demeurera, délibérément, absent de ce livre.

Une éthique de la finitude

Ce qui m'est apparu, en revanche, mériter l'examen le plus attentif, c'est la manière dont s'est accomplie, dérivant directement et logiquement de la référence maintenue à la subjectivité, l'inscription sartrienne du projet d'une éthique à l'horizon même de la philosophie. *L'Etre et le Néant* se clôt, en 1943, sur l'intention, clairement affirmée, de donner dans un « prochain ouvrage », « sur le terrain moral », une réponse aux questions laissées en suspens par l'ontologie de la subjectivité qui vient d'être déployée — notamment : comment vivre la liberté, cette condition du « Pour-Soi » en tant qu'être qui, toujours à distance de lui-même (marque de sa finitude), n'est pas ce qu'il est, est ce qu'il n'est pas, et se définit, si l'on peut dire, par l'ouverture à des « possibles » ? Quelques années plus tard, lorsqu'il rédigera, en 1947-1948, ses *Cahiers pour une morale*, Sartre, après avoir rappelé que le Pour-Soi a « à intérioriser sa finitude », « a à être fini », annoncera encore :

> C'est pourquoi nous ferons une morale de la finitude.

Projet qui, cette fois, me semble requérir d'être pleinement reconnu pour ce qu'il est aujourd'hui encore, à savoir philosophiquement passionnant, et qui rompt en tout cas avec la si décevante attitude heideggérienne et post-heideggérienne à l'égard de la problématique morale. J'ai déjà évoqué la fin de non-recevoir que Heidegger opposa, dans la *Lettre sur l'humanisme*, aux intentions affirmées par Sartre à travers sa conférence *L'existentialisme est un humanisme* — en même temps qu'à la demande pressante d'un Jean Beaufret encore fortement influencé par Sartre et s'enquérant des prolongements « éthiques » de *Etre et Temps*. Mais il faut maintenant mieux mesurer à quel point un désaccord radical quant au destin de l'interrogation éthique (plus généralement : de la philosophie pratique) s'affirmait ainsi entre Heidegger et Sartre, contribuant à creuser encore un écart dont le principe se trouvait dans la position adoptée, de part et d'autre, face à l'idée de sujet.

On sait ce qu'a été, dans la *Lettre sur l'humanisme*, le rejet heideggérien de la question éthique elle-même, telle que la lui posait Beaufret : si « toute valorisation est une subjectivation », une mise en perspective de ce qui est par le sujet et pour le sujet (*Lettre sur l'humanisme*, p. 129), il faut bien plutôt, pour soustraire la question de l'Etre à la tyrannie du sujet, « penser contre les valeurs » que s'enquérir, comme le suggérait Beaufret, d'une « éthique possible »

(p. 139). Bref (et Heidegger laissait de côté ici un projet passionnant, celui d'une éthique de la finitude, qu'il avait pourtant esquissé en 1929, dans son *Kantbuch*, au § 30)[6] : le dessein même de concevoir des valeurs, parce que consubstantiellement anthropocentrique, ne pourrait qu'être abandonné par une pensée qui, attentive à notre finitude, saurait échapper à cette installation, si caractéristique de la métaphysique moderne, du sujet humain comme centre de référence.

Cette dimension de la *Lettre sur l'humanisme* n'a pu, elle aussi, que déconcerter Sartre, lui qui, au contraire, en 1943, avait mis un terme à *L'Etre et le Néant* en annonçant un passage de l'ontologie à l'éthique. Au demeurant, nous disposons depuis peu d'un document qui témoigne de ce qu'a dû être à cet égard, à la lecture de la *Lettre*, la perplexité de Sartre : je songe au manuscrit rédigé en 1948 (contemporain, donc, de l'écriture des *Cahiers pour une morale*) et publié récemment, par Arlette Elkaïm-Sartre, sous le titre *Vérité et existence* (Gallimard, 1989). C'est en effet l'un des intérêts majeurs de ce texte, où Sartre se réfère à la traduction de *Vom Wesen der Wahrheit* qui venait alors de paraître[7], que d'être de peu postérieur à la rupture proclamée par Heidegger entre sa propre entreprise et le projet développé dans *L'Etre et le Néant*, et de porter clairement la trace de cette rupture. De fait, dans ces pages serrées, parfois étonnamment brillantes, Sartre prend acte de l'écart creusé par la *Lettre sur l'humanisme* en tentant d'en souligner quelques-uns des tenants et aboutissants, notamment quant à la question de l'éthique.

Pour aller à l'essentiel : *Vérité et existence* essaye de montrer que, contrairement à ce qu'a cru Heidegger, la méditation lucide de notre finitude, loin de retirer tout sens à l'éthique, fonde l'interrogation morale. Parce que nous

---

6. Je me permets de renvoyer sur ce point à mon analyse, in *L'Ere de l'individu*, p. 267 sq.

7. *De l'essence de la vérité*, trad. par A. de Waelhens et W. Biemel, Nauwelaerts/Vrin, 1948.

ignorons le destin que le monde réserve à nos entreprises, nous sommes une pure liberté, qui se trouve face à des « possibles » entre lesquels il lui faut choisir. Paradoxe de la finitude, donc : parce que je suis dans un monde que je ne maîtrise pas, mon acte peut avoir des conséquences infinies que je suis incapable de même simplement envisager ; mais parce qu'un être fini agit par liberté, « ces conséquences sont miennes et je dois les revendiquer ». Ainsi, selon l'une de ces fulgurantes formules dont Sartre avait le génie, la liberté doit, en agissant, « assumer ce qu'elle n'a pas fait » (= la situation dans laquelle se décide l'action) « pour revendiquer ce qu'elle ignore » (= les conséquences de ses actes). Bref, la liberté et la responsabilité, constitutives de l'expérience morale, ne sont pas annulées par la finitude : au contraire n'y a-t-il véritablement décision, choix, engagement, et donc éthique, que pour une liberté intériorisant sa finitude et l'ignorance qu'elle implique de l'ordre du monde.

Délicat, problématique, le renversement ainsi esquissé par rapport à la condamnation heideggérienne de l'interrogation morale n'était pas sans habileté. Il redonnait tous ses droits, en tout cas, au projet d'une éthique de la finitude, d'une conciliation entre les valeurs de l'autonomie (donc de l'humanisme) et la prise en compte de la finitude — projet que Heidegger avait peut-être trop tôt abandonné (après le *Kantbuch*) et où Sartre aperçoit au contraire l'une des tâches les moins contournables de la philosophie contemporaine. Comment, à vrai dire, ne pas être séduit aujourd'hui, rétrospectivement, par les potentialités d'un tel projet ? Sa mise en œuvre, si elle s'est accomplie avec quelque consistance, devrait en effet pour le moins nous renseigner, positivement (par son éventuelle réussite) ou négativement (par son possible échec), sur les conditions de possibilité d'une recomposition lucide de cette dimension de l'éthique si malmenée, depuis Hegel et la critique de la « vision morale du monde », par la plupart des grands courants de la philosophie contemporaine. Bref, et tel sera ici mon angle d'approche de ce qu'a été sur ce terrain la tentative sartrienne : que doit-il en être des conditions à remplir par une philosophie, aujourd'hui, pour que l'éthique retrouve, d'une manière assumable, son *sujet* ?

Encore dois-je préciser, une fois délimité l'angle d'approche, que ce qui m'est apparu mériter ici de retenir l'attention correspond à ce qu'il est convenu de désigner comme la « première morale » de Sartre, celle des manuscrits de 1947-1948 *(Vérité et existence, Cahiers pour une morale)*. Une « première morale » qu'une approche plus historico-chronologique du *corpus* sartrien devrait mettre en perspective à la fois par rapport à un amont et par rapport à un aval.

« *J'ai achevé ma morale* » *(1939)*

En amont, force est de constater en effet que Sartre n'a cessé d'affirmer ses ambitions sur le terrain moral, et cela avant même *L'Etre et le Néant* : non seulement, comme l'avait clairement montré F. Jeanson dans une étude qui reste de loin la meilleure sur l'œuvre philosophique de Sartre[8], les opuscules philosophiques précédant *L'Etre et le Néant*, de *La Transcendance de l'Ego* à *L'Imaginaire*, entretiennent tous, même s'ils ne sont pas thématiquement consacrés à la problématique éthique, une relation étroite, par la médiation de la réflexion sur la subjectivité (comme liberté), avec la question morale des conditions d'une existence authentique (authentiquement humaine) ; mais des documents dont ne disposait pas Jeanson, comme *Les Carnets de la drôle de guerre*, ainsi que les éléments de correspondance publiés par Simone de Beauvoir, attestent que Sartre a très tôt organisé sa réflexion en fonction d'un point d'aboutissement qu'il situait expressément dans la morale et qu'il crut au demeurant, très vite et sans doute trop vite, avoir atteint.

---

8. F. Jeanson, *Le Problème moral et la pensée de Sartre*, Ed. du Seuil, 1965.

Le 26 octobre 1939, une lettre à Simone de Beauvoir indique que viennent d'être rédigées dans les Carnets « dix pages sur l'historicité[9] » : à propos de ces pages aujourd'hui perdues[10], la suite de la lettre suggère comment elles montraient que l'insertion dans une époque ne devient « destin » que par la médiation d'un choix (celui d'être « de cette époque ») et qu'en ce sens elles retentissaient directement sur la question de l'« authenticité » : bref, ajoute Sartre à la faveur de cette ébauche d'une articulation ultérieurement approfondie entre historicité et authenticité, « il y a bien du changement dans ma morale ».

Les lettres suivantes témoignent, avec un enthousiasme déconcertant, que ce « changement » a dû très vite faire son chemin. Si Sartre, le 3 décembre, écrit : « J'ai *vu* cette morale que je pratique depuis trois mois sans en avoir fait la théorie », si, le lendemain, il confirme : « Je suis toujours enchanté de ma morale, qui est sombre comme il se doit et que je sens » (une morale dans laquelle, précise-t-il, il a « tout doucement glissé depuis septembre »), il n'hésite pas, le 9, à annoncer :

> J'ai achevé ma morale. Je vais vous la copier, ici. C'est fort long. Si je n'y parviens pas complètement, je continuerai demain (*Ibid.*, p. 1897).

A quoi succède un étonnant document (*ibid.*, p. 1898-1900) mêlant les descriptions de *La Nausée* et la référence à Heidegger[11] : Sartre y esquisse avec une singulière fermeté les développements de *L'Etre et le Néant* sur la liberté en soutenant qu'il n'y a de morale que pour la réalité

---

9. *Œuvres romanesques*, « La Pléiade », 1981, p. 1895.

10. La partie conservée des Carnets *(Les Carnets de la drôle de guerre)* ne commence que le 12 novembre 1939.

11. Sartre a effectivement recopié, en l'abrégeant, plusieurs pages qui figurent dans son *Carnet III*, en date du 7 décembre 1939 (*Les Carnets de la drôle de guerre*, p. 136-145), et qui s'y ouvrent par la formule : « Il faut commencer à mettre en ordre mes idées sur la morale. »

humaine en tant que cette réalité est grevée de finitude. Finie, cette réalité est constamment « séparée de son dessein » et doit projeter son être propre dans l'avenir, comme ce qu'elle a à être par sa liberté : en ce sens, la réalité humaine n'est « ni un fait, ni une valeur », mais « le rapport d'un fait à une valeur » — entendre : le rapport de la liberté en tant que facticité, présente dans le monde comme un « fait », à ce que cette liberté doit faire d'elle-même, en se jetant dans l'avenir « pour y être son propre fondement ».

La morale de Sartre était-elle vraiment « achevée » le 7 décembre 1939, au terme d'une période d'élaboration ne s'étendant que sur quelques semaines ? Pour ce qui allait s'en trouver investi dans *L'Etre et le Néant* et qui correspond à sa fondation (sous la forme d'une théorie du sujet), la réponse ne peut guère faire de doute : compte tenu du temps nécessaire, même pour un dévoreur de papier tel que Sartre, à l'écriture d'un ouvrage de cette ampleur, partiellement menée à bien, qui plus est, dans les conditions difficiles de la captivité, compte tenu aussi des délais de publication, force est de considérer qu'entre l'esquisse de décembre 1939 et le volume dont l'impression était achevée en juin 1943, il ne s'est guère agi que d'expliciter et d'exprimer des thèses acquises, mais non plus de les forger[12]. Reste que Sartre n'avait prévu, à la fin de 1939, ni, sans doute, le développement qu'il tenterait de donner à la morale elle-même, au-delà de sa fondation ontologique, dans ses *Cahiers* de 1947-1948, ni surtout la façon dont, plus tard encore, il s'efforcerait d'en réaménager les assises. Car, en aval de *L'Etre et le Néant* et des *Cahiers*, la

12. D'autant que, dans le même temps, Sartre construit son œuvre littéraire, notamment en terminant *L'Age de raison*, en commençant *Le Sursis* et en écrivant *Les Mouches* (publié en avril 1943 et joué pour la première fois le 2 juin) ! Il faut ajouter que, libéré en mars 1941, Sartre a repris un service de professeur, après les vacances de Pâques, au lycée Pasteur de Neuilly, avant de devenir professeur de khâgne à la rentrée suivante au lycée Condorcet...

préoccupation éthique a donné lieu encore à divers investissements successifs dont la portée demeure fort mal connue.

La « deuxième morale » (1964-1965)

La désignation d'une « deuxième morale » est induite par des déclarations de Sartre lui-même, notamment dans le cadre du film que M. Contat et A. Astruc lui ont consacré. Indiquant que le problème a été au fond, pour lui, de « savoir si on choisissait morale ou politique, ou bien si la politique et la morale ne faisaient qu'un », le Sartre de 1972 estime que la « question morale n'est autre que la question politique », précise que c'est sur ce point qu'il se retrouve « entièrement d'accord, par exemple, avec les maos », puis revient sur son itinéraire :

> J'ai au fond écrit deux morales, une entre 45 et 47, complètement mystifiée [...] et puis des notes de 65 environ sur une autre Morale, avec le problème du réalisme et le problème de la morale [13].

Cette « deuxième morale », ainsi posée comme en rupture avec la « première », correspond en fait à trois inédits, écrits probablement entre le début de 1964 et le milieu de 1965 [14].

1. Les notes rédigées pour préparer la conférence prononcée à Rome, en mai 1964, lors d'un colloque organisé, dans le cadre du Parti Communiste Italien, par l'Institut

---

13. Cité par Simone de Beauvoir, *La Cérémonie des adieux*, p. 42. Une déclaration parallèle de Sartre figure dans les Entretiens publiés *ibid.*, p. 261-262.

14. Pour une analyse plus précise, je renvoie à : B. Stone et E. Bowman, « Ethique dialectique. Un premier regard aux notes de la conférence de Rome, 1964 », in *Sur les écrits posthumes de Sartre*, Ed. de l'Université de Bruxelles, prés. par R. Verstraeten, 1987.

Gramsci sur le thème « morale et société » : si des passages consistants de l'intervention elle-même ont été rapidement publiés [15], les *Notes*, dont on sait qu'elles se composent de 165 pages manuscrites et d'une version dactylographiée de 139 pages (que Sartre avait fait préparer en vue d'une publication), demeurent aujourd'hui inaccessibles, au-delà de brefs extraits sélectionnés par F. Jeanson [16]. Ce que la conférence prononcée, les extraits retenus par Jeanson et les témoignages des quelques lecteurs qui ont pu consulter ce document permettent d'entrevoir est en tout cas sans ambiguïté : Sartre reprenait, sur une base philosophique renouvelée (celle des positions élaborées dans la *Critique de la raison dialectique*), la réflexion morale que les *Cahiers* avaient tenté de développer à partir des thèses de *L'Etre et le Néant*, et si l'humanité restait inscrite dans la dimension de l'avenir, comme une « humanité à faire », s'il s'agissait toujours de penser l'homme comme « le produit de lui-même », c'était désormais l'« homme communiste » qui incarnait cet avenir [17]. Evoquée par Sartre lui-même tantôt comme une éthique « dialectique », tantôt comme une éthique « réaliste » [18], l'éthique des *Notes* semble en tout cas avoir procédé du projet de donner au marxisme la morale que son fondateur avait laissée pour l'essentiel dans la dimension de l'implicite et que ses héritiers, faute d'avoir ressaisi dans toute sa portée la thématique de la *praxis*, n'avaient pas su mettre au jour.

---

15. Il s'agit du texte intitulé « Détermination et liberté », publié en italien dès 1966 dans les Actes du colloque et en français (sans révision par Sartre) in M. Contat et M. Rybalka, *Les Ecrits de Sartre*, *op. cit.*, 1970, p. 735-745.

16. Dans son *Sartre* de 1966 (Desclée de Brouwer, « Les écrivains devant Dieu », p. 137-138), F. Jeanson n'en a publié qu'une infime partie, sous le titre : « Notes sur les rapports entre la morale et l'histoire ».

17. *Détermination et liberté*, *loc. cit.*, p. 745.

18. *Sartre*, dialogues du film dirigé par A. Astruc et M. Contat, Gallimard, 1977, p. 98 sq.

2. La publication d'un deuxième inédit, contemporain des *Notes*, confirmerait peut-être la teneur de ce projet : il s'agit d'un dactylogramme de 499 pages faites de notes très dispersées, tiré par J. Gerassi (et intitulé par lui *Morale de Sartre de 1964*) d'un manuscrit de Sartre que lui avait prêté Simone de Beauvoir en 1974. Signalé parmi les écrits posthumes[19], ce texte, qui peut au reste, en l'absence d'une publication explicitant son mode de production à partir du manuscrit, paraître douteux (quel rôle a joué J. Gerassi dans sa mise en forme ?), n'est exploité par aucun des bons connaisseurs de l'œuvre du dernier (ou de l'avant-dernier) Sartre : si son contenu demeure donc énigmatique, son existence même (en tout cas, celle d'un manuscrit apparemment distinct de celui des *Notes*) atteste pour le moins que décidément, un quart de siècle après, Sartre n'en avait pas fini avec l'écriture de cette morale qu'il pensait avoir achevée en 1939.

3. Un dernier document non encore publié, mais un peu moins mystérieux que le précédent, paraît pouvoir être mis au compte de la « deuxième morale » : il est constitué par un manuscrit de 255 pages (et d'une version dactylographiée de 138 pages), organisé en six sections, apparemment rédigé à l'occasion d'une série de conférences que Sartre devait prononcer aux Etats-Unis, à l'Université de Cornell, sous le titre *Recherches pour une morale* : le début des bombardements américains sur le Nord-Vietnam entraîna l'annulation de ces conférences[20], dont ce manuscrit constitue ainsi le seul vestige. Ce qu'on sait aujourd'hui de ce

19. Voir notamment, B. Stone et E. Bowman, *Sur les écrits posthumes de Sartre, op. cit.*, p. 9.

20. Sur cette annulation, voir, in *Questions VIII*, p. 20-26, l'échange aigre-doux avec D. I. Grossvogel, Professeur à Cornell et membre du groupe qui avait invité Sartre : « Un Américain écrit à Sartre » et « Sartre répond ».

texte[21] le fait apparaître avant tout comme une réflexion sur le paradoxe de l'éthique — savoir que les normes morales s'affirment comme « inconditionnelles », là où, visiblement, les fins, qui sont toujours celles d'un « ensemble social » donné et disparaissent dans l'histoire avec cet ensemble, ne laissent pas d'être historiquement conditionnées : paradoxe du « dépassement » continuel de ce qui se vit pourtant comme « indépassable », c'est-à-dire, plus radicalement, paradoxe d'une subjectivité pratique qui se présente comme « libre autonomie de la volonté », alors qu'elle est en fait « hétéronomie rigoureuse », dépendance de la liberté à l'égard de ce qu'elle n'a pas fait, à l'égard d'un « pratico-inerte » qu'elle ne parvient jamais à néantiser entièrement. Et là encore, pour éclairer l'énigme de cet inconditionnel conditionné et conditionnant, s'affirmait comme indispensable le recours au marxisme, dans la mesure où celui-ci permettrait de comprendre comment les ensembles normatifs peuvent à la fois être des « structures réelles de la société », exprimant sa « base matérielle », et des « structures idéales », transmises de génération en génération sans leur référent dans le mode de production ou le degré de développement des forces productives.

Difficile d'en dire plus sur des textes qui ne sont pas pour l'instant accessibles dans les conditions minimales rendant possible une lecture objective. Tout au plus peut-on ajouter que, durant les années 60, Sartre a sans doute cru, aussi fermement qu'en 1939, en avoir fini avec la morale : ainsi aurait-il déclaré à M. Contat et M. Rybalka, au début de 1969, « que son éthique dialectique [était] à l'heure actuelle entièrement constituée dans son esprit et qu'il ne [prévoyait] plus maintenant que des problèmes de rédaction » (*Les Ecrits de Sartre*, p. 426). Or, de fait, les onze ans de vie qui restaient alors à Sartre n'ont pas davantage permis à la deuxième morale qu'à la première de voir le

21. Voir l'analyse détaillée qu'en donne J. Simont, « Autour des conférences de Sartre à Cornell », in *Sur les écrits posthumes de Sartre*, *op. cit.*, p. 35-54.

jour, et force est donc, aujourd'hui, de se demander pourquoi un projet qui mobilisa tant d'énergie et semblait une nouvelle fois si proche de son achèvement n'aboutit point. Consignée par Simone de Beauvoir, l'explication fournie par Sartre lui-même est déconcertante de laconisme :

> J.-P. S. — Il y a eu un ouvrage de morale que j'ai préparé pour cette université américaine qui m'avait invité. J'avais commencé à écrire quatre ou cinq conférences que je devais faire là-bas, et puis j'ai continué pour moi. J'ai un tas de notes, je ne sais pas ce qu'elles sont devenues, d'ailleurs ; elles doivent être chez moi. Des tas de notes pour une morale.
>
> S. de B. — Ce n'était pas sur le rapport de la morale et de la politique essentiellement ?
>
> J.-P. S. — Oui.
>
> S. de B. — C'était donc tout à fait différent de ce que vous aviez écrit vers les années 48, 49 ?
>
> J.-P. S. — Tout à fait différent. J'ai des notes là-dessus. En fait le livre entier aurait été très important.
>
> S. de B. — Pourquoi l'avez-vous abandonné, celui-là ?
>
> J.-P. S. — Parce que je m'étais lassé de faire de la philosophie. Vous savez, ça vient toujours comme ça la philosophie, chez moi en tout cas. J'ai fait *L'Etre et le Néant* et puis je me suis fatigué ; là aussi il y avait une suite possible, je ne l'ai pas faite. J'ai écrit *Saint Genet* qui peut passer pour intermédiaire entre la philosophie et la littérature. Et puis j'ai fait la *Critique de la raison dialectique*, et là aussi, je me suis arrêté [22].

Bref : comme cela aurait déjà été le cas pour la « première morale » (à laquelle fait clairement référence l'allusion à la « suite possible » de *L'Etre et le Néant*), la « deuxième morale » serait restée inachevée et non publiée par simple lassitude. Trop coquette pour être entièrement honnête, l'« explication » n'est sans doute pas non plus

22. *La Cérémonie des adieux*, p. 261-262.

intégralement abusive, tant Sartre, de fait, a multiplié de tels abandons. Pour autant, elle demande visiblement à être complétée, et à cet égard le privilège accordé, durant ces années, à l'écriture du *Flaubert* (dont les deux premiers volumes paraissent en 1971 et le tome III en 1972), puis les problèmes oculaires, à partir de 1973, constitueraient à eux seuls des explications suffisantes. Faut-il aller plus loin et donner à ce renoncement, imprévisible en 1969, à la « deuxième morale », une signification philosophiquement plus précise que celle d'une lassitude éprouvée à l'endroit de la philosophie ?

Une « troisième morale » ?

Impossible, ici, de ne pas évoquer en effet l'éventualité selon laquelle la morale de 1964-1965 aurait en réalité été abandonnée pour avoir connu le même sort que celle des *Cahiers* — je veux dire : pour avoir cessé de correspondre aux options philosophiques et intellectuelles ultimes de Sartre, cela à la faveur d'un nouveau déplacement intervenant dans ces options, analogue en ampleur et en radicalité à celui qui avait conduit le phénoménologue des années 40 à embrasser avec la vigueur que l'on sait, une décennie plus tard, la cause du marxisme. Pour le moins, deux déclarations tardives peuvent nourrir une telle hypothèse :

— en septembre 1977, Sartre accorde une interview politique à la publication gauchiste italienne *Lotta continua*, dans laquelle, tout en prenant position contre les « nouveaux philosophes », il déclare : « Je ne suis plus marxiste[23] » ;

— en 1979, interviewé par M. Sicard pour la revue *Obliques*, il indique être en train d'enregistrer avec Benny Lévy une « troisième morale » qui, privilégiant la dimen-

23. Cité par M. Contat et M. Rybalka dans leur « Chronologie », in *Œuvre romanesque*, « La Pléiade », p. CII. Sur cette interview, voir S. de Beauvoir, *La Cérémonie des adieux*, p. 149.

sion du « nous » et de l'« interrelation des consciences », réexamine jusque dans les racines ontologiques la problématique de l'éthique (*Obliques*, n° 19, 1979, « Sartre », p. 14-15).

Je ne veux pas ici entrer dans le débat douteux et, au fond, pénible qui porte sur la question de savoir jusqu'à quel point B. Lévy s'est livré, à l'occasion de ses entretiens avec Sartre parus dans *Le Nouvel Observateur* (10, 17 et 24 mars 1980), à ce que Simone de Beauvoir, reprenant un mot de O. Todd, désigne comme un « détournement de vieillard » (*La Cérémonie des adieux*, p. 166). De fait, ce qu'y déclare Sartre peut déconcerter. Non que, notamment dans ce registre de l'éthique dont nous avons vu comment il a été retravaillé à de multiples reprises depuis les années 40, la distance prise à l'égard de notions importantes de la première philosophie (à commencer par celle de l'angoisse devant la liberté) m'apparaisse *par elle-même* aussi troublante que les disciples ont souvent voulu le faire croire ; en revanche, les nouvelles perspectives esquissées par cette dernière intervention publique de Sartre ressemblent si fortement à celles que B. Lévy développera, en son nom propre, dans la dernière partie de son essai paru quelques années plus tard [24] qu'on peut légitimement s'interroger sur l'ampleur de ce que l'interviewer a prêté à son interlocuteur. En tout état de cause, si tentative ou tentation d'une « troisième morale » (demeurée non écrite) il y eut effectivement, du moins certaines données incontestables me semblent-elles imposer d'en imaginer avec prudence et circonspection la puissance de renouvellement par rapport à ce qu'avaient élaboré les inédits de 1964-1965.

---

24. B. Lévy, *Le nom de l'homme. Dialogue avec Sartre*, Verdier, 1984. Après avoir analysé la tentative sartrienne, dans *L'Etre et le Néant* et dans les *Cahiers pour une morale*, pour inscrire l'éthique sous le régime de l'élimination de l'altérité par une liberté entendant s'affirmer comme cause d'elle-même, l'auteur dégage de la Torah le modèle d'une tout autre éthique, pensée comme ouverture à Celui qui ne se donne que dans la différence.

En 1974 encore, Sartre publie en effet avec le même Benny Lévy (dissimulé alors sous le pseudonyme de Pierre Victor) et Philippe Gavi une série d'entretiens sur les « luttes révolutionnaires » en cours, à travers lesquels, ici ou là, la question morale se trouve abordée. Or, ce qui s'en trouve dit par Sartre lui-même ne laisse en fait apparaître aucune critique véritable de l'éthique réaliste des années 60. Sartre conteste certes toute réduction de la sphère de la morale à une « superstructure », en lui reprochant de ne pas voir que « la moralité fait partie des forces qui entrent en lutte » et constitue en tant que référence à une idée de la justice « une dimension propre à l'homme exploité »[25] : pour autant, une telle réduction, dont la critique oblige bien évidemment à « aborder le marxisme », est imputée au Parti communiste *(ibid.)*, ou à des « marxiens » (entendre « par là des gens qui se réclament de Marx, non pas des marxistes ») (p. 119), incapables de comprendre que les superstructures ont une « logique propre » ; en ce sens, l'horizon dans lequel est supposée devoir s'inscrire une réflexion sur la moralité arrachant la question aux « tripatouillages des marxiens mécanistes » peut rester défini comme celui d'un « moralisme » matérialiste et réaliste qui ne se contente pas d'une représentation abstraite de l'idéal, mais sait prendre en compte la « réalité », c'est-à-dire « le peuple qui se trouve dans telle situation, avec telles forces, et qui réclame la Justice » (p. 78-79). Bref, en 1974, si Sartre, redisant, comme à l'époque de *La Transcendance de l'Ego*, son adhésion au « matérialisme historique », mais soulignant sa méfiance à l'égard du « matérialisme dialectique » (p. 78), défend la thèse (plate et rituelle chez les marxistes tant soit peu critiques) d'une certaine (?) « autonomie de la superstructure » morale, rien ne laisse présager en ce domaine un quelconque bouleversement de sa réflexion.

En ce sens, la déclaration accréditant en 1977, dans l'interview donnée à *Lotta continua*, l'idée d'une rupture

---

25. Gavi, Sartre, Victor, *On a raison de se révolter*, Gallimard, 1974, p. 45.

avec le marxisme doit être fortement relativisée : si le Sartre des années 70 n'est plus « marxiste », c'est surtout au sens où, négligeant, à peine proposée, sa distinction entre « marxiens » et « marxistes », il peut lui arriver d'imputer aux « marxistes » — entendre, corrige-t-il aussitôt, sur la remarque de l'excellent Victor : « certains marxistes, les communistes par exemple » — une conception de l'histoire qui réduit les hommes à des choses et oublie cette « subjectivité » dont le thème aurait en revanche été bel et bien présent chez Marx (*On a raison de se révolter*, p. 259). Convenons-en : si ces formules de 1974 apparaissent se situer dans la continuité parfaite de ce qu'avait été, tout au long de la *Critique de la raison dialectique* (1960), le projet d'un « marxisme existentialisé » tentant de réconcilier l'héritage de Marx et les principes d'une philosophie de la conscience[26], comment Sartre eût-il dans les années suivantes — sauf à subir une influence si forte que le produit en échapperait résolument à l'histoire de sa propre pensée — songé à bouleverser de fond en comble les options d'une morale conçue en relation directe avec ce projet ?

Cela soit dit pour, sinon tordre le cou à la légende d'une toute dernière morale de Sartre (c'est apparemment bien lui qui la mentionne en 1979 dans l'entretien accordé à *Obliques*), du moins mettre fortement en doute qu'elle eût pu témoigner d'un *aggiornamento* complet des options philosophiques et intellectuelles qui étaient les siennes depuis une vingtaine d'années. Rien n'exclut en revanche que le thème de l'intersubjectivité, ou de l'« interrelation des consciences », ait effectivement pu hanter les ultimes méandres d'une réflexion morale qui paradoxalement, j'essayerai de le montrer dans le dernier chapitre de ce

26. Pour une analyse et une discussion magistrales de ce projet, présenté comme antithétique de la variante « structuraliste » (althussérienne) du marxisme, on peut se reporter aujourd'hui à : R. Aron, *Leçons sur l'histoire*, texte établi et annoté par S. Mesure, Ed. de Fallois, 1989, p. 42-58 (cours de 1972).

livre, n'était jamais parvenue à conférer à la présence d'autrui un statut consistant : autant je doute que le dernier Sartre ait pu rejoindre Benny Lévy dans sa conviction que « toute l'origine de la morale [était] dans la Torah[27] », ou du moins que cet éventuel ralliement ait un intérêt autre que psychologique, autant il me paraît assuré que la place (dont on va apercevoir à quel point elle a été problématique) attribuée à l'intersubjectivité dans la conception du sujet (comme liberté, donc comme sujet moral) n'est pas étrangère aux aléas rencontrés, depuis *L'Etre et le Néant*, par la tentative sartrienne d'une éthique.

C'est en tout cas ce fil conducteur que je voudrais m'efforcer de suivre ici à travers une libre discussion de la « première morale ». Doutant que Sartre ait échappé, dans ces dernières années, à l'orbite du marxisme où s'était inscrite sa « deuxième morale » et où s'était englouti tout ce par quoi sa première philosophie ne saurait, à mon sens, nous être indifférente, je bornerai mon attention, on aura maintenant compris pourquoi, à la morale appelée par *L'Etre et le Néant*. Deux questions vont ainsi être examinées :

— Comment, à partir des thèses défendues sur la « réalité humaine » dans l'ouvrage de 1943, le projet d'une éthique ne pouvait-il que s'inscrire au cœur du projet philosophique de Sartre ?

— Comment la mise en œuvre de ce projet, sous la forme des *Cahiers pour une morale*, a-t-elle pu aboutir à un *échec*, ce dont témoignent à la fois l'inachèvement de l'entreprise (avec pour conséquence le renoncement à la publication) et la recherche ultérieure d'une autre morale s'inscrivant dans un autre horizon philosophique ? Auquel cas — je veux dire : si cet échec se peut philosophiquement expliquer — ce serait surtout *indirectement* ou *négativement* que la tentative de Sartre pourrait nous éclairer aujourd'hui sur les conditions de possibilité de la recomposition d'un discours éthique.

---

27. J'emprunte la formule à S. de Beauvoir, *La Cérémonie des adieux*, p. 166.

II

DE L'ONTOLOGIE A L'ÉTHIQUE

D'où vient, chez Sartre, cet intense attachement, aussi précoce qu'indestructible, à la problématique morale ? La fin de *L'Etre et le Néant* fournit à cet égard l'indication décisive. Lorsqu'il annonce, dans les dernières lignes du livre, un « prochain ouvrage » déplaçant l'interrogation « sur le terrain moral », Sartre vient justement d'esquisser, en trois pages, les « perspectives morales » qui se dégagent de son essai (p. 690-692). Or, explique-t-il sur le ton du bilan, l'ontologie qu'il a élaborée (au sens où *L'Etre et le Néant* a au fond été consacré tout entier à la distinction de deux modes d'être : l'*en-soi* des choses et le *pour-soi* de la « réalité humaine », faisant ainsi œuvre ontologique) a révélé à l'homme qu'il y va, dans son être même, de la problématique morale : il est en effet « l'être par qui les valeurs existent », en tant que « sa liberté » est « l'unique source de la valeur ». Affirmation clé, sur laquelle Sartre ne reviendra jamais — ainsi, en 1974 encore : les valeurs « sont faites de telle sorte qu'il faut à chaque fois les découvrir, ou les inventer », et « ce mouvement de dépassement des faits » vers les valeurs est « le moment de la liberté » (*On a raison de se révolter*, p. 139). Affirmation péremptoire aussi, du moins sous cette forme, et qui trouvait en fait sa légitimation dans quelques pages fort denses de *L'Etre et le Néant*, sous le titre : « Le pour-soi et l'être de la valeur » (p. 123 sqq.). Encore faut-il, pour comprendre cette légitimation, replacer ces pages dans leur contexte, celui d'un des chapitres du livre qui méritent à mon sens le plus d'attention, savoir le chapitre sur « Les structures immédiates du pour-soi » (p. 111-144) : investissant ici ce qu'il a retenu de son travail sur la phénoménologie, Sartre y livre les grandes lignes (de force ou de faiblesse) de sa théorie du sujet, et c'est en construisant les déterminations constitutives de la subjectivité qu'il fait surgir le lien intrinsèque entre l'affirmation du sujet et la problématique morale.

Un cogito réaménagé

La première détermination du pour-soi qui se trouve retenue dans cette mise au point ne saurait déconcerter, puisqu'il s'agit de la « présence à soi » ou « conscience » : c'est, de façon apparemment classique, la dimension du *cogito*, que Sartre évoque explicitement comme telle (p. 111) en adressant à Heidegger le reproche significatif de ne pas avoir enraciné le « projet » (la manière dont le propre de la « réalité humaine » est, non la clôture sur soi de la chose, mais l'« eksistence » comme ouverture à des possibilités) dans la dimension de la conscience [1] : pas de pro-jet sans sujet, pas de *Dasein* sans *Bewusstsein*, puisqu'il faut bien que celui qui projette ses possibilités soit, pour le faire, conscient de lui-même et de ses possibles. Où l'on constate à nouveau que le point de clivage, au sein de la filiation husserlienne, entre la phénoménologie heideggérienne et celle de Sartre se situe bien dans la volonté de rester ou non dans le cadre d'une philosophie du sujet ou de la conscience — et, à cet égard, nulle ambiguïté chez Sartre : « Il faut partir du *cogito* » (p. 112) [2], même si c'est

1. Ce reproche est développé à nouveau p. 123.
2. Formule parallèle dans *L'existentialisme est un humanisme*, Nagel, 1970 : « Il faut partir de la subjectivité » — par laquelle Sartre définit alors la position des « existentialistes », qui estiment que « l'existence précède l'essence ». Malheureusement, signe que la teneur philosophique de la conférence est incertaine : Sartre range

pour réaménager la figure la plus classique de ce *cogito*.

Classiquement, dirai-je pour aller vite (même si je suis de moins en moins certain que cette conception « classique » ait jamais été assumée par un quelconque des grands représentants de la supposée « métaphysique de la subjectivité »), la conscience s'est définie, chez les Modernes, par l'identité à soi : le « Moi = Moi » de Fichte, dans son interprétation traditionnelle (c'est-à-dire, on le sait aujourd'hui, fallacieuse). Réaménager la conception classique du *cogito*, c'est en ce sens pour Sartre tenir compte de la manière dont, en réalité, l'identité ou l'adéquation à soi de l'être qui est ce qu'il est définit le propre, non de la conscience, mais de la chose, non du pour-soi, mais de l'en-soi — lequel seul est par essence « plein de lui-même », sans distance, sans vide, sans fissure : densité absolue. Le propre du pour-soi, au contraire, est la non-coïncidence, la constante néantisation de ce qu'il est au nom de ce qu'il n'est pas, mais projette d'être : or, c'est très précisément sur ce point qu'il s'agirait, pour redéfinir la présence-à-soi de la conscience, d'intégrer les acquis de la théorie de l'intentionnalité — car tel serait au fond ce qu'impliquerait, dans la formule selon laquelle « toute conscience est conscience *de* quelque chose », l'écart, exprimé par le « de », entre la conscience et ce dont elle est conscience.

Il faut ici, pour cerner la portée de la suggestion sartrienne, ne pas hésiter à la compléter. Aristote, affirmant que « l'âme est en quelque façon toutes choses », ignorait la subjectivité en l'engloutissant dans le monde des choses : la formule même de l'intentionnalité, signifiant qu'il n'est pas de conscience sans une objectivation qui met la conscience à distance de la chose, exprime au contraire l'irréductibilité du pour-soi à l'univers de l'en-soi. Ce que souligne, en effet, l'exemple de Sartre : lorsque je suis conscient *de* ma

---

sous cette formule (« partir de la subjectivité ») aussi bien les existentialistes athées français, dont lui-même, que Jaspers, Gabriel Marcel et... Heidegger.

croyance, je m'affirme en même temps comme irréductible à elle, et une différence s'introduit ainsi dans l'identité, une transcendance s'inscrit à l'intérieur de l'immanence à soi qui caractérise tout sujet (p. 114-115). Bref : le « rapport du sujet avec lui-même » est une « dualité » — ou, si l'on préfère : fidèlement pensée, la présence-à-soi du sujet, qui est donc toujours aussi « décollement par rapport à soi », définit pour la conscience « une façon de ne pas être sa propre coïncidence, laquelle coïncidence avec soi ne saurait donc constituer qu'un horizon » (p. 128).

Où l'on voit donc réapparaître le thème — et il n'est plus guère besoin d'y insister — selon lequel la subjectivité est, fondamentalement, pouvoir néantisant, au sens d'une néantisation continuelle de ce qu'elle est : « L'être de la conscience, c'est le néant », écrit Sartre en recherchant visiblement le brillant (p. 116), mais aussi en exprimant cette idée profonde que la subjectivité, comme liberté, est avant tout *arrachement.* Reste que ce serait matière à un développement complexe de préciser dans quelle mesure l'expression de cette vérité requérait vraiment un réaménagement, au-delà de la lettre, de ce qu'avait été l'esprit des plus authentiques philosophies du *cogito* : je ne m'engagerai pas ici dans l'examen d'une telle question, qui nous reconduirait très en amont de *L'Etre et le Néant* (notamment jusque chez Fichte) ; simplement, de manière plus interne à l'œuvre de Sartre, manquerait-on à cet égard un élément d'appréciation important si l'on n'examinait la façon dont il s'est lui-même représenté sa relation aux pensées antérieures du *cogito,* à commencer par celle de Descartes.

Cogito cartésien, cogito sartrien

Dans une interview de 1944, Sartre indiquait que, philosophiquement, les Français lui avaient peu apporté, à une notable exception près :

> Vraiment, chez nous, un seul a agi profondément sur mon esprit, c'est Descartes. Je me range dans sa lignée et me réclame de cette vieille tradition cartésienne qui s'est conservée en France[3].

Filiation qui, pour être aussi clairement proclamée, n'en est pas moins difficile à reconstituer, ne serait-ce qu'au niveau, qui seul m'intéresse ici, de la façon dont Sartre lui-même se la représentait. Du moins y attachait-il, dans les années qui séparèrent *L'Etre et le Néant* de la mise en chantier de la morale, assez d'importance pour avoir publié en 1946 ce texte étonnant qui, sous le titre *La Liberté cartésienne*, reste en la matière le principal document[4] : on comprendra sans peine que dans ces conditions, avant de poursuivre, à partir de *L'Etre et le Néant*, l'analyse des déterminations constitutives du pour-soi, j'ai cru devoir ouvrir ici une sorte de parenthèse pour achever de mettre en lumière, à l'aide de cet écrit contemporain de *L'existentialisme est un humanisme*, la façon dont Sartre concevait l'archéologie de sa propre conception du *cogito*.

Pour aller d'emblée à la thèse essentielle : Sartre soutient que Descartes « a compris, mieux que personne, que la moindre démarche de la pensée engage toute la pensée, une pensée *autonome* qui se pose, en chacun de ses actes, dans une indépendance plénière et absolue ». Présentation qui, faisant de la pensée, telle que la conçoit Descartes, une « expérience de l'autonomie », peut déconcerter le lecteur scrupuleux de probité philologique. En fait, à y regarder de plus près, Sartre semble surtout guidé, dans ce texte sinueux, par la conviction qu'il existe chez Descartes (et

3. *Mondes nouveaux*, n° 2, 21 décembre 1944.

4. *La Liberté cartésienne*, introduction à un volume de morceaux choisis, *Descartes, 1596-1650*, Genève/Paris, Ed. des Trois Collines, « Les classiques de la liberté », 1946, repr. in *Situations I*, p. 314-335 (avec une note finale, ajoutée pour *Situations I* sur l'article de S. Pétrement, *Critique*, I, 1946, p. 612-620 : « La liberté selon Descartes et Sartre »).

peut-être plus généralement chez les Modernes) une tension, concernant la conception de la liberté, entre deux modèles dont Spinoza et Kant auraient représenté ensuite les versions les plus dures :

— un modèle (« spinoziste ») où la liberté serait pur acquiescement à la nécessité extérieure d'un ordre préétabli ;

— un modèle (« kantien ») où la liberté apparaîtrait comme autonomie absolue, comme auto-production d'un ordre qu'elle créerait *ex nihilo.*

Or, tantôt Sartre présente ici Descartes comme demeurant proche d'une réduction, virtuellement spinoziste, de la liberté à une connaissance de l'ordre des essences (si le Dieu cartésien crée les « vérités éternelles », ce n'est pas le cas de l'homme, et en outre la mise en cause de la liberté d'indifférence induit davantage l'idée d'une liberté-adhésion à l'évidence de l'ordre existant que celle d'une liberté fondatrice) ; tantôt, pourtant, il inscrit la liberté cartésienne dans le registre de l'autonomie, en soulignant comment c'est « par ses propres forces » qu'elle découvre des relations intelligibles entre les essences — Descartes s'opposant sur ce point directement à Spinoza, qui choisit de « sacrifier la subjectivité humaine ». Telle serait même la découverte décisive de Descartes : malgré une préexistence de l'ordre des essences qui, assurément, limite la liberté, il affirmerait « la responsabilité de l'homme en face du vrai », dans la mesure où c'est seulement à travers son jugement que cet ordre naturel des existants s'explicite et devient un « ordre des vérités »[5]. Bref : chez Descartes,

5. Plus précisément : pour que la vérité advienne, explique Sartre, l'homme doit s'engager, sous la forme d'une adhésion au vrai qui ne dépend que de lui : en ce sens, tout homme possède une liberté infinie dans « la puissance infinie, comme l'écrit Descartes dans la quatrième *Méditation*, de bien juger et de distinguer le vrai d'avec le faux ». A insister ainsi sur l'entière liberté qui « appartient également à tout homme », Descartes aurait montré quelle liaison s'établit entre

« l'homme est l'être par qui la vérité apparaît dans le monde » — formule si parallèle à celle qu'avait forgée *L'Etre et le Néant* à propos du rapport de l'homme aux valeurs (« l'être par qui les valeurs existent ») que, décidément, la question se pose de savoir jusqu'à quel point l'humanisme existentialiste, proclamé avec fracas dans la conférence que l'on sait, doit ses motifs les plus intimes à l'humanisme cartésien.

Question d'autant plus légitime qu'au-delà de cette expérience de la vérité, s'il est un domaine où, selon Sartre, Descartes conçoit « une véritable autonomie de l'homme », c'est la relation à ces néants que constituent le mal ou l'erreur vis-à-vis de la plénitude d'être qu'est Dieu. Car, comme Dieu ne peut être responsable en moi de ces néants issus de ma finitude, il dépend *entièrement de moi* que je cède ou non aux sollicitations du mal ou du faux, et ici la liberté d'indifférence retrouve un sens, puisque c'est à moi seul qu'il incombe de ne pas choisir entre de tels néants. En ce sens, « puisque l'ordre des vérités existe en dehors de moi » (et limite, de toute façon, ma capacité fondatrice), « ce qui va me définir comme autonomie, ce n'est pas l'invention créatrice, c'est le refus » : bref, « c'est en refusant que nous sommes libres » (comprendre : en refusant le faux, en disant non au non-être), et le doute, comme pouvoir de s'échapper, de se dégager, de se retirer, est la véritable expérience de l'acte libre. Parce que le doute, comme négation pure, est une force néantisante, Descartes découvrirait donc que « la liberté ne vient point de l'homme en tant qu'il est, comme un *plenum* d'existence parmi d'autres pleins dans un monde sans lacune, mais en tant qu'il *n'est pas*, au contraire, en tant qu'il est fini, limité ». Où l'on voit apparaître le thème qu'exploitera, contre Heidegger, *Vérité et existence* : c'est parce que

---

« l'esprit de la science et l'esprit de la démocratie », au point que le *cogito*, expérience de cette liberté « égale chez tous les hommes », fonderait le suffrage universel.

l'homme est fini qu'il est responsable, donc libre, au sens d'une liberté qui est pouvoir néantisant.

A réinterpréter à ce point le *cogito* cartésien comme étant déjà, dans le doute, néantisation[6], Sartre s'exposait toutefois à ne plus pouvoir indiquer en quoi son propre travail renouvelait véritablement la philosophie de la conscience. Ce pourquoi le texte sur *La Liberté cartésienne* ne pouvait se clore sans insister à nouveau, pour creuser les distances, sur la manière dont la liberté-autonomie (comme refus d'accepter l'erreur ou les idées confuses) était restée ordonnée, chez Descartes, à la liberté-adhésion positive aux essences : la volonté se soumet à la lumière de l'entendement, et si le sujet est bien négation pure, cette négation n'est qu'un moment qui se transforme en pure assomption de l'être — ce qui était trop peu rendre compte, estime Sartre, de ce sentiment, en quoi la vraie liberté s'éprouve, d'« être le véritable auteur de ces actes ». Or, ce sentiment, Descartes le connaissait, puisque c'est par là qu'il définissait la *générosité* : le généreux, comme on sait, est celui qui « connaît qu'il n'y a rien qui véritablement lui appartienne que la libre disposition de ses volontés » — mais la conception cartésienne de la liberté, en tant que simple liberté pour le mal ou pour l'erreur (alors que, vis-à-vis du bien ou du vrai, l'homme se laisse guider par la main de Dieu), est finalement restée en retrait des valeurs ainsi entrevues, celles d'une véritable éthique de l'autonomie. Ainsi Descartes portait-il en lui des exigences que ses postulats philosophiques (Dieu, l'ordre du monde) ne lui auraient pas permis de satisfaire, et il s'agirait aujourd'hui, pour véritablement « partir de la subjectivité », de développer pleinement ces exigences (celles de l'autonomie) en les dégageant de tels postulats.

Une analyse complète de *La Liberté cartésienne* devrait cependant relever une dernière sinuosité du texte : indé-

---

6. Ce qu'a bien souligné F. Jeanson, *Le Problème moral et la pensée de Sartre*, p. 99.

pendamment de sa valorisation de la générosité, Descartes témoigne dans un autre registre encore qu'il a « compris que le concept de liberté renfermait l'exigence d'une autonomie absolue », puisque, même s'il n'a pu donner tous ses droits à une telle exigence, quand il évoque la liberté de Dieu, il la pense en termes de création pure ; or, s'il nous *dit* bien que la liberté de l'homme est identique à cette liberté de Dieu, il n'est jamais parvenu à *penser* vraiment cette identité.

Bref, ce serait dans les indications fournies sur la liberté de Dieu que se situerait la vérité de la notion cartésienne de la liberté. Et il aurait fallu, depuis Descartes, deux siècles de crise de la foi pour que l'homme en vînt à récupérer à son propre usage cette liberté constituante, « base essentielle de l'humanisme », et à se concevoir enfin comme « l'être dont l'apparition fait qu'un monde existe ». Tant et si bien que le *cogito* dont il s'agirait aujourd'hui de partir ne serait autre, en fait, que la vérité du *cogito* cartésien, rendu à lui-même par l'avènement d'une culture où, après la mort de Dieu et la dissipation des fantasmes d'un quelconque « ordre du monde », les exigences à la fois véhiculées et contredites par les thèses de Descartes sur la liberté prendraient enfin toute leur portée[7].

Le réaménagement sartrien du *cogito* tel que l'avait appréhendé Descartes s'épuise-t-il toutefois dans ce qu'en

---

7. C'est en ce sens que Sartre peut conclure son analyse en proclamant que « Descartes a compris [...] que l'unique fondement de l'être était la liberté » — et cela, ajoute-t-il de manière malencontreuse, « bien avant le Heidegger de *Vom Wesen des Grundes* ». Allusion malheureuse, car si, de fait, dans ce texte de 1929 dont Sartre a pu lire la traduction *(De l'essence du fondement)* grâce au recueil de Corbin, Heidegger écrivait bien que c'est la liberté qui est « fondement du fondement » (aujourd'hui, *Questions I*, p. 156-157), la liberté dont il s'agissait n'avait bien sûr rien à voir avec la liberté-autonomie valorisée par Sartre et désignait la disponibilité ou l'ouverture (*Frei-heit* entendue au sens de *frei sein*, « être libre pour... ») du *Dasein* au dévoilement de l'Etre. Le contresens, il faut en convenir, est majestueux.

esquisse *La Liberté cartésienne* ? Mettant davantage l'accent, comme il convient dans une présentation de ce type, sur l'héritage de l'auteur que sur ses limites, Sartre fait à vrai dire passer ici au second plan une dimension plus critique de sa relation à la conception cartésienne de la subjectivité. Ecoutons-le en revanche dans *L'existentialisme est un humanisme* (p. 65-66) :

> Nous voulons constituer précisément le règne humain comme un ensemble de valeurs distinctes du règne matériel. Mais la subjectivité que nous atteignons là à titre de vérité n'est pas une subjectivité rigoureusement individuelle, car nous avons démontré que dans le *cogito*, on ne se découvrait pas seulement soi-même, mais aussi les autres. Par le *je pense*, contrairement à la philosophie de Descartes, contrairement à la philosophie de Kant, nous nous atteignons nous-mêmes en face de l'autre, et l'autre est aussi certain pour nous que nous-mêmes. Ainsi l'homme qui s'atteint directement par le *cogito* découvre aussi tous les autres, et il les découvre comme la condition de son existence. Il se rend compte qu'il ne peut rien être[...] sauf si les autres le reconnaissent comme tel.

Et Sartre d'ajouter, quelques lignes plus loin, que l'expérience du *cogito* requiert d'emblée la découverte d'« un monde que nous appellerons l'intersubjectivité » (p. 67) : bref, le « pour-soi » se devrait expliciter comme un « pour-autrui », selon le mouvement même qui avait conduit de la deuxième à la troisième partie de l'ouvrage de 1943. Plus précisément : se situer « sur le terrain de la subjectivité » signifierait en fait, avant tout, éviter cet « écueil du solipsisme » (*L'Etre et le Néant*, p. 267) auquel, à des titres et à des degrés divers [8], se serait heurtée toute la

8. On sait comment la troisième partie de *L'Etre et le Néant* s'ouvre par l'examen critique de trois tentatives malheureuses pour « réfuter le solipsisme » : *Husserl*, *Hegel*, *Heidegger.* Parce que, conservant le sujet transcendantal, Husserl ne parviendrait pas à « montrer que ma conscience transcendantale, dans son être même, est affectée par l'existence extramondaine d'autres consciences du

philosophie antérieure de la conscience, et à cette fin il faudrait prendre pour point de départ, non une relation de soi à soi, mais « une relation intermonadique » (p. 266).

Une nouvelle fois, je n'entrerai évidemment pas ici dans la question de savoir ce que vaut le reproche de solipsisme contre le *cogito* cartésien[9]. Ni bien sûr, *a fortiori*, contre le sujet kantien, si fortement et si évidemment « intersubjectif » que la façon dont Sartre en fait le prototype d'un « Pour-soi » coupé du « Pour-autrui » ne saurait, semble-t-il, que faire sourire le moindre lecteur tant soit peu avisé des *Critiques*[10]. Il est vrai que, si Sartre ne fut pas un grand historien de la philosophie, il n'a pas à cet égard le monopole de l'erreur — comme en témoigne notamment la démarche de ceux qui, aujourd'hui, situent dans le *linguistic turn* de la pensée contemporaine la découverte que le

---

même type », « il ne saurait, pas plus que Kant, échapper au solipsisme » (p. 280) ; Hegel lui aussi « aboutit à un échec », dans la mesure où, faisant d'autrui un objet pour le sujet connaissant, il maintient les consciences dans une relation de « séparation ontologique » qui n'est surmontée que « du point de vue de l'Absolu » (p. 289) ; quant à Heidegger lui-même, il fait bien de l'« être-avec » *(Mitsein)* une dimension essentielle de notre être, et en ce sens le *Dasein* est bien « un être qui implique l'être d'autrui en son être », mais il s'agit là d'une affirmation ontologique et abstraite, laquelle ne nous fournit, comme telle, aucune indication sur la coexistence effective qui est au fondement des existences concrètes (p. 292-293) : ce pourquoi même chez Heidegger, estime Sartre, « le point de vue abstrait du sujet kantien » n'est pas dépassé.

9. Qu'on me permette sur ce point de renvoyer aux pages que j'ai consacrées à Descartes dans *L'Ere de l'individu.*

10. On éprouve toujours quelque étonnement à devoir rappeler comment le criticisme, tout en étant par vocation une philosophie de la subjectivité, est difficilement, sauf à être caricaturé, soupçonnable de solipsisme : lorsque Kant et Fichte posent que « l'homme ne devient homme que parmi les hommes » ou que « le concept d'homme n'est pas celui d'un individu, mais celui d'un genre », c'est au terme d'une démarche où, au contraire, ils dénoncent dans le solipsisme une illusion du sujet sur lui-même, illusion possible, mais non fatale, qu'à leurs yeux le criticisme surmonte.

paradigme de la conscience doit désormais s'effacer devant celui de la communication : ceci n'excuse certes pas cela, mais simplement peut-il par là nous être suggéré de pondérer quelque peu notre ironie et de considérer que, même parsemé de solides bévues « historiques », un parcours philosophique est susceptible, dans ses options fondamentales, de conserver quelque intérêt.

Options qui, en l'occurrence, ne sauraient, de fait, nous laisser indifférents quand nous voyons la théorie sartrienne du sujet inclure en elle le projet de réaménager le *cogito* dans un sens tel que le rapport à l'autre y deviendrait constitutif du rapport à soi : non seulement, en effet, se trouve ainsi prise en compte, du moins en principe, une exigence à laquelle nulle référence post-métaphysique à l'idée de subjectivité ne semble plus pouvoir se soustraire (ce par quoi Sartre s'affirme philosophiquement notre *contemporain*) ; mais en outre commencerait par là à s'esquisser pour quelles raisons intrinsèques ce projet d'un réaménagement du *cogito* inviterait la théorie du sujet à trouver le lieu électif de son accomplissement dans le registre de la philosophie morale et, plus généralement, de la philosophie pratique (dont le rapport entre consciences définit les contours). Resterait alors à se demander jusqu'à quel point Sartre a effectivement mené à bien un projet aussi séduisant. Bonne raison, quoi qu'il en soit, de revenir aux pages de *L'Etre et le Néant* sur « le Pour-soi et l'Etre de la valeur », afin d'y considérer avec d'autant plus d'attention la suite de cette analyse des structures de la subjectivité.

La facticité

Par elle-même, la thématique de la facticité n'est pas originale et constitue une reprise de cette *Geworfenheit* dont Heidegger avait fait l'une des structures essentielles de la « réalité humaine » et que ses premiers traducteurs s'essayèrent à rendre par « déréliction ». Au demeurant,

Sartre reconnaît implicitement cette dette en définissant la facticité, dans des termes fort proches de ceux de Heidegger, par la manière dont le pour-soi « *est* en tant qu'il est jeté [l'allemand dirait : *geworfen*, A. R.] dans un monde, délaissé dans une *situation* » (p. 117). Pour cerner la notion à partir de catégories plus directement sartriennes, l'on dira que, si la conscience, dans le pour-soi, correspond à la dimension du *néant* (en ceci que le propre de la conscience, comme liberté, est de néantiser ce qui est pour se projeter vers ce qu'elle n'est pas), la facticité correspond à la dimension de l'*être* — car, de fait (et là est sa facticité), le pour-soi *est*, non pas au sens où il existe, mais au sens où il est aussi, toujours, *quelque chose*, « une condition qu'il n'a pas choisie » (ouvrier, français, vivant en 1942, etc.).

Il n'est guère difficile d'apercevoir qu'à travers un tel thème, l'on retrouve, exprimée par un autre biais, cette notion de contingence qui avait été à l'origine de l'écriture de *La Nausée*. Si l'on pose en effet au pour-soi la question : pourquoi est-il tel et non pas autrement ?, il y a toujours en lui une dimension de ce qu'il est qu'il n'a pas choisie, « quelque chose dont il n'est pas le fondement », à savoir sa présence au monde et, qui plus est, à un monde qui n'est pas n'importe lequel et où il se *situe* d'une manière qui n'est pas non plus indifférente, mais se trouve spécifiée plutôt ainsi qu'autrement ; or, là réside précisément la *facticité*, englobant tout ce qui, dans notre existence, est *de fait* et non *par liberté*[11].

Si la thématique n'est donc pas originale, il revient à Sartre d'insister sur ce qu'implique la reconnaissance de cette deuxième détermination essentielle du *cogito* : contre toute représentation illusionnée d'un sujet qui serait pure autofondation, il s'agit désormais d'insister au contraire sur le fait qu'« au fond de tout *cogito* », réside « cette saisie de l'être par lui-même comme *n'étant pas son propre fondement* » (p. 118, c'est moi qui souligne). Dit de manière plus

11. L'équivalence entre contingence et facticité est explicite dans *L'Etre et le Néant*, p. 543 : « Contingence et facticité ne font qu'un. »

complète : je suis cet être qui n'est pas son propre fondement, mais qui, par la prise de conscience de cette dimension de facticité (ou de contingence), la néantise et est destiné (par arrachement à cette facticité à laquelle l'en-soi, pour sa part, se trouve rivé) à devenir celui qu'il choisit d'être — soit, dans le langage de Sartre : « Le pour-soi, c'est l'en-soi se perdant comme en-soi pour se fonder comme conscience » (p. 120).

Où l'on voit là encore avec quelle insistance la question de l'éthique se profile à l'horizon de l'ontologie du pour-soi, comme le met en lumière une nouvelle référence critique à Heidegger :

> C'est cette intuition première de notre propre contingence que Heidegger donnera comme la motivation première du passage de l'inauthentique à l'authentique (p. 118).

L'appréciation prend certes quelque liberté avec la lettre d'*Etre et Temps* en réinterprétant, ainsi que nous l'avions déjà entrevu, l'expérience de l'angoisse (ici visée, puisque c'est elle qui, chez Heidegger, peut permettre au *Dasein* de s'arracher à l'inauthenticité) en termes d'« intuition de notre contingence[12] » — là où, aussi bien dans *Etre et Temps* que dans *Qu'est-ce que la métaphysique ?*, l'angoisse intervenait d'abord et avant tout comme une révélation de l'Etre[13]. Reste que, forcée ou non, cette référence à Heidegger est doublement significative :

— D'une part, elle fait apercevoir où l'éthique se greffe, dans l'esprit de Sartre, sur l'ontologie du pour-soi : comme l'in-conscience de la contingence me chosifie (en me conduisant à négliger la tâche de la néantisation de l'être), il *dépend* de cette intuition de la contingence et de sa prise

12. Sur cette réinterprétation, voir *Les Carnets de la drôle de guerre*, p. 166 sq., où Sartre légitime ce déplacement.

13. Avec quelques médiations, il n'est néanmoins pas impossible d'accepter le déplacement sartrien, puisque le fait même qu'il y a des choses (l'Etre heideggérien) constitue au fond *la contingence pure* — ce qu'en aucun cas je ne puis prétendre fonder.

en charge par la conscience que le sujet soit vraiment sujet, pour-soi et non pas en-soi, donc *authentique*. En ce sens, le pour-soi est une tâche, un horizon à construire, en même temps qu'il constitue (comme néantisation) le moteur de cette construction ; et c'est cet énigmatique dédoublement du pour-soi (réalité humaine, mais aussi tâche ou idéal de l'humanité) [14] qui entraîne que l'ontologie, non seulement ouvre sur l'éthique, mais contient *au cœur d'elle-même*, comme ontologie de l'existence humaine, une dimension éthique.

— Cette remarque concernant la réflexion heideggérienne sur le passage de l'inauthentique à l'authentique présente d'autre part l'intérêt de se compléter par une observation critique :

> A vrai dire, la description de Heidegger laisse trop clairement paraître le souci de fonder ontologiquement une éthique dont il prétend ne pas se préoccuper.

Observation sur la lancée de laquelle Sartre n'hésite pas à évoquer l'« humanisme » de Heidegger — percevant ainsi parfaitement, dès 1943 (donc, avant la *Lettre sur l'humanisme*), que si l'auteur d'*Etre et Temps* récuse pour lui-même le projet d'une éthique, son ouvrage (et notamment l'humanisme implicitement compris dans l'idée d'authenticité [15]) non seulement autorise, mais même appelle ce projet : aussi semble-t-il que, pour le Sartre de l'époque,

14. Ce que F. Jeanson a bien vu en désignant la subjectivité comme (processus de) subjectivation (*op. cit.*, p. 281). Ce dédoublement a évidemment une portée capitale quant au *statut* du sujet : comme horizon de la néantisation, la subjectivité du pour-soi est pour ainsi dire une Idée au sens kantien ; comme moteur de la néantisation, elle apparaît comme une « réalité » — bref : le pour-soi est *réellement* sujet. La plus ou moins grande distance prise par Sartre vis-à-vis des métaphysiques de la subjectivité se joue sans doute dans cette équivoque.

15. En ceci qu'elle suppose bien la désignation d'un « propre » de l'homme.

l'articulation d'une éthique à l'ontologie du pour-soi n'ait nullement été perçue comme une rupture, sinon avec la lettre, du moins avec l'esprit de ce qu'avait entrepris l'analytique heideggérienne de la « réalité humaine » — puisqu'aussi bien, en raison directe de ce que cette analytique dévoilait comme caractéristique d'une telle « réalité », la perspective morale pouvait apparaître d'ores et déjà comprise dans l'ontologie du *Dasein*, et ce quand bien même Heidegger aurait prétendu que ce n'était pas là son objet. De là ce qu'on peut imaginer de la surprise de Sartre quand la *Lettre sur l'humanisme* condamnera toute interrogation éthique[16] : surprise d'autant plus grande qu'une fois la perspective morale mise en évidence comme déjà impliquée par l'ontologie, *L'Etre et le Néant* avait poursuivi son repérage des déterminations constitutives de la subjectivité en faisant du pour-soi l'« unique source de la valeur » — selon une appréhension qui réapparaîtra à la dernière page du livre pour justifier le prolongement de la recherche en direction de la philosophie morale.

Subjectivité et valeur

Au fil d'un développement relativement complexe (p. 123-135), Sartre s'essayait en effet à montrer que « la réalité humaine est ce par quoi la valeur arrive dans le monde » (p. 132). Ainsi que nous venons de le percevoir, la réalité humaine, sans cesse placée entre naturalisation (réification) et subjectivation, « se détermine perpétuellement à n'être pas l'en-soi, à néantiser ce qu'elle est, à *ne*

16. Surprise dont on peut penser qu'elle fut au moins égale à celle de J. Beaufret recevant une telle réponse à sa propre lettre où il indiquait, dans un esprit dont on voit mieux encore désormais à quel point il était « sartrien » : « Ce que je cherche à faire depuis longtemps déjà, c'est préciser le rapport de l'ontologie avec une éthique possible » (cité par Heidegger, *Lettre sur l'humanisme*, trad. cit., p. 139).

pas être » (p. 124). En conséquence, la conscience se pourra définir par le *manque* : alors que l'en-soi, qui est ce qu'il est, « n'appelle rien à soi pour se compléter », le pour-soi est intrinsèquement refus de se penser comme complet, comme achevé (comme clos sur ce qu'il est) — et c'est précisément cette continuelle affirmation d'un inachèvement qui implique que la « réalité humaine » soit vécue comme manque de ce qui viendrait l'accomplir en tant que totalité, ou encore comme *désir*, au sens où le désir est « hanté » (et il n'est pas un lecteur de *L'Etre et le Néant* que n'ait frappé l'abus que Sartre fait de ce terme) par l'être qui lui manque : se percevant comme « être incomplet », mais aussi étant ce qu'elle est (conscience, donc manque) en tant qu'elle n'est pas une totalité qu'elle vise sans jamais l'atteindre, la « réalité humaine » est « dépassement perpétuel vers une coïncidence avec soi qui n'est jamais donnée » (p. 128).

L'adéquation ou la pure immanence à soi constitue cependant la marque de l'en-soi (par opposition au pour-soi, qui est transcendance) : est-ce à dire alors que le pour-soi, en visant cette « coïncidence avec soi », cherche à se nier dans l'en-soi ? En fait, précise Sartre (et c'est ici que le raisonnement se fait quelque peu sophistiqué et mérite une analyse plus attentive), la totalité que vise la conscience ne peut être le pur et simple en-soi : car si tel était le cas, la conscience rechercherait son anéantissement, par dissolution dans l'en-soi, alors même que tout son effort est pour s'arracher à l'en-soi. Mais que peut viser la conscience si elle ne veut pas se perdre dans l'en-soi ? Réponse dont on conviendra qu'elle ne brille pas par sa clarté :

> C'est pour le pour-soi en tant que tel que le pour-soi revendique l'être-en-soi (p. 128).

Déplions le raisonnement. A travers son effort perpétuel de subjectivation, la conscience vise une coïncidence parfaite avec la dimension de pour-soi, c'est-à-dire d'arrachement, de transcendance ou de néantisation (= de *ne pas être*, de *non-coïncidence*), qui la constitue comme telle. Bref, elle vise à être pur pour-soi, à coïncider avec la non-coïncidence — ce qui ne saurait être qu'un processus infini, puisque 1) son achèvement supposerait une néantisation de la contingence qui soit sans la moindre relâche et une capacité à ne se laisser jamais identifier à la moindre dimension de facticité, 2) l'achèvement du processus dégraderait la néantisation (le pour-soi) en être (en en-soi). En ce sens, ce dont le pour-soi est toujours manque, c'est de lui-même comme pour-soi absolu — ou encore :

> Cet être perpétuellement absent qui hante le pour-soi, c'est lui-même figé en en-soi (p. 128).

Aussi la coïncidence visée avec soi comme pour-soi doit-elle apparaître comme « l'impossible synthèse du pour-soi et de l'en-soi », puisque, si une telle synthèse était possible, elle équivaudrait à l'apparition d'un pour-soi sans facticité (qui, précisément pour cette raison, serait peut-être Dieu [17], mais non plus pour-soi). Le produit de cette impossible synthèse, Sartre le nomme le Soi : « Ce que le pour-soi manque, c'est le Soi — ou soi-même [= le pour-soi, A. R.] comme en-soi » (p. 127) [18]. Or, indique la suite de l'analyse (p. 131), nous pouvons dire aussi que « l'être du Soi », « c'est la valeur » — comprendre que ce Soi qu'on ne saurait penser comme une substance (puisque la synthèse est impossible), c'est cela même que les moralistes appellent valeur, c'est-à-dire un Absolu, mais qui n'a pas d'être : car « la valeur suprême vers laquelle la conscience se dépasse à tout instant », « c'est l'être absolu du Soi, avec

17. Voir p. 129 : ce que vise ainsi le pour-soi, si on l'hypostasie, correspond à Dieu comme fondement du monde et cause de soi (= sans nulle facticité).

18. De même p. 129 : l'être que vise le pour-soi, c'est « le Soi » en tant qu'il ne peut « exister que comme rapport perpétuellement évanescent », mais qui, s'il devenait substantiel, rassemblerait en soi « les caractères incompatibles de l'en-soi et du pour-soi ».

ses caractères d'identité, de pureté, de permanence, etc., et en tant qu'il est fondement de soi » ; corrélativement, ce que nous appelons *les* valeurs correspond simplement à l'énumération des caractères de ce Soi, de cette « totalité manquée vers quoi un être se fait être » (p. 132-133).

En ce sens, puisque le Soi est ce que vise la néantisation, c'est-à-dire au fond la liberté comme autonomie pure (puisqu'absolue auto-fondation sans facticité), la valeur est cet « être que le pour-soi a à être en tant qu'il est le fondement de son propre néant d'être » (= en tant que sa liberté consiste à s'arracher à ce qu'il est). Aussi est-il encore insuffisant de dire que la valeur est « posée par le pour-soi » : elle lui est en fait, précise Sartre, « consubstantielle » — au point qu'il n'y a de conscience que « hantée par *sa* valeur » (p. 133). Bref, la valeur n'est ni ce que le pour-soi pose, ni un objet existant en face de lui et qu'il aurait à connaître — mais exister comme conscience ou comme pour-soi, c'est faire surgir la valeur comme ce sens du manque qui me constitue. Dès lors en effet que je ne suis pas ce que je suis sur le mode d'une chose, mais que j'existe comme une conscience, c'est-à-dire comme *réflexion* revenant sur ce que je suis et me posant à distance de lui (ce qui est, selon Sartre, le sens véritable du *cogito*), je dévoile les valeurs :

> La conscience réflexive [= la conscience, dans ce qu'elle a de spécifique, A. R.] peut être dite, à proprement parler, conscience morale, puisqu'elle ne peut surgir sans dévoiler du même coup les valeurs (p. 134).

C.Q.F.D., a-t-on envie d'écrire, car par là se trouve du même coup dévoilée la raison pour laquelle l'ontologie de la « réalité humaine » conduit d'elle-même à l'éthique : *la conscience est intrinsèquement conscience morale, la subjectivité est intrinsèquement subjectivité pratique* — qu'elle dirige expressément son attention sur les valeurs ou non. Démonstration dont la technicité évoque davantage, je l'accorde, les rigueurs de l'idéalisme allemand que les séductions de la philosophie « à la française », mais dont les conséquences sont assez imposantes philosophiquement pour qu'on prenne le soin de les mesurer. Au demeurant ces conséquences se trouvent-elles soulignées par une dernière détermination que Sartre reconnaît au pour-soi et par laquelle il achève de tracer les contours de sa théorie du sujet.

Le pour-soi comme liberté

L'« être des possibles » : la formule, qui désigne le pour-soi (p. 134), se doit entendre comme si ce dernier était l'être pour qui, dans son être, il y va d'un rapport à des possibles. Si on laisse ici de côté le développement de Sartre sur le statut du possible comme tel, cette dernière détermination du sujet n'est guère mystérieuse : en tant que le pour-soi est non-coïncidence avec soi, l'arrachement à ce qu'il est (subjectivation) fait surgir constamment des possibles qu'il n'est pas, mais vers lesquels sans cesse il se projette. Dit autrement : le possible n'est ici qu'« un nouvel aspect de la néantisation de l'en-soi par le pour-soi » — au sens où être, pour le sujet, c'est être sa propre possibilité *comme telle, comme simple possible* ; il est clair en effet que si les possibles devenaient tous réels, l'en-soi résorberait entièrement le pour-soi (puisque celui-ci, loin de ne pas être ce qu'il est, serait tout ce qu'il peut être — comme c'est le cas de la chose). Pour relier cette ultime détermination avec la précédente, on dira donc que le possible est « ce *de quoi* manque le pour-soi *pour* être soi » (p. 141), et ce vers quoi il se projette en s'arrachant à ce qu'il est. Thème des possibles sur lequel revient la conclusion de l'ouvrage quand Sartre, esquissant une transition vers la philosophie morale, souligne comment, dans l'angoisse, nous découvrons que nous sommes constitués des possibles de la « réalité humaine », lesquels ne sont possibles que « sur fond de possibilité d'autres possibles » (p. 691) : claire réinterprétation, à nouveau, de l'expérience de l'angoisse en termes de révélation de la liberté — une expérience qui, comme telle, puisqu'elle nous place devant un choix, fait précisément surgir la conscience comme étant intrinsèquement responsabilité, donc *conscience morale.*

Ethique de l'autonomie ou éthique de l'indépendance?

Investissant, au fil d'une démarche *sui generis,* les acquis de la théorie husserlienne de l'intentionnalité, l'ontologie du pour-soi fait ainsi apparaître avec une grande acuité combien, à partir de cette réinterprétation de la conscience comme conscience morale (ou du *cogito* comme sujet pratique), il était naturel d'articuler à *L'Etre et le Néant* une interrogation de type éthique : si la liberté est la source de toute valeur (ce par quoi la valeur vient au monde), doit-elle, demandent les dernières lignes de l'ouvrage, « se prendre elle-même pour valeur », et faut-il considérer que le principe ultime de la morale n'est autre qu'« une liberté qui se veut liberté [19] » ? Problème dont on conviendra sans doute que, dès ce moment, il apparaît redoutable, car peut-on édifier une morale en prenant pour soubassement la caractérisation globale de la « réalité humaine » par laquelle Sartre résume les acquis de sa recherche ? Ecoutons en effet avec attention cette ultime caractérisation du pour-soi (j'inscris mes commentaires entre crochets) :

> Un être-qui-n'est-pas-ce-qu'il-est [néantisation] et qui-est-ce-qu'il-n'est-pas [être des possibles], qui choisit [selon un choix qui est au cœur de la conscience morale], comme idéal d'être [comme ce Soi qui serait en-soi pour-soi], l'être-ce-qu'il-n'est-pas [la possibilité] et le ne-pas-être-ce-qu'il-est [l'arrachement, la néantisation].

19. Si la liberté est la valeur suprême, elle doit se vouloir elle-même.

Etait-il possible de fonder une éthique à partir d'un tel principe ? A lire la dernière page de *L'Etre et le Néant*, c'est le passage sur le « terrain moral » qui allait pouvoir résoudre toutes les questions laissées en suspens par l'ontologie de la « réalité humaine » — notamment celle de savoir comment vivre une telle liberté. On peut pourtant se demander si ce déplacement vers le registre éthique, accompli sur de telles bases, n'était pas davantage voué à susciter des questions qu'à apporter des réponses. Car cette « liberté qui se veut liberté », ne s'affirmant qu'« en se prenant elle-même pour fin », il était possible à vrai dire de l'entendre selon deux registres bien différents.

Un tel principe se pouvait accentuer tout d'abord selon le registre, clairement présent dans l'article sur Descartes, d'une *éthique de l'autonomie* : de fait est-il frappant qu'évoquant, dans ces dernières lignes de *L'Etre et le Néant*, une liberté qui se veut elle-même, Sartre retrouve une thématique formellement proche de celle qu'avait mise en place Kant dès le début de la *Critique de la raison pratique* en établissant que c'est « la forme d'une volonté pure » qui doit constituer, en même temps que le « principe suprême de la morale », le « principe déterminant de la volonté »[20]. Je ne peux reprendre ici dans son ensemble l'argumentation de Kant, mais on se rappelle comment elle visait à récuser la manière dont les morales antiques, en cherchant à situer le fondement de la loi morale dans un *objet* de la volonté (le bonheur, la perfection, etc.), plaçaient la liberté du sujet moral sous la *dépendance* de la connaissance de cet objet comme souverain bien : ainsi était-ce au fond l'objet qui dictait au sujet moral sa loi, en lui prescrivant d'agir en vue de l'atteindre ; et l'on sait aussi comment, à l'encontre de ce dispositif de l'*hétéronomie*, Kant soutenait que, si la sphère de la morale devait être le lieu d'une expérience de la *liberté*, il fallait concevoir la

---

20. Voir le chapitre I de l'*Analytique de la raison pratique*, in : *Œuvres philosophiques de Kant*, « La Pléiade », II, p. 684 sq.

volonté comme *posant elle-même* un pur « il faut », c'est-à-dire *se posant elle-même comme voulant la loi* et faisant de cette volonté formelle de la loi (littéralement : l'*autonomie*) le fondement ultime, en même temps que la fin suprême, de la moralité. En sorte que, lorsque Heidegger voit dans la raison pratique kantienne une étape vers cette « volonté absolue de volonté » qu'il identifie au règne contemporain de la volonté technicienne ne songeant à rien d'autre qu'à ménager les conditions de son propre développement, l'analyse, sans doute, peut (et, à mon sens, doit) apparaître comme contestable dans ce qui en constitue l'horizon (une homogénéisation globale de la modernité, voyant dans la raison pratique kantienne une préfiguration de la rationalité techno-scientifique) : du moins est-elle pertinente quant à ce qu'elle souligne dans le geste kantien, en tant qu'arrachant la raison pratique à sa dépendance par rapport à l'objet et la constituant comme « pure volonté » qui « se veut elle-même » en tant que volonté[21].

Est-ce cependant dans la postérité de cette « théorie kantienne de la valeur »[22] qu'il faut inscrire ce qui s'esquisse à la dernière page de *L'Etre et le Néant* ? J'ai rappelé longuement dans *L'Ere de l'individu* à quel point, selon le registre où l'a situé Kant (celui de l'*autonomie*), le principe *humaniste* de la liberté comme source ultime des valeurs ne se pouvait confondre avec celui, *individualiste*, selon lequel il reviendrait à la libre affirmation du Moi le plus singulier de constituer la norme de toute action : du registre de l'autonomie (sujet) à celui de l'indépendance (individu), il y a, non une simple nuance, mais un véritable déplacement — puisque si, dans le premier registre, se trouve seulement exclue ma soumission à une loi radicale-

21. Heidegger, *Essais et conférences*, trad. par A. Préau, Gallimard, 1958, p. 102.

22. J'emprunte l'expression à H. Birault, *Heidegger et l'expérience de la pensée*, Gallimard, 1978, p. 125 sq. (« Que l'homme n'a pour Kant pas d'autre valeur que celle qu'il se donne librement lui-même »).

ment extérieure à l'humanité, le second registre requiert au contraire que la véritable liberté soit la « liberté sans règle » et conduit à l'affirmation absolue de l'égoïté comme valeur. Si soucieuse de distinguer en l'homme l'être des penchants (si l'on veut : l'individu) et cette part d'humanité commune inscrite en chacun (la raison pratique, si l'on veut : le sujet), plaçant le principe de la moralité dans la soumission de l'individu à la loi que lui prescrit, *au sein de lui-même*, la subjectivité (sous la forme du devoir), l'éthique kantienne de l'autonomie peut bien situer dans la liberté la source de la valeur en même temps que la valeur suprême : la valorisation de cette liberté qui auto-institue la loi, loin de menacer la consistance de la sphère de la moralité, fonde, dans des conditions qui sont celles de la modernité (à savoir l'effondrement des transcendances cosmologiques et théologiques), l'idée même de limitation de l'individualité, faute de laquelle l'exigence éthique perdrait toute signification.

Dans lequel de ces deux registres situer la philosophie morale qui se profile dès la fin de *L'Etre et le Néant* en faisant appel elle aussi au principe d'une liberté se voulant comme telle ? L'avant-dernière phrase du livre suggère une réponse en faisant s'équivaloir, sous une forme certes simplement interrogative, la capacité, pour la liberté, d'affirmer sa responsabilité en tant que source des valeurs et son aptitude à affirmer son *individualité* :

> Se situera-t-elle [= la liberté] d'autant plus précisément et d'autant plus individuellement qu'elle se projettera davantage dans l'angoisse comme liberté en condition et qu'elle revendiquera davantage sa responsabilité, à titre d'existant par qui le monde vient à l'être ?

En 1947, F. Jeanson, sur la seule base de *L'Etre et le Néant* et de l'œuvre romanesque en cours d'élaboration[23], mettait un terme à son étude du « problème moral » dans la

23. Sartre a alors publié *La Nausée* et les deux premiers tomes des *Chemins de la liberté*.

« pensée de Sartre » en soulignant que, notamment à travers les romans, l'échec dans la conquête de la liberté se trouvait décrit avec insistance en des termes connotant l'expérience d'une forte dimension de solitude[24]. Ainsi le Roquentin de *La Nausée* ne songe-t-il jamais à agir avec autrui, mais toujours à s'arracher seul à l'engluement dans une « situation » dont, au demeurant, les Autres sont l'une des composantes : les Autres, ce ne sont guère pour lui que les bourgeois de Bouville, incarnation de la contingence, à l'égard desquels la seule relation qu'il pratique est celle par laquelle il s'affirme comme leur étant étranger. Recherche solitaire[25] dont un passage, justement relevé par Jeanson, met en évidence la fausseté :

> Je suis tout seul, mais je marche comme une troupe qui descend sur une ville. Il y a, en cet instant, des navires qui résonnent de musique sur la mer, des lumières s'allument dans toutes les villes d'Europe ; des communistes et des nazis font le coup de feu dans les rues de Berlin, des chômeurs battent le pavé de New York, des femmes, devant leurs coiffeuses, dans une chambre chaude, se mettent du rimmel sur les cils. Et moi je suis là, dans cette rue déserte et chaque coup de feu qui part d'une fenêtre de Neukölln, chaque hoquet sanglant des blessés qu'on emporte, chaque geste précis et menu des femmes qui se parent répond à chacun de mes pas, à chaque battement de mon cœur[26].

Faut-il pour autant en conclure, comme le fait Jeanson, que les œuvres littéraires illustrent ainsi l'impasse d'un « individualisme exaspéré » et appellent à concevoir la marche vers l'authenticité « au sein de groupes humains qui ne soient point de simples collectivités indifférentes où chacun vit dans sa propre solitude, et qui ne soient pas non

24. F. Jeanson, *op. cit.*, p. 275 sq.
25. Du même ordre est la tentative de Goetz qui, s'efforçant d'annuler l'autre, échoue au point de ne plus vouloir qu'« être avec tous ».
26. Cité par F. Jeanson, p. 276.

plus des sortes de tribus où l'individu se trouve englouti dans la participation à l'*âme collective* »[27] ? Vis-à-vis de ce que sera la tentative de Sartre, en 1960, dans la *Critique de la raison dialectique*, l'anticipation, il faut en convenir, a quelque chose d'impressionnant. Mais en 1943, vis-à-vis de *L'Etre et le Néant* ? Le Sartre qui venait de considérer « l'existence de l'autre » comme équivalant à « ma chute originelle », et de désigner « mon être pour-autrui » comme « une chute à travers le vide absolu vers l'objectivité »[28], pouvait-il se reconnaître vraiment dans un tel programme ? Dit autrement : scindant profondément, de fait (malgré les intentions proclamées à travers la redéfinition du *cogito*), subjectivité et intersubjectivité, avait-il vraiment les moyens de concevoir autrement la liberté que sur le mode d'une affirmation solitaire, jalouse de son indépendance individuelle ? Sans doute Jeanson a-t-il intrinsèquement raison de soutenir que la liberté véritable suppose la communauté véritable, mais le Sartre pour lequel la présence d'autrui est de prime abord un obstacle à mon authenticité et constitue une intrusion dans ma subjectivité disposait-il des instruments philosophiques nécessaires au développement d'une telle perspective ? Reconnaissons-le : il entrevoit parfois l'importance que peut avoir pour une réflexion sur la littérature la question de l'intersubjectivité, par exemple lorsqu'il identifie dans « tout ouvrage littéraire » un appel lancé par l'auteur à la « liberté du lecteur » — au point de renoncer ici à la description du « pour-autrui » en termes de « chute » :

> Puisque celui qui écrit reconnaît, par le fait même qu'il se donne la peine d'écrire, la liberté de ses lecteurs, et puisque celui qui lit, du seul fait qu'il ouvre le livre,

---

27. *Ibid.* De même, p. 277 : « L'homme doit se faire homme en lui-même avec les autres hommes. »

28. *L'Etre et le Néant*, p. 321. Sartre précise que « cette chute est *aliénation* ». La formule de *Huis clos* : « L'enfer, c'est les autres », ne fait bien évidemment que donner une traduction frappante à cette dissociation radicale entre subjectivité et intersubjectivité.

> reconnaît la liberté de l'écrivain, l'œuvre d'art, de quelque côté qu'on la prenne, est un acte de confiance dans la liberté des hommes[29].

Pour autant, la réélaboration du *cogito,* dans *L'Etre et le Néant,* a-t-elle été assez radicale pour faire paraître véritablement que la subjectivité, comme processus de subjectivation, nc s'accomplit que comme intersubjectivité ? En dépit des intentions proclamées, l'analyse des diverses modalités du « pour-autrui », qui semblent constituer autant de menaces à l'égard de la liberté (donc de la subjectivité), incite à en douter fortement, tout comme il est permis de redouter dès lors que cette liberté qui se veut liberté, et où Sartre voit la valeur suprême, ne se réduise à l'individualité pure et simple dans son irréductible singularité. Auquel cas on peut sérieusement craindre que le réaménagement sartrien de la philosophie du sujet ne soit pas parvenu à porter toutes ses promesses en matière de philosophie pratique.

Assurément ne serait-ce guère faire preuve de probité, aujourd'hui, que de juger la tentative à partir de ce qui, après tout, en constituait tout au plus les prémices ontologiques. Ce pourquoi il m'est apparu indispensable d'en tester plus rigoureusement la portée à partir de ce qui fournit désormais un document autrement explicite sur la mise en œuvre de ce que Sartre avait désigné, dès 1940, comme sa contribution à l'édification d'une « morale de la finitude » — à savoir les *Cahiers pour une morale.*

---

29. « Qu'est-ce que la littérature ? », *Les Temps modernes,* n° 47, février 1947.

III

L'EXISTENTIALISME EST UN INDIVIDUALISME

En 1947, Sartre rédige une lettre-préface pour le livre de F. Jeanson sur la place accordée par sa pensée au « problème moral ». Il y fait, comme il se doit et comme c'était mérité, l'éloge de l'auteur, puis précise que, même si cette partie de sa doctrine « n'a pas encore été véritablement traitée, du moins dans son ensemble », elle y joue un rôle véritablement central :

> Puisqu'en effet l'existant est pour moi un être qui a *à exister son être*, il va de soi que l'ontologie ne saurait se séparer de l'éthique.

Quatre ans après la publication de *L'Etre et le Néant*, et malgré les mises en garde de Heidegger, dans la *Lettre sur l'humanisme*, contre le projet même d'une éthique, les conclusions de 1943 restent donc valides. Et de fait, concernant ce rôle central de la réflexion morale, deux types d'enquête pourraient aujourd'hui être menés sur l'œuvre du premier Sartre, qui, chacun à sa manière, le mettraient tout autant en évidence.

Œuvre littéraire, œuvre philosophique

Une première enquête prendrait comme fil conducteur l'œuvre littéraire. Ce qu'avait fait en partie Jeanson, lequel avoue, dans sa postface de 1965 *(Un quidam nommé*

Sartre), qu'écrivant son étude à vingt-cinq ans, il n'avait guère lu *L'Etre et le Néant* et s'était fondé avant tout, au-delà des premiers essais consacrés à l'émotion ou à l'imagination, sur les romans et le théâtre. Ainsi montre-t-il judicieusement comment, dans *La Nausée*, interviennent de nombreuses préfigurations de *L'Etre et le Néant*, notamment à travers la façon dont Roquentin multiplie les tentatives d'échappement vis-à-vis d'une situation qui le chosifie et qui fait perdre à sa conscience tout pouvoir de néantisation : de même établit-il comment la nausée, « conscience d'exister non plus en tant que conscience, mais à la manière des choses », met en jeu ce qui prendra en 1943 la forme de la distinction entre l'en-soi et le pour-soi, ou encore comment l'« esprit de sérieux », qui laisse la liberté s'engluer dans ce qui n'est qu'une succession de rôles, fournit une version moins conceptualisée de ce qui s'exprime philosophiquement dans la notion de « mauvaise foi ».

Des analyses comparables, esquissées par Jeanson, pourraient être menées sur la suite de l'œuvre littéraire, postérieure à *L'Etre et le Néant*, pour mettre en évidence comment s'y intègrent des illustrations significatives des « perspectives morales » ouvertes en 1943[1]. Le triptyque des *Chemins de la liberté* (*L'Age de raison*, 1945, *Le Sursis*, 1945, et *La Mort dans l'âme*, 1950), qui présente l'intérêt d'avoir accompagné en littérature le développement de l'œuvre philosophique au-delà de *L'Etre et le Néant*, aurait dû, en principe, être d'un apport essentiel vis-à-vis des questions soulevées dans les dernières pages de l'« essai d'ontologie phénoménologique » et qui se regroupent toutes autour de celle qui devait servir de fil conducteur à cette vaste entreprise romanesque : comment devient-on libre ? Or, de ce point de vue, force est de convenir que

1. Pour une étude de ce genre, voir P. M. V. Thody, « Sartre and the Concept of Moral Action : the Exemple of His Novels and Plays », in *The Philosophy of J.-P. Sartre*, sous la dir. de P. A. Schlipp, La Salle Illinois, The Open Court Publishing Co., 1981.

l'apport est surtout négatif, Sartre décrivant pour l'essentiel des personnages qui ont manqué leur liberté : ainsi le Mathieu de *L'Age de raison* illustre-t-il assurément ce qu'il peut en être d'une liberté qui, pure néantisation, ne parvient pas à s'incarner et se perd dans le vide en se réduisant à une liberté d'indifférence ; de même et symétriquement, Brunet manifeste comment l'on peut perdre sa liberté en s'engageant au point de coïncider avec son projet et de se laisser définir par lui. Pour autant, même si, à la relecture, les romans de Sartre apparaissent moins désastreux qu'on ne l'a cru parfois, nulle réponse positive ne m'y a semblé véritablement fournie à la question, pourtant clairement formulée en 1943, de savoir si l'on peut « vivre » cet « aspect de l'être » qu'est l'être-à-distance de soi-même, et de quelle manière une telle vie peut coexister avec celle d'autrui.

En ce sens, l'œuvre littéraire ne saurait dispenser d'un affrontement avec ce qu'a été la poursuite de l'œuvre philosophique, ou du moins avec les matériaux que Sartre avait accumulés en vue de son élaboration.

Les « Cahiers » : morale de « L'Etre et le Néant »

Edités à l'état brut en 1983 par Arlette Elkaïm, après la mort de Sartre, les *Cahiers pour une morale* regroupent deux manuscrits rédigés en 1947 et 1948, de longueur très inégale, intitulés par leur auteur *Notes pour la morale*, tome I (premier Cahier) et II (deuxième Cahier) — le second Cahier n'étant utilisé qu'à moitié, comme si la réalisation du projet avait été interrompue. Ce que corrobore au demeurant une indication de 1975, où Sartre, à propos de ses textes philosophiques inachevés, déclare qu'il a renoncé à les terminer et que ce renoncement est définitif[2].

Indication globale il est vrai, qui vaut aussi bien, par

2. « Autoportrait à soixante-dix ans », entretien avec M. Contat, in *Situations X*, Gallimard, 1976.

exemple, pour les *Cahiers* que pour la *Critique de la raison dialectique*, et qui, sans doute, demanderait à être complétée selon des précisions circonstanciées pour les différentes entreprises que Sartre a abandonnées avant leur achèvement. Pour ce qui est des *Cahiers*, plusieurs hypothèses, à n'en pas douter, pourraient être mobilisées, dont il est difficile d'apprécier la plus ou moins grande pertinence. Parmi les explications externes, une des moins négligeables pourrait être la publication par Simone de Beauvoir, en 1947 précisément, de *Pour une morale de l'ambiguïté* — dont le projet correspond au fond, expressément, à celui d'une morale tirée de *L'Etre et le Néant*, ainsi qu'en témoignent de multiples références, explicites et très appuyées, à l'ouvrage de Sartre et à ses principales thématiques [3] : il n'est nullement exclu en effet que Sartre, qui commençait, au moment de la publication de l'essai de Simone de Beauvoir, à rédiger ses propres « notes pour la morale », se soit aperçu que, quant à l'essentiel, les centaines de pages qu'il écrivait ne disaient guère autre

3. Ainsi, notamment, la morale se trouve-t-elle expressément mise en relation avec la condition d'un être fini (*Pour une morale de l'ambiguïté*, Gallimard, 1947, p. 14) ; de même que chez Sartre, l'homme apparaît comme « cet être dont l'être est de n'être pas » (p. 13) — ce qui fournit la définition de l'« ambiguïté » comme le « propre » d'un être qui « ne se rejoint que dans la mesure où il consent à demeurer à distance de soi-même » (p. 18) ; la moralité, enfin, est située dans la liberté authentique — au sens où « se vouloir libre, c'est effectuer le passage de la nature à la moralité en fondant sur le jaillissement originel de notre existence une liberté authentique » (p. 35). J'ajoute qu'en conséquence, là aussi, l'existence morale tend à se constituer à partir du seul rapport de l'individu à sa subjectivité : l'être moral est celui qui assure « le triomphe de la liberté sur la facticité » (p. 64) et sait assumer sa spontanéité originelle, par opposition au « sous-homme » qui, lui, ne parvient pas à « se faire manque d'être » et par conséquent « ne réalise que la facticité de son existence ». Tant et si bien que, comme il était permis de le soupçonner à la lecture des dernières lignes de *L'Etre et le Néant*, la relation à autrui apparaît ici, paradoxalement, absente du problème moral. J'y reviendrai ci-dessous.

chose. Reste que les explications externes sont toujours un peu courtes et que, ne serait-ce que par méthode, il me semble requis de postuler qu'à cet arrêt de l'entreprise des *Cahiers,* il est sans doute des raisons plus internes — liées à la rencontre d'un certain nombre de difficultés que je voudrais tenter de mettre en évidence.

Tout lecteur des *Cahiers pour une morale* sait qu'il s'agit là de manuscrits informels pour une large part, visiblement non relus, sans chapitres ni, le plus souvent, divisions. Comme tel, ce document, certes foisonnant, est difficile à évaluer, et même à lire cursivement. A l'usage, il m'est apparu que la voie la plus féconde pour examiner l'entreprise consistait à s'appuyer sur un fragment synthétique du second Cahier, consacré à esquisser le « plan d'une morale ontologique » organisée selon deux sections [4] : terminologie significative qui fait clairement écho à la façon dont, en 1943, Sartre annonçait une morale tirée de son ontologie du pour-soi, et qui confirme, si besoin était, que les *Cahiers* constituent bien — en germe ou plutôt, vu l'état où Sartre les a laissés, en ruine — la morale de *L'Etre et le Néant.* Ce pourquoi il est permis d'espérer, en s'efforçant d'organiser d'après ce plan, tant que faire se peut, la matière des *Cahiers,* rendre suffisamment manifeste ce que Sartre projetait et en faire paraître les difficultés intrinsèques.

A suivre les indications de ce plan, la « morale ontologique » se fût distribuée en deux sections : la première eût repris l'essentiel de la théorie de la liberté (ou de la subjectivité), dans la perspective même où elle fonde une éthique ; la seconde, beaucoup moins esquissée dans le plan, eût alors entrepris de passer sur le terrain de l'histoire, où se joue concrètement l'action. J'évoquerai certes la tentative d'un tel passage, mais force est, parce que la teneur de cette tentative reste elliptique dans cette

4. *Cahiers pour une morale*, éd. par A. Elkaïm-Sartre, Gallimard, 1983, p. 484-487.

présentation comme dans l'ensemble des *Cahiers,* de concentrer l'attention sur les indications concernant la section I.

Présentée analytiquement par Sartre en neuf points, cette section de sa morale me semble pouvoir en fait s'ordonner en trois moments principaux, dont le premier (§ 1) eût avant tout rappelé les acquis de *L'Etre et le Néant* concernant l'existence, comme choix d'être et manque d'être. Sartre vient en effet de redire, dans la même page où intervient le début du plan (p. 484), quelle est l'« ambiguïté de la condition humaine » comme synthèse impossible du Pour-soi et de l'En-soi : « Le Pour-soi est sur le mode de n'être pas, n'est pas sur le mode d'être, est ce qu'il n'est pas, n'est pas ce qu'il est. » Condition humaine qui est désignée comme « dialectique », au sens (plat) d'une tension entre deux opposés et de la recherche perpétuelle d'une synthèse impossible — tout ce que l'existant peut faire consistant à « se projeter en tenant compte » de cette tension et des deux termes qui s'y affrontent. Bref, un point de départ qui, ainsi conçu, eût résumé la philosophie (ontologie) de l'existence, en mentionnant, outre l'horizon de cette synthèse impossible, la réification et l'inauthenticité comme perte de la liberté (« je me donne le type d'être de l'objet »). La seule nouveauté, à vrai dire, de ce premier moment apparaît résider dans l'emploi accentué de la catégorie d'*aliénation* pour décrire la réification et l'inauthenticité — plus précisément, pour les enraciner dans ce qui les fonde : en vue de répondre aux questions sur la réification et l'inauthenticité, interrogeant leur provenance ou leur statut, « il faudra passer par l'aliénation », indique en effet Sartre, c'est-à-dire par une réflexion sur cette capacité qui caractérise l'existant et tient pour lui à la possibilité de perdre son « ipséité ». Bref, être in-authentique (ne pas être soi-même, perdre ce qui constitue le propre du Pour-soi comme tel), c'est être aliéné — entendre : être autre que soi-même. L'innovation semble à vrai dire n'être guère que terminologique : c'est pourtant autour de cette catégorie d'aliénation que s'organise tout le deuxième moment de la section I, le plus longuement développé dans le plan (§ 2 à 6).

« *Soi-même à partir de l'Autre* »

Au fil de ces paragraphes, qui prennent la forme d'une théorie générale de l'être-autre que soi-même (= l'être-aliéné), Sartre semble avoir songé à une vaste description de ce qu'il appelle le « monde de l'aliénation », conçu comme ce monde où « l'on pense le Soi-même à partir de l'Autre », où, devenu comme étranger à moi-même, « je suis [...] pour moi-même l'Autre » (§ 2). Dans cette séquence de la morale, il se serait agi visiblement, en prêtant attention par exemple, dans le vécu le plus immédiat, à toutes les formules qui indiquent que le Moi devient un objet pour lui-même (« je suis comme ça », « avec moi, il faut s'attendre à tout », etc.), de construire une typologie des figures de « la liberté comme aliénée » (§ 3) et de dégager ce que devient « la liberté dans l'aliénation » (§ 6). Selon une démarche qui évoque celle de l'œuvre littéraire de Sartre, la morale, à travers ce vaste moment, eût ainsi adopté la *via negationis* et se fût concentrée sur les modalités de la liberté manquée[5].

Au-delà de cette considération sur la forme de la démarche, encore faut-il ne pas se méprendre, quant au contenu, sur le fort investissement que connaît ainsi, dans les *Cahiers*, la notion d'aliénation — tant il est vrai que le registre dans lequel il s'agit de l'entendre ici, en 1947-1948, n'est pas (pas encore) celui du marxisme. Dans le trajet de Sartre, le rapprochement avec le communisme et,

5. Voir de même, au-delà du plan, p. 393 : la société primitive comme « entièrement aliénée par elle-même », comme « totalement parcourue par l'Autre » ; ou encore, p. 396, la définition générale de l'aliénation comme « domination du Même par l'Autre », où « le sujet fait dériver tous ses projets et toute son existence de ce qui n'est pas lui ».

intellectuellement, avec le marxisme ne s'accomplira vraiment qu'à partir du début des années 50[6], et c'est seulement en 1960 que la *Critique de la raison dialectique* fera du marxisme « l'horizon indépassable de notre temps ». De toute évidence, nous n'en sommes pas là lorsque Sartre rédige ses *Cahiers* :

— Dans le registre de l'action, Sartre, en 1948, fonde le Rassemblement démocratique révolutionnaire, qui, en grande partie dirigé contre le marxisme, se proposait de rappeler les communistes à leur « inspiration humaniste » trop oubliée.

— Sur le plan intellectuel, Sartre vient, dans *Matérialisme et révolution*[7], de marquer sa nette opposition à la métaphysique matérialiste du marxisme, telle qu'elle lui apparaît nier la conscience comme intentionnalité en n'hésitant pas à « réduire l'esprit à la matière et à expliquer le psychique par le physique » (*Situations III*, p. 157). Opposition au marxisme qui réapparaît dans les *Cahiers*, sous la forme d'une très vive critique parallèle du matérialisme historique et de la psychanalyse (p. 449).

Au demeurant cette distance maintenue vis-à-vis du marxisme apparaît-elle clairement dans le plan même de la morale, puisqu'à propos du « monde de l'aliénation », Sartre indique (§ 2) :

> Critique du marxisme : l'aliénation précède l'oppression[8].

En clair : il s'agit de ne pas réduire la dépossession de soi-même (la réification de la conscience) aux rapports

---

6. Le texte clé à cet égard est constitué par « Les communistes et la paix », qui paraît dans *Les Temps modernes* entre 1952 et 1954, et entraîne la polémique avec Claude Lefort.

7. 1946, repris dans *Situations III*.

8. Dans les *Cahiers*, le même thème est développé p. 398 (« L'aliénation précède l'oppression »), ou encore p. 429 : « L'aliénation n'est pas l'oppression. Elle est la prédominance de l'Autre dans le couple de l'Autre et du Même. »

d'oppression et d'exploitation entre classe dominante et classes dominées, mais de percevoir que, si cette dimension socio-économico-politique de l'aliénation est possible, c'est parce que, plus fondamentalement, la conscience est, si je puis dire, « aliénable » : en ce sens, une fondation ontologique de l'aliénation dans les structures du Pour-soi doit précéder toute analyse sociologique de l'aliénation — ce que le marxisme n'a jamais entrevu[9]. En conséquence, à l'époque de l'écriture des *Cahiers*, les chemins de la liberté ne sauraient être réduits à un processus d'émancipation politique : même si l'engagement politique a déjà capté une

9. A noter que Heidegger avait fait rigoureusement la même objection, dans *Etre et Temps*, à la démarche marxiste, à travers une double allusion à la thématique de la réification de la conscience, que venait d'illustrer le livre de Lukács intitulé *Histoire et conscience de classe* (1923) : voir *Sein und Zeit*, p. 46 (« Toute idée du sujet, tant qu'elle n'a pas été préalablement tirée au clair grâce à une détermination relevant de l'ontologie fondamentale, participe encore ontologiquement de la position d'un *subjectum [hypokeimenon]*, si vivement qu'on s'oppose, au plan ontique, à toute idée d'une *substantialisation de l'âme* ou à la *réification de la conscience*) et p. 437 (« que subsiste le danger de *réification de la conscience*, on le sait depuis longtemps. Cependant, que signifie réification ? [...] Comment l'être de la conscience est-il positivement structuré pour que la réification soit incompatible avec lui ? »). Ce débat implicite avec le marxisme de Lukács, repéré il y a plus de vingt ans par L. Goldmann (*Heidegger et Lukács*, fragments posthumes, Médiations, 1973), est effacé de l'arrière-plan du texte par l'indécente traduction française, qui n'éprouve certes aucune gêne à multiplier les monstres et à évoquer, en traduisant la même page (*Etre et Temps*, trad. par F. Vezin, Gallimard, p. 505), une ridicule « temporation de la temporellité », mais se refuse à transcrire *Verdinglichung des Bewusstseins* par « réification de la conscience » — fermant ainsi le lecteur français à toute saisie de ce à quoi Heidegger fait ici allusion. Je reste confondu que cette traduction, qui déshonore la communauté philosophique française, demeure, sept ans après sa parution, au catalogue d'une de nos plus grandes maisons d'édition, malgré la réprobation unanime qu'elle a suscitée chez les spécialistes.

part de son énergie, Sartre est encore avant tout philosophe — le dernier peut-être et pour peu de temps (si l'on considère que, d'une certaine façon, la philosophie, en lui, a cédé ensuite la place à une primauté radicale de l'engagement politique), mais, en 1947-1948, résolument philosophe, et ce pour des raisons de fond dont la moindre, précisément, n'est pas qu'à ses yeux « l'aliénation précède l'oppression » et ne s'y réduit point.

C'est en tout cas cette aliénation s'enracinant au-delà de l'oppression que Sartre soumet alors à une analyse typologique en retenant, dans son plan, trois principaux types de « prédominance de l'Autre[10] » : « l'aliénation par la nature humaine », « l'aliénation par le devoir et par le droit », « l'aliénation par les valeurs » (§ 3).

La première figure de soumission à l'altérité ne saurait déconcerter : elle correspond à la perspective essentialiste où l'on assigne à l'homme une nature qui le définit et qu'il doit être — Sartre (qui nomme Aristote) précisant dans les lignes suivantes que cette « naturalisation » de l'homme revient à concevoir l'humanité comme une « race » et (ajouterai-je) à laisser au sujet un espace aussi restreint de liberté que celui dont peut bénéficier, vis-à-vis de ses déterminations biologiques, le supposé membre d'une prétendue race.

La référence à une deuxième forme d'aliénation, imputée au devoir et au droit, mérite une attention plus soutenue. Elle s'accompagne, pour ce qui est du devoir, d'une fort sévère critique de l'éthique kantienne : « Le devoir, c'est l'Autre au cœur de la Volonté », parce que ce devoir est reçu de l'extérieur par ma volonté. Où l'on voit se préciser, il faut le souligner au passage, à quel point, de fait, l'optique sartrienne est résolument *individualiste* : pour qu'en effet, par oppositon à la manière dont Kant appréhendait l'expérience du devoir comme une expérience de la

10. Un quatrième type est mentionné dans la suite des *Cahiers*, p. 425 : « L'inconscient comme dernier type d'aliénation ».

liberté (comprise en termes d'autonomie de la volonté), Sartre fit ainsi du devoir une soumission de la volonté à l'Altérité, il fallait que la volonté du sujet fût rigoureusement rabattue par lui sur l'*individualité* pure et simple — ce que l'on pouvait soupçonner dans les dernières pages de *L'Etre et le Néant*, mais que la morale projetée achève de mettre en évidence. Aussi n'est-il pas étonnant que les *Cahiers* fassent de cette critique de la morale du devoir un thème récurrent, en expliquant notamment que l'aliénation ainsi produite correspond à un « esclavage sans maître » où s'accomplit « le sacrifice de l'homme à l'*humain* » (p. 283) : formule parfaitement significative, on en conviendra, de ce qui risque de miner toute la réflexion morale de Sartre, en le contraignant à refuser sans autre forme de procès la structure kantienne de l'autonomie de la volonté — et ce dans l'exacte mesure où, par définition, l'individualité du Moi empirique s'y soumet à l'universalité du sujet moral, cette part d'humanité commune qui, comme raison pratique, constitue en chacun la source de la loi. Là où, si l'on sait distinguer *dans le Moi* le sujet et l'individu, l'expérience de l'extériorité ou de la transcendance de la loi vis-à-vis de l'individualité peut n'en pas être une de l'aliénation (parce que cette extériorité est interne, ou parce que cette transcendance est immanente), l'individualisme sartrien dénonce cette déconstruction kantienne du devoir comme une structure purement illusoire induisant, à travers le sacrifice de l'homme (comprendre : l'individu) à l'humain (comprendre : l'humanité commune), une ruse de l'Autre — donc une aliénation du sujet. Outre que cette réduction par Sartre du sujet à l'individu, ou de la liberté à l'affirmation de la singularité (pour laquelle Autrui est toujours un ennemi ou un obstacle), reconduit un *topos* monadologique que je crois central dans la philosophie moderne depuis Leibniz, je vois mal comment le projet de construire une morale sur cette base eût pu aboutir : car que peut-il en être d'une morale érigeant en valeur suprême l'individualité pure, si l'on accorde qu'il n'est pas de morale sans limitation de l'individualité et de son autodéploiement par l'affirmation de la loi[11] ?

La même difficulté surgirait, on s'en doute, à propos du droit. Pour la même raison (tenant à cette confusion du sujet et de l'individu), l'analyse sartrienne des figures de la soumission du Même à l'Autre inscrit le droit, c'est-à-dire « l'exigence du maître pourvoyant l'esclave d'un droit », dans le deuxième type d'aliénation, à égalité avec le devoir. Conception invraisemblablement réductrice qui, pour le coup, n'a déjà rien à envier à l'antijuridisme marxiste, mais qui s'explique ici par la fonction même du droit, telle que, chez les Modernes, elle consiste à instaurer une limitation de la liberté individuelle à la condition de la liberté d'autrui — ce que Sartre ne peut que se représenter comme une aliénation : de là cette critique du droit aujourd'hui si déconcertante que développent avec insistance les *Cahiers* en proclamant « le caractère ennuyeux [?] d'un humanisme fondé sur le droit » (p. 148) et en renvoyant le dispositif juridique à « l'exigence du plus fort d'être traité par celui qu'il asservit comme une personne » (p. 150) — tant et si bien, ajoute Sartre pour faire bonne mesure, que, « sans une situation de force, il n'y aurait pas de droit, puisque dans l'hypothèse d'une société harmonieuse et

11. Antérieures aux *Cahiers*, diverses études de langue anglaise — plus nombreuses et souvent plus riches, sur Sartre, que la bibliographie française — avaient souligné cette difficulté à partir des positions défendues en 1943. Voir par exemple Mary Warnock, *Existentialist Ethics*, Macmillan, Londres, 1967, p. 54 : « Si c'est choisir librement pour soi-même qui constitue la valeur la plus élevée, le choix de porter des chaussettes rouges a autant de valeur que le libre choix d'assassiner son père ou de se sacrifier pour un ami. » De même A. Danto, *Sartre*, Glasgow, Collins and Sons, où l'auteur défend, à juste titre, le thème selon lequel un univers de valeurs subjectives (entendre : individuelles) ne peut constituer une éthique — tant il est vrai, contre le « subjectivisme moral », que la sphère de la moralité suppose un moment d'universalité permettant de réconcilier les divers systèmes individuels de valeurs. Une critique voisine est développée par A. Manser, *Sartre, A Philosophical Study*, Londres, Athlone Press, 1966.

égalitaire le droit disparaît » *(ibid.)*. Inutile d'y insister longuement : chacun perçoit ici sans peine comment le marxisme va pouvoir s'engouffrer dans les plaies béantes d'un tel antijuridisme, et en tout cas de quelles ambiguïtés redoutables cette option de Sartre est révélatrice dans sa compréhension de la subjectivité.

Par comparaison, le dernier type d'aliénation mentionné par le plan est moins significatif. Au premier abord, la mention d'une « aliénation par les valeurs » peut surprendre le lecteur de *L'Etre et le Néant*, puisqu'en 1943, nous l'avons vu, l'être de la valeur était référé à la subjectivité — ce que Sartre rappelle ici en se donnant pour programme une « description de l'être de la valeur » susceptible de faire paraître « comment elle ne peut être soutenue que par la subjectivité ». Si pourtant une « aliénation par les valeurs » est concevable, il faut alors comprendre que se trouve visé un être falsifié de la valeur, où précisément celle-ci n'est pas comprise comme ce que la liberté projette, mais par exemple (ainsi que le suggère la suite du passage) comme une « structure d'être de l'univers ». Que l'on conçoive en effet la valeur par référence à un ordre du monde, à une Idée du Bien inscrite au sommet de l'« intelligible » ou au commandement d'un Dieu supposé maître du réel, la valeur, dans tous ces cas, est posée comme objective, et non comme produite par le sujet : elle fonctionne dès lors, vis-à-vis de ce dernier, comme une transcendance radicale, donc comme un pôle d'aliénation.

Nature, devoir (droit) et valeur (objective) : trois types d'aliénation, par conséquent, dont Sartre esquisse au reste une assez brillante dialectisation en les articulant selon une progression où la liberté se trouve de plus en plus niée (§ 3). L'idée de nature humaine contient encore, en effet, un appel à la liberté, au sens où ce que nous dit alors la morale, c'est qu'il faut réaliser en nous la nature : bref, dans les morales de la nature (Aristote), il y aurait une dimension de devoir-être, et les morales du devoir (Kant) auraient simplement entrepris de le dégager en le posant expressément sous la forme du devoir. La logique qui, de là, est supposée avoir conduit aux morales de la valeur est moins claire : il se trouve simplement, souligne Sartre, que le devoir, dans les morales centrées sur cette notion , « est encore une chose » (puisqu'il est reçu de l'extérieur par la subjectivité), et en ce sens s'instaurerait en leur sein une contradiction entre l'appel à la *volonté* compris dans l'idée même de devoir et la soumission à une *chose* en quoi consiste la fidélité à ce devoir. Dit autrement : la volonté est à la fois mobilisée et appelée à se nier dans la soumission à l'altérité du devoir — tension que va supprimer (là réside la dialectique) la morale des valeurs, au sens (falsifié et donc aliénant) précisément où « la valeur est négation du devoir, mais structure d'être de l'univers » : appel n'est plus fait, cette fois, à la liberté, puisque le Bien, c'est le Vrai (= la structure de l'univers, qu'il suffit de *connaître*). Ainsi, tant que la valeur n'est pas rétablie dans sa subjectivité pure, y aurait-il progression dans l'aliénation — avec pour horizon une « liberté comme chose », c'est-à-dire une parfaite réification de la conscience par la valeur qui, sous sa forme objectivée, s'impose sans que je l'aie choisie ni que j'aie à la choisir.

Cette typologie de l'aliénation eût été complétée dans deux directions. Le § 4 se donne en effet pour objet « la catégorie de toutes les Aliénations » — c'est-à-dire l'Autre : si l'aliénation consiste en la substitution de la logique de l'Autre à celle du Moi, après avoir décrit les trois morales de l'aliénation comme autant de modalités de la soumission du sujet à l'altérité, on peut songer (et c'est manifestement ce mouvement que Sartre comptait suivre) à conceptualiser cette altérité — l'Autre comme *catégorie* permettant alors de penser toutes les aliénations. Et c'est pour catégoriser ainsi l'Autre comme tel que Sartre envisageait d'interroger ce que le plan présente comme les deux principaux archétypes de la transcendance.

Transcendance de l'Ego, transcendance de Dieu

« L'*Ego* comme type subjectif de l'aliénation », au sens où l'*Ego*, ce serait « l'Autre en moi » (§ 4) : formulations quelque peu énigmatiques — à comprendre à partir de ce par quoi elles sont symétriques, du côté du sujet, de celles, transparentes, qui font de Dieu « l'Autre absolu », c'est-à-dire (selon une explication évidente) le type objectif de l'aliénation (l'Autre hors de moi). Au-delà de la symétrie, que vise cependant Sartre en mentionnant un tel *Ego* ? Pas un mot de plus ne figurant à cet égard dans le plan, deux lectures, dont rien n'exclut qu'elles puissent se recouper, me sont apparues possibles.

On peut être tenté, tout d'abord, de se reporter, dans *L'Etre et le Néant*, à la conclusion, que j'avais laissée délibérément de côté jusqu'ici, du chapitre sur les structures du Pour-soi (p. 142 sq.). Sartre y résumait, en le citant, son article de 1936 intitulé *La Transcendance de l'Ego.* Quand il évoque ce texte en 1943, il rappelle simplement (si je puis dire) que « l'Ego n'appartient pas au domaine du Pour-soi » — ce pourquoi il faut le dire « transcendant » (par rapport à la conscience, c'est-à-dire extérieur à elle). L'*Ego* dont il s'agit ainsi, c'est, ajoute-t-il, un éventuel « pôle unificateur » des expériences vécues — et si un tel *Ego* (qui serait, vis-à-vis de la multiplicité successive des expériences vécues, ce qu'était chez Kant l'identité du *je pense*, ou du sujet transcendantal, vis-à-vis de la succession des représentations, à savoir une condition de l'unité de la conscience) ne peut pas, estime Sartre, faire partie de la conscience, c'est que le propre de ce Je ou de cet *Ego*, comme pôle susceptible de conférer une unité aux vécus, est d'être identique à lui-même : comme pôle unificateur des vécus, il est cette identité ou cette coïncidence du Moi avec lui-même qui fait que ces vécus, si divers soient-ils, sont vécus comme *mes* vécus, qu'ils s'unifient dans l'identité d'un *Je* qui leur est commun. Or, une telle instance, caractérisée par l'identité à soi, ne saurait être —

selon la formule qui ouvrait en 1936 *La Transcendance de l'Ego* — « un habitant de la conscience » (ou du Pour-soi), puisque le propre du Pour-soi, c'est au contraire (héritage de la théorie de l'intentionnalité oblige) de se projeter hors de soi-même, donc de ne pas être ce qu'il est et d'être ce qu'il n'est pas, c'est-à-dire l'arrachement à tout ce qui lui donne une identité. En ce sens, faire d'un tel *Ego* un élément de la conscience, ce serait, concluait Sartre dans sa reprise de 1943, organiser la subjectivité comme si elle était une diversité dont l'*Ego* constituerait le centre fondateur — et, dans ce cas, la conscience ne serait plus cette continuelle rupture avec soi qui fait d'elle la liberté même, mais tout, en elle, dériverait pour ainsi dire de ce pôle fondamental, annulant ainsi le mouvement d'éclatement vers des possibles infiniment multiples et irréductibles qui est la marque de la liberté comme *spontanéité.*

L'intégration de cette analyse, en 1943, dans la théorie du sujet et éventuellement, en 1947-1948, dans le moment fondateur de la morale n'est pas, pour purement technique qu'elle puisse apparaître, intégralement négligeable. Dans l'article de 1936, matrice de cette réflexion, ce que visait ainsi Sartre était en effet plus explicite : comme on l'a déjà entrevu fugitivement, il s'agissait d'une critique adressée à la fois à Kant et à Husserl — plus précisément : à la manière dont Husserl aurait cru bon (au prix de l'inconséquence qu'on vient de rappeler) de réintroduire dans sa théorie de la conscience (comme intentionnalité, autrement dit, pour Sartre, comme liberté/spontanéité) une instance proche du sujet transcendantal kantien. Or, ce que Sartre récuse dans l'inscription de toute instance de ce type dans la subjectivité, c'est au fond qu'il s'agit là d'un Moi autre que Moi, comprendre : d'une dimension du sujet qui, faite de règles de liaison du divers des représentations (Kant) ou des vécus (Husserl), serait susceptible de se laisser abstraire de cette diversité et de constituer ainsi une dimension de la subjectivité irréductible à l'expérience toujours particulière que j'en fais. En ce sens, l'*Ego* husserlien, transcendant la particularité du vécu comme le sujet transcendantal kantien transcende la particularité des représentations, ferait signe vers un *sujet universel* (vers un moment universel de la subjectivité) que toute l'interprétation sartrienne de la subjectivité en termes de spontanéité pure (donc irréductible à une quelconque autre instance qu'elle-même) tend à expulser. Recomposant une figure de la subjectivité sans sujet transcendantal, Sartre ne pouvait dès lors qu'identifier la référence à un tel *Ego* comme archétypique de cette soumission à l'Autre qui définit pour lui, en 1947-1948, l'aliénation comme anéantissement de la liberté : ce pourquoi le plan de la « morale ontologique » pouvait faire apparaître (c'est là, du moins, une première possibilité de lecture) l'*Ego* comme « type subjectif de l'aliénation ». Il en ressortirait que, coupant ainsi l'auto-affirmation du sujet de toute référence à un moment universel de la subjectivité, la démarche même de Sartre permettrait d'apercevoir, sans qu'il s'en fût rendu pleinement compte, le principe de cette dérive individualiste du sujet qui m'apparaît si caractéristique de sa démarche. L'enseignement, même s'il ne faisait que consolider un soupçon, n'en serait pas moins important.

La probité philologique m'impose toutefois de signaler qu'une lecture moins exigeante (en même temps que moins riche) de ce passage sibyllin du plan n'est pas à exclure. Au tout début de son second Cahier (p. 430 sq.), Sartre évoque la « vraie subjectivité » et mentionne, visiblement comme s'y rattachant, le projet de « vivre sans *Ego* » — non sans préciser que « l'*Ego* vient des autres » et de l'image qu'ils nous donnent de nous-mêmes en nous constituant comme objets. L'appel à une dissociation de la subjectivité et de l'*Ego* semble donc se développer ici en relation à une conceptualisation moins techniquement philosophique, à laquelle fait référence aussi la fin du premier Cahier quand elle désigne comme « l'Autre en moi » ce « Moi-Autre » ou ce « Je » qui correspond à l'idée que l'autre a constituée de nous (p. 423 sq.) : ce « Je » qui « est un Autre », cette « subjectivité-objet », « retournée, prêtée par l'adversaire », « projetée dans la dimension de l'Autre » (p. 431), ce n'est au fond plus moi-même, ou ce n'est moi-même que « dans la dimension de l'Autre et comme regard[12] » — et l'on comprend en ce sens pourquoi il faudrait, pour affirmer sa liberté, « se débarrasser du Je et du Moi » comme « formes de la priorité ontologique de l'Autre » (p. 433). Par-delà le flottement peu contestable du vocabulaire[13], Sartre situe ici son analyse, on en conviendra, à un tout autre niveau, moins radical, que là où il dénonce, en 1936 comme en 1943, dans l'altérité de l'*Ego*, non simplement le faux Moi objectivé (et réifié) par le regard des autres, mais toute dimension du sujet prétendant dépasser l'individualité pure vers un quelconque universel.

Quoi qu'il puisse en être de ce qu'entendait développer à cet égard le plan (c'est-à-dire du niveau d'analyse qu'il songeait, sur ce point, à privilégier), les deux thématiques, d'une part, correspondent à deux séries de réflexions présentes dans l'œuvre en amont des *Cahiers* ; au demeurant se recoupent-elles, d'autre part, autour d'un effort patent pour détacher, chacune selon son mode propre, la subjectivité de toute intersubjectivité véritable, directement (à travers le thème célèbre, si développé dans la section de *L'Etre et le Néant* consacrée au Pour-autrui, du regard objectivant) ou indirectement (à travers la décision de concevoir un sujet sans dimension transcendantale, donc sans ouverture à l'universel).

A sa manière, la désignation de Dieu comme versant objectif de l'altérité, second archétype de la catégorie de l'Autre, témoigne de la même représentation monadologique de la subjectivité. Selon une démarche qui prend par avance le contre-pied parfait des analyses qu'a développées

---

12. Ce thème du « regard objectivant » a été bien analysé par W. R. Schroeder, *Sartre and his Predecessors,* Londres, Routledge and Kegan Paul, 1979.

13. Il est particulièrement sensible à la p. 433, où le sens de l'*Ego* se déplace vers, si je puis dire, la « bonne » subjectivité, et où une référence à *La Transcendance de l'Ego* paraît peu fidèle à la lettre de ce qu'y avait défendu Sartre

depuis lors E. Lévinas[14], Sartre complète sa défense du Même contre l'Autre en identifiant certes lui aussi Dieu comme « principe du système qui affirme la priorité de l'Autre », mais en dénonçant pour sa part ce système comme celui qui, loin de faire accéder la conscience à sa vérité (comprise comme hétéro-nomie), en détruirait la teneur et la valeur propres. Et l'on comprend fort bien dès lors dans quelle intention le plan qu'il trace de sa morale pouvait annoncer une série de développements sur l'extase, la possession ou la prière, où eussent été mises en évidence les modalités religieuses de la soumission à l'Autre[15] : la religion fût ainsi apparue comme prototypique de l'aliénation, non pas, là encore, au sens où la tradition issue de Marx dénonce en elle « l'opium du peuple », mais, plus radicalement, dans la mesure où tout le dispositif religieux repose sur la reconnaissance d'une dimension d'altérité qui soumet la liberté à la loi d'un absolument Autre.

Au-delà de l'aliénation

A suivre le plan esquissé dans les *Cahiers*, la première section de la morale, après cette théorie générale de l'aliénation, eût enclenché un troisième moment (§ 7-9) consacré à la contrepartie positive d'une telle description de la liberté aliénée — savoir celle du règne de la morale comme conversion à la liberté par « rejet de l'aliénation ». A la faveur de cette conversion[16], il s'agit, indique Sartre

14. A une analyse critique duquel les *Cahiers* font d'ailleurs référence, p. 431.

15. Certains de ces développements sont largement amorcés dans les *Cahiers*, notamment celui qui concerne la prière (p. 224 sq.).

16. Ce thème de la conversion a donné lieu à une rédaction qui occupe toute la fin du second Cahier (p. 488-570), où Sartre expose longuement la réappropriation par l'humanité elle-même de la notion de Créateur — avec pour horizon le projet de « se faire soi-même son propre créateur ».

en des notes encore plus elliptiques, de vouloir que la liberté soit fondement de l'être du monde — donc de passer de « la liberté dans l'aliénation » à la liberté comme « création » (§ 7). Ce que reprend le § 9 (« Signification du règne de la morale ») à travers quatre suggestions assez minces :

1. Le règne de la morale correspondrait à « l'humanité conçue comme quasi-subjectivité » : formule qui peut déconcerter (pourquoi « quasi » ?), mais qui semble devoir s'expliquer par la référence à la manière dont *L'Etre et le Néant* avait montré en quoi la subjectivité pure constitue l'horizon inaccessible du Pour-soi, ce qu'il vise (= être *causa sui*) en s'arrachant sans cesse à la contingence.

2. Cette « quasi-subjectivité », idéal de la morale, il faut se la représenter comme « volonté créatrice » — où l'on identifiera une simple reprise de l'idée selon laquelle il s'agit de faire de la liberté humaine le fondement de l'être du monde, bref : d'être comme le créateur du monde, par annulation asymptotique de la facticité.

3. Cette morale, précise aussitôt Sartre pour éviter toute méprise sur le thème précédent, est une « morale de la finitude » : conviction qui n'a donc pas varié depuis les *Carnets* et qui avait donné lieu à une argumentation séduisante dans le manuscrit, contemporain des *Cahiers*, intitulé *Vérité et existence*, mais qui, ici, intervient uniquement dans le souci de faire paraître avec clarté que le projet définissant la volonté morale (être volonté créatrice) n'a évidemment de sens que pour un être qui, parce que fini, *n'est pas* créateur et fait de cette figure de la volonté son horizon.

4. Une ultime détermination de ce qu'il pourrait en être de l'humanité correspondant au « règne de la morale » apparaît plus obscure :

> L'humanité comme Histoire finie et absolue. N'a que le sens qu'elle se donne.

Il me semble que l'on peut comprendre de deux manières cette invitation à concevoir « l'humanité (morale) comme histoire ». Tout d'abord, comme la volonté créatrice est l'horizon du Pour-soi, l'humanité authentique n'est pas donnée, mais elle doit *se faire* : il ne s'agit pas là d'une quelconque « nature », mais au fond du simple terme visé par le processus de désaliénation ; en ce sens déjà, l'humanité est histoire — j'entends : au sens d'un progrès vers la liberté. En outre (ainsi que Sartre va le suggérer dans son plan de la section II), la conversion se fait toujours en situation : en ce sens aussi, « la morale implique l'Histoire », comprendre qu'il n'y a « pas de moralité possible sans action systématique sur la situation ». Au reste, les deux accentuations retenues se combinent sans peine : le processus par lequel s'accomplit le progrès vers la liberté consiste en effet à agir sur la situation pour se la réapproprier (= pour s'en faire, le plus possible, le fondement) — l'« histoire » renvoyant ainsi à la fois à la situation et au processus progressif d'arrachement à la détermination (en tout cas : à la « condition ») que cette situation risque de constituer.

Resterait alors à percevoir pourquoi cette histoire qu'est l'humanité (morale) est dite « finie et absolue » à la fois. Je crois comprendre qu'elle constitue en fait une tension entre finitude et absoluité : c'est une histoire finie, parce que c'est celle d'un être fini qui a précisément besoin de l'histoire pour s'accomplir ; mais c'est aussi une histoire absolue dans la mesure où, au fil de cette histoire, il y va, pour l'homme, de la conquête infinie de l'absoluité. D'où la dernière formule, particulièrement énigmatique, du § 9 :

> Récupération de l'Absolu. L'Apocalypse.

Tout en me défiant des projections auxquelles invite toujours ce type de textes fragmentaires, il ne me semble pas impossible de concevoir que l'Absolu des religions ou des métaphysiques se trouve ici, de fait, « récupéré », sous la forme, non plus d'une substance ou d'une hypostase posée hors de la conscience, mais comme l'idéal du sujet fini, autrement dit : comme la liberté elle-même [17]. Quant à la référence à l'Apocalypse, elle est heureusement explicitée à la première page du second Cahier, où Sartre indique que « le moment de l'effort humain, c'est l'Apocalypse », comme « moment humain » ou comme « moment de la morale », qui dévoile la liberté comme telle : bref, il s'agit de l'instant même de la libération — et l'on perçoit ici en toute clarté que le règne de la liberté (donc, de la morale) équivaut bien à la libération elle-même conçue comme processus infini. Perspective aisément compréhensible dans une « morale de la finitude » et sur laquelle il n'est donc guère besoin d'insister.

« *Penser autrui* »

Dans ce troisième et ultime moment de la section I, j'ai laissé de côté jusqu'ici, délibérément, le § 8, qui est *le seul* où l'on voit se mettre en place le problème d'autrui. La question de la place ménagée à l'intersubjectivité (ou à la communication) se dévoilant de plus en plus, au fil de ces analyses, comme cruciale pour le projet moral de Sartre, ces quelques lignes (p. 487) me sont apparues en effet mériter un examen particulièrement attentif.

Jusqu'en ce point, il me semble peu contestable que Sartre a décrit une dialectique de l'aliénation et de la liberté qui se joue exclusivement dans le rapport de l'individu à lui-même. A propos de la *Critique de la raison dialectique*, R. Aron avait forgé une expression qui, en ce sens, se pourrait *a fortiori* appliquer parfaitement ici :

17. Thème que l'on peut identifier comme parfaitement fichtéen, à condition bien sûr d'ajouter que c'est en toute ingénuité de la part de Sartre.

> Sartre, pour la première fois, semble-t-il, dans l'histoire de la philosophie, prend pour modèle de la dialectique, non le dialogue, mais la conscience individuelle, même solitaire [18].

Modèle que, pour ma part, je désigne, selon une terminologie justifiée dans *L'Ere de l'individu,* comme « monadologique », et où la conscience se constitue dans son rapport à soi — plus précisément : dans son rapport de pour-soi à en-soi, mais non pas dans son rapport à autrui. Or, abordant le huitième point de son plan, Sartre semble envisager d'inclure enfin autrui dans cette dialectique — puisqu'il annonce : « Appel à autrui ». Pour autant, est-ce véritablement le cas ? *A peine,* me semble-t-il, ou de manière seulement *latérale.* Que laisse en effet apercevoir à cet égard le plan ? Suivons de près, pour mieux en soupeser la portée, ce paragraphe décisif.

« Comment *penser autrui* ? » demande Sartre. Belle question dont on attendrait une clarification du rapport entre subjectivité et intersubjectivité. Or, en guise de réponse, on lit simplement :

> Untel est un pédéraste. (Même problème que pour la sincérité avec soi.)

Ce qui, autant qu'on puisse en juger, suggère un développement qui, s'il avait été rédigé par Sartre, eût considérablement limité la portée de la question qu'en fait il se posait. Car, selon toute vraisemblance, il se serait seulement agi de faire observer que le problème posé par la pensée d'autrui (comment le penser sans le chosifier, sans mauvaise foi, etc. ?) n'est qu'un cas particulier des diffi-

18. R. Aron, *Histoire et dialectique de la violence,* p. 36. Pour une analyse de ce par quoi ce modèle, malgré certaines apparences (tenant à l'apparition d'une vaste réflexion sur le « groupe »), n'a pas été dépassé par la *Critique,* je renvoie à la discussion exemplaire qu'en propose R. Aron. Puisse l'existence de ce livre m'épargner l'objection selon laquelle la difficulté que je désigne chez le premier Sartre n'aurait été que passagère et se serait aisément dissipée chez le second.

cultés inhérentes à la pensée de soi par soi. Bref, le rapport à autrui n'eût été interrogé que comme un cas particulier du rapport à soi — lequel fût ainsi demeuré premier et eût continué de servir de référence.

La suite du programme que, concernant la question du rapport à autrui, Sartre se donne dans ces lignes annonce, à vrai dire, des déceptions aussi cruelles :

> Renoncer à avoir un rapport direct avec autrui. Le vrai rapport à autrui jamais direct : par l'intermédiaire de l'œuvre. Ma liberté impliquant reconnaissance mutuelle.

Ainsi qu'on l'a déjà entrevu, Sartre tend à privilégier ici encore, comme modèle d'intersubjectivité, la création d'une œuvre — la relation auteur/lecteur, par exemple, lui apparaissant comme celle de deux libertés qui se reconnaissent réciproquement. Bref, l'intersubjectivité esthétique comme modèle de la relation à autrui : pourquoi pas ? et Sartre a eu, dans le privilège accordé à ce modèle, des prédécesseurs illustres et prestigieux. Malheureusement, il ajoute pour sa part :

> Mais l'on se perd en se donnant.

Difficile de comprendre autrement que de la manière suivante : si, dans l'œuvre, s'établit bien une relation entre le Pour-soi et le Pour-autrui (une articulation entre le rapport à soi et le rapport à autrui), ce rapport à autrui semble surtout être conçu, selon un thème qui n'a connu aucun renouvellement depuis *L'Etre et le Néant*, comme le lieu d'un péril encouru par le Pour-soi — ce que confirme cette indication, dont je commente entre crochets les éléments les plus significatifs :

> Je me définis [= je me nie comme liberté] en me donnant à autrui comme objet que je crée [= à travers une chosification] pour qu'il me rende cette objectivité [= pour qu'il me restitue dans son regard l'objectivité que je me suis donnée dans mon œuvre] (p. 487).

Le Pour-soi comme subjectivité paraît donc bien demeurer hors jeu dans la relation avec autrui — comme c'était le cas dans les analyses les plus célèbres de *L'Etre et le Néant*, où Sartre étudiait toutes les figures possibles de la relation à autrui et manifestait comment le sujet ne cesse de vouloir être reconnu *comme tel*, sans jamais y parvenir vraiment. Tant et si bien que l'« appel à autrui » intervenant dans le processus de conversion par lequel je me désaliène apparaît davantage comme une tentative vouée à l'échec que comme un moment indispensable de l'auto-affirmation du sujet. Sartre, décidément, n'est pas Fichte, pour lequel l'intersubjectivité constituait la condition même de la conscience de soi comme liberté : rien de tel ici, où la conversion apparaît bien plutôt dans l'affirmation solitaire de soi.

Morale et histoire

La manière dont Sartre esquisse ce qu'eût pu être la section II de sa morale invite-t-il à résister à une telle conclusion ? Difficile, à dire vrai, de le prétendre, tant les notes se font ici particulièrement lacunaires — le reste des *Cahiers* ne présentant, qui plus est, nul développement quelque peu consistant qui pût expliciter tel ou tel aspect de ce que le plan annonce.

Quoi qu'il en soit, la section II, manifestement, eût entrepris de passer sur le terrain de l'histoire. La fin de la section I soulignait déjà que l'humanité est histoire, au sens où la liberté est processus de libération (*histoire*, donc, par opposition à *nature*), mais les aperçus que le plan fournit sur la section II invitent à considérer expressément, cette fois, le registre de l'histoire collective. Même si la logique de ce déplacement n'est pas clairement explicitée, on peut comprendre que c'est l'identification de la liberté au processus même de la libération qui l'implique : un tel processus requiert en effet qu'il soit agi sur la situation, celle-ci ne pouvant être modifiée par le sujet sans qu'il rencontre les autres sujets, sans que son projet s'intègre à d'autres projets pour transformer ce qui est. En ce sens, se libérer, c'est donc faire l'Histoire — où nous retrouvons l'indication que « la morale implique l'Histoire », complétée toutefois de celle, symétrique, selon laquelle « l'Histoire implique la morale », dans la mesure où seule cette volonté de désaliénation peut donner une signification à la succession des événements. D'où cette considération, la seule qui semble échapper à une conception rigoureusement solipsiste de la morale :

> La suppression de l'aliénation doit être universelle. Impossibilité d'être moral *seul* (p. 487).

Le plan, semble-t-il, apparaît ici bien près de faire soudain émerger l'intersubjectivité sous la forme d'une conscience de ce qu'il y aurait d'impossible à se libérer seul, c'est-à-dire à se réapproprier seul la contingence : il faut en effet que mon projet s'articule à d'autres projets afin d'agir systématiquement (Sartre parle d'« action systématique ») sur la situation — entendre : de manière non incohérente, sans que les projets, en se contrecarrant, s'annulent ou se neutralisent.

Pour autant, la question ne pouvait alors que se poser à Sartre de savoir précisément comment les divers projets individuels, conçus dans la solitude du rapport à soi, allaient ainsi s'intégrer les uns aux autres en donnant naissance à une dynamique de l'histoire (à une dynamisation de la facticité). Difficulté à vrai dire redoutable, insurmontable peut-être, que le plan parvient à symboliser : « Histoire ↔ Morale » — sans cependant l'expliciter pleinement : est-ce l'histoire qui présuppose la morale, ou la morale qui présuppose l'histoire ? En clair : pour qu'il y ait dynamisation historique de la situation (« politique révolutionnaire », va dire Sartre, capable de « préparer le règne des fins », c'est-à-dire de faire avancer l'humanité vers la « quasi-subjectivité »), ne faut-il pas que les sujets se soient déjà suffisamment arrachés, individuellement, chacun pour soi, à la réification par la situation ? Mais inversement, pour que cet arrachement individuel à la réification par la situation ne soit pas, dans la majeure partie des cas, une utopie ou, comme disait Kant, un « doux rêve », ne faut-il pas déjà que l'emprise de la situation ait été ébranlée, de manière que la facticité ne résorbe pas entièrement la subjectivité ? Que serait la conversion individuelle à la liberté dans une situation d'aliénation parfaite (dénuement, faim, conditionnement idéologique, menaces sur la vie, etc.) ? Bref, la conversion individuelle à la liberté ne présuppose-t-elle pas déjà une dynamisation historique de la situation ?

En raison directe de la façon dont Sartre s'était représenté la subjectivité, le risque ne pouvait ainsi qu'être grand, on le conçoit aisément, de voir s'instaurer au cœur de sa philosophie morale (et, plus généralement, de sa philosophie pratique) un véritable cercle. Risque que ne me semblent atténuer en rien, dans les indications fournies par le plan, l'appel annoncé (mais non explicité quant à sa teneur) aux dialectiques hégélienne et marxiste (sans doute pour dépasser la tension entre individu et totalité), ni l'esquisse d'une redéfinition finale de la moralité concrète — redéfinition en quelque sorte « à la baisse » : non pas, écrit Sartre, le règne des fins, mais sa préparation. Comprendre que, tout comme la liberté n'est en fait autre que le processus même de la libération (désaliénation), le règne des fins réside dans la préparation d'un tel règne, c'est-à-dire dans le processus d'arrachement à la situation. Cette redéfinition de la moralité comme dynamisation émancipatrice de la situation n'a ici, en vérité, rien de déconcertant par elle-même : s'agissant d'une morale de la finitude, la liberté (donc la moralité) ne saurait se laisser penser comme le terme d'un processus de moralisation, mais ne se peut guère concevoir que comme le processus lui-même, dans ce qu'il a d'infini. Pour autant, la difficulté demeure entière : si le rapport à autrui est extérieur au rapport à soi, mais ne traverse pas toujours déjà ce rapport lui-même, si le collectif n'est pas inscrit dans l'individuel, comment la libération est-elle possible, et comment échapper au cercle de l'individu et du groupe (= de la morale et de l'histoire) ? Parce que le sujet a d'abord été conçu comme sujet solitaire, et parce que le rapport à autrui est venu s'adjoindre seulement de l'extérieur au rapport à soi, l'intersubjectivité (ou le collectif) désigne moins une dimension constitutive de la subjectivité, que sa limite externe — conçue, non comme sa condition intrinsèque de possibilité, mais comme ce qui, constamment, la menace

Le sujet sartrien comme individu

Dans son premier Cahier, Sartre explique, en une page révélatrice, que la situation, dans ce qu'elle a d'« historique », ne peut manquer d'être « déjà vécue et pensée par d'autres Pour-soi » qui, antérieurement à mes choix, m'ont toujours déjà assigné un avenir (« Français, bourgeois, juif, etc. ») — faisant ainsi en sorte que ma liberté soit toujours une « liberté hypothéquée » (p. 63). L'équivalence entre « les autres », la situation et la dimension historique de l'existence est ici parfaite — au point qu'on pourrait la résumer en estimant que, si « l'enfer, c'est les autres », les autres, c'est la situation. En ce sens, la libération ne peut qu'être libération *à l'égard des autres*, et non pas *avec les autres*. Il est permis de considérer qu'enclenché de cette façon, le projet d'une morale était voué à l'échec : comment en effet ne serait-il pas périlleux, pour ne pas dire impossible, d'articuler les plans individuel et collectif, comme l'impose une réflexion sur l'expérience morale, quand on les a d'abord et par principe drastiquement séparés — au point de faire de la communication (de l'être-avec-autrui) le lieu d'une perte inévitable de l'être-pour-soi[19] ?

---

19. La difficulté est tout autant présente chez S. de Beauvoir, dans son essai contemporain des *Cahiers. Pour une morale de l'ambiguïté* formule certes le projet d'« une morale qui refusera de nier *a priori* que des existants séparés puissent en même temps être liés entre eux,

La principale difficulté de la philosophie sartrienne du sujet réside à mon sens, on l'aura compris, dans une redoutable dérivation individualiste de cet humanisme qu'il lui est pourtant arrivé, dans sa conférence célèbre sur l'existentialisme, de revendiquer si haut et si fort[20].

---

que leurs libertés singulières puissent forger des lois valables pour tous » (p. 25) — comme si, par conséquent, la sphère morale pouvait précisément être celle où la subjectivité s'élève à l'intersubjectivité. Il reste que, comme chez Sartre, le rapport à autrui est extérieur au rapport à soi : la liberté est « singulière », et c'est à partir de cette singularité qu'elle tente de rencontrer autrui. Or, l'on peut douter que, selon une telle démarche, elle puisse jamais y parvenir vraiment. Certes, c'est « en ce monde » que l'homme doit se « réaliser moralement », et il n'y a pas de monde sans les autres hommes : en ce sens, « aucun projet ne se définit que par son interférence avec d'autres projets ». Suffit-il pourtant de reconnaître que, si « tout projet émane d'une subjectivité [singulière, A. R.], il est vrai aussi que ce mouvement subjectif pose de soi-même un dépassement de la subjectivité », pour prétendre avec légitimité que l'existentialisme n'est pas un solipsisme (p. 103) ? Le mouvement repéré comme constitutif de la morale va ainsi, qu'on le veuille ou non, de la subjectivité se posant comme telle à l'intersubjectivité — et non l'inverse ; ou, si l'on préfère : un mouvement qui va du moi à autrui en passant par la médiation d'exigences qui concernent le rapport à soi (par exemple, p. 103 : « L'homme ne peut trouver que dans l'existence des autres hommes une justification de sa propre existence »). Dès lors, quand S. de Beauvoir soutient que « le rapport moi-autrui est aussi indissoluble que le rapport sujet-objet » (p. 104), on la croirait volontiers si le rapport moi/autrui (comme d'ailleurs le rapport sujet/objet) ne se construisait pas chez elle qu'à partir du rapport à soi — à savoir : à partir d'une volonté qui, dans sa singularité, se veut elle-même comme volonté libre et rencontre pour cela 1) la nécessité de s'incarner (de faire qu'il y ait de l'être) (de là l'irruption du rapport sujet/objet), 2) l'exigence d'être reconnue comme telle par d'autres libertés (de là le rapport Moi/autrui). On pouvait concevoir l'intersubjectivité de manière plus interne à la subjectivité, c'est-à-dire comme première et non point comme dérivée de l'auto-affirmation du sujet.

20. Ce qui n'avait d'ailleurs pas toujours été le cas. Dans un entretien radiophonique de mai 1959 avec C. Charbonnier, transcrit in *Esprit*, juillet-août 1980, p. 39 sq., Merleau-Ponty, qui soulignait

Dérivation qu'il n'inaugure pas, mais qu'il ne corrige pas non plus, là même où il tente de réarticuler les éléments d'une philosophie du sujet. Animé intellectuellement par des valeurs proches de celles de l'anarchisme[21], Sartre a hypothéqué sa tentative philosophique par une étonnante incompréhension des principes de l'humanisme moderne, tels qu'ils imposent de différencier et d'articuler en moi l'individu et le sujet (ou — c'est alors une question de terminologie — de faire du sujet le lieu de cette différenciation et de cette articulation). Or, comment concevoir une morale, chez les Modernes (je veux dire : quand la transcendance de la Loi ne se peut plus fonder qu'à l'intérieur même de l'humain), hors d'une prise en compte de cette articulation à la faveur de laquelle le rapport à l'autre, qui est impliqué dans la notion même de subjectivité (à travers, précisément, ce qui la distingue de l'individualité), est compris dans l'auto-affirmation du sujet comme tel ?

L'existentialisme, si l'on accepte de désigner ainsi la philosophie sartrienne de la subjectivité, est davantage un individualisme qu'un humanisme[22]. Contre l'antihuma-

---

les « passages violents contre l'humanisme » figurant dans *La Nausée* (où l'humanisme apparaissait « comme une de ces idéologies infâmes dans lesquelles les hommes déguisent une sorte de contentement d'eux-mêmes, une sorte de satisfaction, un manque de critique »), estimait que Sartre, « antihumaniste au moment de *La Nausée* », avait changé d'orientation pendant la guerre en étant conduit par les circonstances à penser le « problème du collectif ». Par là s'expliquerait, à en croire Merleau-Ponty, la place accordée, dans *L'Etre et le Néant*, aux relations avec autrui, afin de « trouver un point de vue en philosophie d'où le collectif ne soit pas, purement et simplement, de l'irréel ». En fait, on peut douter que Sartre, parti, selon Merleau-Ponty, d'une perspective « strictement individualiste », soit jamais véritablement parvenu à s'en dégager.

21. Les *Cahiers* en témoignent de manière pratiquement explicite : « Puisque l'esclavage est ordre, la liberté sera désordre, anarchie, terrorisme » (p. 418).

22. De multiples passages des *Cahiers* en sont la preuve. Par exemple, p. 31 : « L'existentialisme contre l'Histoire [A.R. : le

nisme heideggérien, contre la destruction de la subjectivité impliquée par la philosophie du *Dasein*, il se situe certes du côté des philosophies du sujet et du côté des options qui avaient été et restent porteuses des valeurs de l'humanisme ; mais du sujet et des valeurs de l'humanisme, Sartre n'est parvenu à défendre, sans jamais s'en apercevoir, que des figures évanouissantes. Où il apparaît que Heidegger et Sartre, par-delà leur affrontement sur la question du sujet, se sont acquittés l'un et l'autre, paradoxalement, de deux dissolutions de la subjectivité — bien différentes, certes, dans leurs principes comme dans leurs stratégies, mais convergentes dans leurs effets : le sujet meurt aussi bien, nous le savons aujourd'hui, dans l'avènement de l'individu que dans sa destitution au profit du *Dasein*.

---

contexte indique qu'il s'agit de l'Histoire conçue par Hegel, mais la restriction tombe puisque Sartre indique que « s'il y a une Histoire, c'est celle de Hegel »] par l'affirmation de l'individualité irréductible de la personne. » Voir aussi p. 74, où Sartre, recopiant et intégrant (tant bien que mal) le commentaire de Hegel par Kojève, insiste sur le fait qu'à la différence de toute entité naturelle, « l'Homme est individuel en lui-même et par lui-même, comme il l'est aussi pour soi » — avant d'en conclure que « l'homme ne peut pas appliquer l'universel à l'homme ». P. 95 : « La moralité n'est pas fusion des consciences en un seul sujet » (ce qu'eût dit, à peu près, Fichte), mais « acceptation de la totalité détotalisée et décision à l'intérieur de cette inégalité reconnue de prendre pour fin concrète chaque conscience dans sa singularité concrète (et non dans son universalité kantienne). » Enfin, p. 433 : en face du Je prêté par les autres, dont il faut « se débarrasser », il s'agit de « mettre la subjectivité comme totalité monadique vécue avec renvoi à soi de la conscience par elle-même ». On ne saurait rêver une expression plus parfaite de l'oubli monadologique de la subjectivité au profit de l'individualité ; au demeurant notera-t-on au passage la singulière tension qui s'affirme par là entre la perspective d'une telle clôture sur soi du Moi-monade et celle, induite par l'idée d'intentionnalité, d'un Moi toujours ouvert.

CONCLUSION

L'avant-propos de ce livre avait été consacré à exposer les deux raisons pour lesquelles, un demi-siècle après la publication de *L'Etre et le Néant*, il m'a semblé judicieux de reconsidérer philosophiquement l'œuvre de Sartre. La première de ces raisons tenait à la place très particulière que, rétrospectivement, Sartre pourrait nous apparaître avoir occupé dans l'histoire de ce qui s'est appelé philosophie, en se révélant à nous, avec le recul, comme ayant sans doute été le dernier philosophe au sens traditionnel du terme. La seconde des raisons résidait dans l'intérêt qu'il pourrait y avoir aujourd'hui à tenter de clarifier la logique, ainsi peut-être que les limites, de cette option phénoménologique à laquelle, à sa manière, la pensée du premier Sartre (celui qui m'a retenu ici) fut redevable, pour l'essentiel, de son inspiration et qui continue d'animer, selon des accentuations diverses, une part de la réflexion contemporaine. C'est en reprenant, selon un ordre inverse, ces deux types de sollicitations que je voudrais clore ce parcours.

I

HUMANISME ET PHÉNOMÉNOLOGIE

Vis-à-vis des exigences constitutives de ce que l'on peut désigner aujourd'hui comme un humanisme post-métaphysique (ou comme une pensée du sujet débarrassée de ses plus rituelles illusions), comment situer la position qu'avait définie Sartre il y a cinquante ans, et quelle est la responsabilité de la phénoménologie dans les forces comme dans les faiblesses de cette position ?

Sartre a parfaitement vu que, contrairement à une affirmation constante de l'anti-humanisme contemporain, l'humanisme authentique se caractérise en fait par le refus d'attribuer à l'homme une essence — autrement dit : de l'emprisonner dans une définition, qu'elle soit historique (sociale) ou naturelle. Sans le savoir, ou sans le savoir assez, il se réinscrivait ainsi dans une tradition qui remonte à Rousseau, et dans le cadre de laquelle l'homme constitue le seul être pour lequel ni l'histoire, ni la nature ne sauraient définir des codes : si donc il est un propre de l'homme ou, comme dit Sartre après Heidegger, une « authenticité », ils ne sauraient dès lors résider qu'en cette capacité (où *L'Etre et le Néant* situe précisément la subjectivité, entendue comme liberté) de s'arracher à tout emprisonnement dans une essence. Bref, il n'a pas échappé à Sartre — et il est bon de rappeler cette claire conscience, tant la notion d'humanisme s'est obscurcie à la faveur des querelles successives auxquelles elle a donné lieu dans la philosophie récente[1] — que les valeurs de l'humanisme procèdent avant tout de cette conviction : le propre de l'homme est de ne pas avoir de propre, la définition de l'homme est de ne pas avoir de définition, son essence est de ne pas avoir d'essence. La place prise par l'interprétation du néant dans la discussion de Heidegger par Sartre s'explique justement par une telle conviction : si les choses et les animaux sont ce qu'ils sont, l'homme est néant — entendre qu'il est impossible pour lui seul, sans céder à la « mauvaise foi », de coïncider avec une quelconque identité. Et si, comme j'ai essayé de m'en expliquer dans mon dernier chapitre, l'on ne peut être certain que l'existentialisme, tel que Sartre l'a mis en œuvre, se soit accompli pleinement comme un humanisme, avec toutes les exigences, je vais y revenir, que cette option implique, du moins tiendra-t-on pour assuré que l'humanisme authentique est nécessairement un existentialisme — je veux dire : une conception de la subjectivité humaine pour laquelle l'existence de l'homme (comme ek-sistence, comme capacité à s'arracher aux codes et aux définitions) est toujours au-delà de toute assignation réductrice d'une essence.

Pour autant, Sartre, je le répète, n'a pas perçu jusqu'au bout quelles exigences eût imposé la fidélité à une telle conception de la subjectivité comme néantisation. C'est ici la question des liens entre universalisme et humanisme — liens que Sartre brise en soutenant que « l'homme ne peut appliquer l'universel à l'homme » — qui se pose et se repose. Paradoxalement, la démarche sartrienne rejoint ici celle des critiques contemporaines de l'humanisme pour ne pas voir que l'universel ne saurait avoir, dans l'humanisme authentique, la signification d'une quelconque norme au nom de laquelle il serait fait violence (la violence de

1. Il est au demeurant singulier que cette querelle se répète, avec des déplacements, à peu près tous les vingt ans. Elle oppose, en 1945-1946, Sartre lui-même et Heidegger ; en 1965, Sartre et les tenants de la « mort de l'homme » ; en 1985, les critiques de la « pensée 68 » et ses défenseurs.

l'uniformisation, mais aussi — pourquoi pas ? — celles de l'exclusion ou de l'extermination) à la « liberté singulière ». Ce que Sartre en effet n'aperçoit pas, c'est une double évidence, constitutive de l'humanisme vrai :

— D'une part, contrairement à la formule des *Cahiers*, l'homme peut parfaitement « appliquer l'universel à l'homme » sans effacer sa singularité, à condition que l'universel dont il s'agit, et qui est précisément celui de l'humanisme comme existentialisme, soit *vide* (néantisation de toute identité, et non affirmation d'une « nature »).

— D'autre part, une telle référence à l'universel signifie simplement que si le propre de l'homme est néant ou liberté, s'il est capacité d'arrachement aux multiples codes qui menacent sans cesse d'emprisonner les individus dans des identités qui les rivent à leurs « différences » (différence des « races », différence des « sexes », etc.), l'idée d'universalité est *nécessairement* l'horizon d'un tel arrachement. Dit de manière moins ramassée : chaque homme risque sans cesse — et l'analyse sartrienne de la « mauvaise foi » met parfaitement en lumière ce risque — de se confondre avec des déterminations particulières ; ainsi peut-il se concevoir comme appartenant à une nation, à un sexe, à une ethnie ou à un groupe, à un rôle ou à une fonction sociale quelconques, et il peut donc être « nationaliste », « sexiste », « raciste », « corporatiste », mais il peut aussi (c'est là son humanité) s'arracher à ces définitions, qui équivalent à autant de séparations d'avec autrui, pour au contraire entrer en communication avec les autres et, en droit, avec tous les autres. Tel est précisément cet horizon d'universalité qui est consubstantiel de l'affirmation humaniste : c'est parce que la subjectivité est néantisation, comme Sartre l'a parfaitement vu, et parce que cette néantisation fait intrinsèquement signe, comme il ne l'a point aperçu, vers l'universalité (la communication avec autrui) que le sujet peut se mettre à distance des déterminations particulières, être ce qu'il n'est pas et ne pas être ce qu'il est. En ce sens, il aura manqué à Sartre, pour s'inscrire pleinement dans la logique de l'humanisme, de se convaincre, à l'encontre des critiques sommaires de l'universalisme *abstrait* (= vide), que c'est toujours au nom de l'universalité (abstraite) qu'il nous est possible d'échapper aux divers particularismes dont l'absolutisation seule, sous la forme d'un *faux* universel, efface les singularités, pétrifie les libertés, voire conduit aux projets de l'exclusion ou même de l'extermination. Ne parvenant pas à concevoir à quel point les deux moments qui définissent l'humanisme authentique (affirmer que le propre de l'homme est le néant, mais aussi soutenir qu'il peut viser l'universel) sont inséparables, il a gravement laissé échapper ce par quoi la problématique de la communication avec autrui ou, si l'on préfère, de l'intersubjectivité est inhérente à celle de l'humanisme comme existentialisme. Reconduisant dès lors une version évanouissante de l'humanisme (un humanisme sans universalisme) qui répète la confusion déjà ancienne du sujet et de l'individu, il légitimait par avance la condamnation que certains allaient pouvoir développer d'un paradigme du sujet supposé dès lors trop aisément solipsiste.

Resterait alors à déterminer — et j'en reviens ainsi à l'une des deux questions qui m'ont servi ici de fil conducteur — quelle a pu être au juste la responsabilité de l'option phénoménologique dans les forces et dans les faiblesses d'une telle position.

Pour ce qui est des forces : j'ai tenté d'expliciter, chemin faisant, quelle interprétation de la théorie husserlienne de l'intentionnalité, pièce maîtresse de la conception phénoménologique de la conscience, a orienté Sartre vers cette saisie de la subjectivité comme existence (ek-sistence) qui le rapproche de l'humanisme le plus authentique.

Quant aux faiblesses (le recul devant l'universalisme), faut-il aussi mettre en avant le rôle joué dans la pensée de Sartre par la composante phénoménologique ? Une telle mise en relation serait, sans de multiples médiations, parfaitement absurde. Peut-être en revanche n'est-il pas interdit de procéder indirectement, pour faire paraître ce qui, dans l'orbite de la phénoménologie, semble rendre de toute façon fort difficile — quelle que soit la lecture que l'on propose de Husserl (notamment : qu'on épouse, du moins dans leurs principes respectifs, celle de Heidegger ou celle de Sartre) — d'assumer pleinement les exigences d'un humanisme non métaphysique (existentialiste).

Aussi bien chez Heidegger que chez Sartre, l'héritage husserlien (avant tout, en l'occurrence, celui de la notion d'intentionnalité), pourtant géré avec les différences que l'on sait, permettait une approche de l'homme en termes d'ek-sistence, d'ouverture ou de transcendance. Le véritable point de clivage, qui divise la descendance de Husserl, est ailleurs : une fois admis, contre toutes les versions de l'humanisme métaphysique, que l'ek-sistence est le propre de l'homme, le débat porte au fond sur la question de savoir si cette capacité d'arrachement aux codes naturels ou historiques doit être entendue comme un acte de la volonté la plus consciente (Sartre) ou sur le mode de ce que Heidegger finira, dans ses derniers textes, par nommer *Ereignis* — désignant par là un arrachement qui, dans l'homme comme *Dasein*, ne dépend aucunement (du moins en principe[2]) des facultés du sujet : arrachement ou transcendance qu'il faut comprendre bien davantage, ici, comme un « être-arraché », et qui renvoie, par exemple dans l'expérience de l'angoisse, à la révélation de ce que Heidegger nomme l'Etre (entendre : le fait qu'il y a quelque chose plutôt que rien). Dans le premier cas (Sartre), c'est à partir de l'idée d'une décision libre du sujet que se conçoit l'arrachement aux diverses composantes de la « situation » ; dans l'autre (Heidegger), c'est pour ainsi dire à son insu et contre son gré que l'homme se trouve soustrait à leur emprise.

Or, l'enjeu de cette divergence fondamentale, qui ne se réduit pas à une dépendance plus ou moins grande à l'égard de l'idée de subjectivité fondatrice, est à vrai dire

2. Je ne reviens pas ici sur les difficultés qu'éprouve à cet égard Heidegger à rester pleinement fidèle à son propre modèle.

décisif pour le destin des valeurs de l'humanisme. Chacune des deux positions soulève en fait des difficultés symétriques :

— Si l'on admet, comme n'a cessé de le postuler Sartre, la perspective selon laquelle une décision libre et consciente pourrait nous arracher à la situation (à l'engluement dans l'être), le risque est grand de ressusciter les illusions, justement dénoncées par Heidegger et ses disciples, propres à la métaphysique de la subjectivité. Car comment ne pas voir dans le sujet ou dans le *cogito* sartrien, remodelé certes (au moins partiellement) dans son contenu, mais non point dans son statut[3], un fondement ultime de ce qui advient ? La fameuse récusation par Sartre de l'idée d'inconscient, de ce point de vue, est au plus haut point significative.

— Toutefois, si, pour éviter cette rechute dans la métaphysique, on soustrait l'arrachement à la volonté et y voit un acte par lequel l'homme est davantage commis à l'existence qu'il ne la choisit[4], la possibilité, pour la position alors défendue, de s'inscrire dans l'horizon de l'universalisme fait gravement difficulté. Car l'homme (le *Dasein*) n'est certes plus ici déterminé par le code d'une histoire individuelle ou collective platement causaliste : pour autant, ne se trouve-t-il pas à la merci d'un autre code, celui des dévoilements et des retraits successifs de l'Etre, dont on sait que Heidegger les désigne comme des « époques » et y voit la matière d'une « histoire de l'Etre » ? Même si la façon dont les époques de cette histoire nous emprisonnent n'est pas réductible à un réseau de déterminations causales, il reste en effet que le sujet se trouve

3. Ou : non point totalement. Car, nous l'avons vu, il subsiste une équivoque sur le statut de la subjectivité, qui apparaît à la fois comme horizon du processus d'arrachement à la situation ou à la contingence, et comme instance (réelle) de décision placée au principe de cet arrachement.

4. Ce qui est le cas chez Heidegger, bien sûr, mais aussi chez H. Arendt, comme on peut le voir à travers la signification très particulière qu'elle donne à la catégorie d'« action ».

déposśédé de l'acte qui constitue son propre (l'arrachement) et qu'il est, par là même, confié à un « destin » — celui que Heidegger désigne comme « destin de l'Etre ». Le risque est alors grand que la phénoménologie, quand elle privilégie ce modèle, n'introduise qu'une simple variante, particulièrement subtile et raffinée, sur le thème *intrinsèquement historiciste* de la dissolution de la subjectivité pratique dans une logique[5] de la succession des époques. Auquel cas, si l'ek-sistence est historiquement (et non pas subjectivement ou librement) instaurée, en quoi ce qui constitue par exemple le type d'arrachement continuel qui est spécifique des sociétés occidentales modernes à l'égard de leurs traditions n'est-il pas rigoureusement *relatif* à l'appartenance de leurs « sujets » à une culture donnée, voire (pourquoi pas ?) à un type d'humanité pour lequel l'Etre ferait époque plutôt ainsi qu'autrement ? Et dès lors en quoi ne sommes-nous pas rivés à notre identité, d'où il nous faudrait exclure tous ceux qui ne la partagent pas ? Je n'ai pas besoin, pour que l'issue de mon argumentation soit claire, de préciser en quel sens cette accentuation (antisubjectiviste) de la thématique de l'arrachement ruine la seconde composante de l'humanisme, à savoir l'universalisme abstrait.

Si l'on souhaitait évaluer pleinement les ressources que l'héritage phénoménologique ménage en vue de la définition d'un humanisme post-métaphysique, c'est sans doute de ces deux accentuations possibles qu'il faudrait explorer jusqu'à leur terme les inconvénients. A la rigueur, la première accentuation, subjectiviste, est compatible avec la vocation de l'humanisme (même si, parce qu'il ne conçoit de sujet que singulier, ce n'est pas pleinement le cas chez Sartre) ; à la rigueur, la seconde accentuation, historiciste, est compatible avec l'ambition d'échapper aux illusions de la métaphysique (encore que, de celle-ci, l'historicisme

5. Ai-je besoin de dire que je sais bien qu'ici elle n'en est pas une au sens banal du terme, puisque l'histoire de l'Etre est soustraite au principe de raison ?

constitue une des constellations intellectuelles les plus caractéristiques) : aucune des deux accentuations, toutefois, ne saurait fournir les instruments nécessaires pour remplir le programme indiqué. Ce pourquoi, dans le débat (amical) entre fondation criticiste et fondation phénoménologique de ce nouvel humanisme, je reste réservé quant aux ressources réelles du choix que certains accomplissent en faveur de la phénoménologie.

Quoi qu'il en soit, la variante sartrienne de la phénoménologie a, pour sa part, combiné tous les inconvénients possibles. La plus proche d'un réinvestissement du *statut* traditionnel du sujet-fondement, elle n'a pas même, par individualisme impénitent, sauvé l'horizon universaliste que ce réinvestissement permettait de recomposer. Du moins exprime-t-elle indirectement certaines des conditions sous lesquelles seulement, tout à la fois contre les illusions de l'humanisme dogmatique et en dépassement des impasses de l'anti-humanisme, une figure inédite de l'humanisme (existentialiste et universaliste) peut aujourd'hui se laisser dessiner.

II

LE DERNIER PHILOSOPHE

Quelle qu'en puisse être l'ampleur, ces insuffisances de la philosophie sartrienne de l'existence[6] ne sauraient permet-

6. Insuffisances d'autant plus nettes, il est vrai, qu'elles se dénoncent comme telles aux yeux de deux générations philosophiques successives : trop humaniste pour la génération anti-humaniste

tre d'expliquer le singulier effet d'éloignement que nous éprouvons quand nous relisons aujourd'hui *L'Etre et le Néant.* Je crains que la raison majeure n'en tienne au type même de réflexion philosophique auquel s'est livré Sartre. Je le disais en commençant : ce qu'a tenté Sartre de *L'Etre et le Néant* aux *Cahiers* ressemble à s'y méprendre, formellement, aux grandes philosophies classiques, dans leur prétention à prendre en charge toutes les questions de la connaissance. En ce sens, le projet même de déduire une éthique d'une ontologie participe sans doute d'une époque close de l'activité philosophique.

Non que, comme le prétendait Heidegger dans la *Lettre sur l'humanisme,* l'interrogation éthique sur les normes et les fins ne soit plus de saison : de tous côtés, chacun aperçoit aujourd'hui que c'est bien au contraire le surinvestissement de ce type de questions qui constitue l'une des marques les plus sûres de l'esprit du temps. En revanche, le même Heidegger avait vu juste quand il désignait notre époque, non comme une étape supplémentaire dans l'histoire de la philosophie, mais comme celle de la « fin de la philosophie ». Comprendre que ce qu'avait été la philosophie au fil de toute son histoire — à savoir une *onto-théologie* articulant à une interprétation générale du réel en son essence (ontologie) une interrogation sur le fondement ultime ou la raison d'être de toutes choses (théologie) — aurait achevé son parcours. Je n'ai pas ici à entrer dans la question de savoir pourquoi les grands récits onto-théologiques, dont l'ambition du « système » est la plus parfaite expression, ne sauraient plus répondre à l'esprit du temps : épuisement des possibilités offertes par un tel projet, incompatibilité entre l'aspiration au système et la prise en compte, par toute la pensée contemporaine, de la radicalité de notre finitude, « mort de Dieu » ou « désenchantement du monde » — les explications ne manquent pas, et elles

de 1960, trop « métaphysique » pour l'humanisme critique de la génération suivante, la pensée de Sartre peut apparaître rester, dans les deux cas, en retard d'un débat.

ont toutes leur part de vérité. Du moins en résulte-t-il pour l'époque marquée philosophiquement et culturellement par cet achèvement ou cet effondrement des onto-théologies une situation « philosophique » radicalement inédite, puisqu'il s'agit désormais, non plus de produire une philosophie nouvelle, mais de définir une nouvelle manière de philosopher.

De quelque façon que l'on se plaise à concevoir cette nouvelle manière de philosopher, la philosophie de Sartre, à l'heure où se négocie un tel tournant, ne peut qu'apparaître très loin de nous. Visage ultime pris par l'onto-théologie quand le Dieu mort cède la place à l'auto-affirmation de l'homme tentant de se faire son propre créateur, l'onto-anthropologie de Sartre nous semble même plus loin de nous, en un sens, que ne le sont les grandes philosophies du passé — dont ce qui nous sépare désormais de leur projet nous étonne d'autant moins qu'elles sont reculées dans le temps. En revanche, Sartre, si proche par la chronologie, si éloigné par la façon de philosopher : là réside sans doute la clef du singulier effet d'étrangeté que nous procure aujourd'hui son œuvre de philosophe, provisoirement sans doute, jusqu'à ce qu'intégrant définitivement l'histoire de la philosophie, elle devienne l'un de ces musées qu'étudiants et professeurs visitent en groupes, périodiquement, non certes pour la vérité qui s'y dissimulerait encore, mais pour la beauté qui s'exprime dans la cohérence de leur arrangement.

Le dernier philosophe, donc, parce que plus personne, désormais, n'aurait l'audace ou la naïveté de tenter d'articuler en un discours globalisant toutes les réponses à toutes les questions, aussi bien théoriques que pratiques. Plus précisément encore, c'est à un double égard, me semble-t-il, que la démarche de Sartre nous apparaît rétrospectivement avoir constitué l'ultime version [7] d'un exercice plus que bimillénaire :

7. J'entends bien sûr : l'ultime version possédant une dignité suffisante pour figurer à une place honorable dans la galerie de ses devancières.

— D'une part, Sartre, en tentant vainement de déduire de son ontologie une morale, reconduit le primat ancestral de la philosophie théorique sur la philosophie pratique. Privilégiant, jusque dans sa conception du sujet, la relation cognitive (celle du rapport du sujet à l'objet, mais, plus fondamentalement, du rapport du sujet à lui-même, *moi/moi*) sur la relation pratique ou pragmatique (*je/tu*), elle place la philosophie morale en cette posture subalterne de philosophie appliquée que n'a cessé de lui accorder, à de très rares exceptions près (je pense évidemment au criticisme), la tradition philosophique. La fin de l'onto-théologie libère en revanche la philosophie pratique d'une telle sujétion : s'il ne s'agit plus aujourd'hui de produire une réponse systématique à la question de savoir pourquoi tout ce qui est est ce qu'il est (tâche traditionnelle de la raison théorique), il se pourrait que l'activité philosophique se concentre enfin du côté de la raison pratique comme telle — se demandant bien plutôt si ce qui est est conforme à ce qui doit être. De ce déplacement vers la rationalité pratique, dont nous avons aujourd'hui à mesurer toutes les conséquences, Sartre n'a aucunement anticipé la logique[8].

— D'autre part, aux questions théoriques et pratiques qu'il s'est adressées à lui-même, Sartre entend produire des réponses qui s'énoncent en termes de *vérité*. L'homme est-il *vraiment* libre, ou non ? Existe-t-il *vraiment* un inconscient, ou non ? Peut-on *vraiment* connaître autrui, ou non ? Ce type d'interrogation me semble lui aussi relever du passé

8. Au demeurant Heidegger, son ennemi intime, ne l'a-t-il lui non plus nullement perçu. De la fin de l'onto-théologie, arrachant l'interrogation sur ce qui est à la « tyrannie » du principe de raison, Heidegger déduit, non le déplacement de l'interrogation philosophique vers la confrontation de ce qui est à ce qui doit être, mais bien plutôt la tâche, si l'on peut dire, de laisser surgir ce qui est, dans sa dimension de pure présence — donc : *sans pourquoi*, et ce au double sens du « sans cause » (destruction de la raison théorique, comme interrogation sur les fondements) et du « sans finalité » (destruction de la raison pratique, comme interrogation sur les fins).

de la philosophie, à savoir d'une époque où le philosophe, relayant le prêtre, entendait, non seulement appréhender le réel sous sa forme la plus complète, mais aussi dire sur lui la vérité absolue. Là encore, il ne se trouverait aujourd'hui aucun philosophe réfléchi pour concevoir sur ce mode les réponses qu'il est susceptible de produire à des questions qui ne lui sont adressées, à lui spécifiquement, que dans la mesure où elles ne se peuvent trancher, à la différence des questions scientifiques, en termes de vérité. Car, après la fin de ce qu'avait été la philosophie comme projet de totaliser le Vrai, l'intervention du philosophe ne saurait être légitime que si elle témoigne d'une claire conscience des limites à l'intérieur desquelles seulement un propos philosophique peut avoir une signification sans ressusciter le mythe du Savoir absolu. Recherchant ce qu'un concept présuppose de notre part pour pouvoir être pensé selon la signification qui est la sienne, se proposant d'éclairer les présupposés d'une notion, d'un jugement, d'une conception, voire d'une vision du monde, la démarche qui hérite aujourd'hui de ce qu'avait été l'interrogation philosophique porte moins sur la *vérité* que sur le *sens.* Sa justesse se mesure, non plus, métaphysiquement, à travers la conformité du discours ainsi produit à ce que serait en soi le réel, mais à travers la capacité, pour le sujet d'une énonciation, d'en assumer toutes les conditions de pensabilité et, pour ainsi dire, de coïncider avec elles.

De ce nécessaire déplacement de la question de la vérité vers celle du sens, Sartre, le dernier philosophe, n'eût sans doute jamais le moindre pressentiment. Appréhender la distance qui nous sépare de lui, ou celle qui le sépare de nous, constitue, à cet égard aussi, l'une des plus frappantes révélations des exigences auxquelles devra satisfaire la philosophie, si elle entend se ménager encore un avenir.

TABLE

Avant-propos 7

PREMIÈRE PARTIE

Génération Heidegger

I. HEIDEGGER EN FRANCE. UNE AFFAIRE DE GÉNÉRATIONS 29
II. SARTRE, LECTEUR DE HEIDEGGER. HISTORICITÉ ET AUTHENTICITÉ 39
III. LA QUESTION DU NÉANT 65

DEUXIÈME PARTIE

Les phénoménologies

I. HUSSERL 75
II. HEIDEGGER. « SAISIR L'INTENTIONNALITÉ DE FAÇON PLUS RADICALE » 105
III. SARTRE. « ÉPUISER HUSSERL » 127

TROISIÈME PARTIE

L'éthique impossible

I. LES MORALES DE SARTRE 153
II. DE L'ONTOLOGIE A L'ÉTHIQUE 175
III. L'EXISTENTIALISME EST UN INDIVIDUALISME 203

Conclusion 237

239

Sartre v. Heid.

ontothéologie
ontoanthropology

Achevé d'imprimer en août 1993
sur presse CAMERON
dans les ateliers de la S.E.P.C.
à Saint-Amand-Montrond (Cher)
pour le compte des éditions Grasset
61, rue des Saints-Pères, 75006 Paris

N° d'Édition : 9210. N° d'Impression : 1503-1458
Dépôt légal : août 1993.
Imprimé en France

ISBN 2-246-44431-4
ISSN 1142-3072